美国教育史研究丛书
张斌贤　主编

U0894361

美国公立中学与大学关系的变迁

(1870—1918)

吴　婵　著

THE CHANGING RELATIONSHIP BETWEEN AMERICAN PUBLIC HIGH SCHOOLS AND UNIVERSITIES

1870-1918

河北大学出版社
·保定·

出 版 人：朱文富
选题策划：何　东
责任编辑：李丽华
助理编辑：李天雪
装帧设计：赵　谦　王占梅
责任校对：杜启昌
责任印制：常　凯

图书在版编目（CIP）数据

美国公立中学与大学关系的变迁 ：1870—1918 / 吴婵著. -- 保定 ：河北大学出版社，2022.1
(美国教育史研究丛书 / 张斌贤主编)
ISBN 978-7-5666-1957-0

Ⅰ. ①美… Ⅱ. ①吴… Ⅲ. ①中学－公立学校－关系－高等学校－教育史－研究－美国－1870-1918 Ⅳ. ① G571.29

中国版本图书馆 CIP 数据核字（2021）第 242749 号

MEIGUO GONGLI ZHONGXUE YU
DAXUE GUANXI DE BIANQIAN
1870-1918

出版发行：河北大学出版社
地址：河北省保定市七一东路2666号　邮编：071000
电话：0312-5073003　0312-5073029
网址：www.hbdxcbs.com
邮箱：hbdxcbs818@163.com
印　　刷：保定市正大印刷有限公司
幅面尺寸：170 mm × 240 mm
字　　数：288 千字
印　　张：22.5
版　　次：2022年1月第1版
印　　次：2022年1月第1次印刷
书　　号：ISBN 978-7-5666-1957-0
定　　价：75.00 元

总　　序

每当为团队成果草拟总序的时候，总是既兴奋又忐忑。兴奋是因为眼见近几年的耕耘即将迎来收获，忐忑则是由于这些收获的果子还有待学界进行“质检”。

1998年12月至1999年10月，我曾作为富布赖特研究学者在哈佛大学教育研究生院访学。访学期间，我花了很多时间思考今后的学术工作，并确定以美国教育史作为今后长期稳定的研究方向。转眼之间已历二十余载。

二十多年来，我和我的同事、历届外国教育史专业方向的硕士研究生和博士研究生所组成的外国教育史团队一直致力于美国教育史的学习、研究和教学，其目的既为弥补以往外国教育史学科研究之不足，同时也在于通过这块“试验田”，探索更新外国教育史研究的方法、路径。

这二十多年的学术工作历程大致可以划分为两个阶段。2000年至2008年为第一阶段。“京师高等教育论丛”（8种，北京师范大学出版社，2008年）反映了这个阶段的主要工作成果。在这个阶段，因为是初步涉猎美国教育史领域，无论是对美国教育史本身，还是对国内外研究状况，都缺乏足够和充分的了解，因此基本上是沿用过去比较熟悉的“套路”，大多选择国内学界涉及较少、较为宏大的主题开展研究，如李子江的《学术自由在美国的变迁与发展》、和震的《美国大学自治制度的形成与发展》、黄宇红的《知识演化进程中的美国大学》，等等。客观地说，在当时国内美国教育史研究基础还相对薄弱的情况下，这些研究还是很有价值的。2009 年至今为第二阶段。经过数年的积累和反思，我逐渐意识到，要想进一步深化美国教育史研究，要想真正形成一些具有新意的研究成果，必须要改变已有的研究方式，尤其是要自觉地摆脱教育学科沿袭已久对“宏大叙事”的选题偏好和以追求系统性和完整性为目的的“教科书”式的研究路径，变以往“大题小做”或“大题大做”为“小题大做”。这也就意味着要进一步聚焦主题、提炼问题，真正开展针对问题的研究。从 2009 年前后开始，无论是我还是我的学生，都尽量避免触及时间范围较大或边界不易确定的“宏大”选题，而选择更加具体、更为专门的专题开展研究。2015 年前后出版的“美国教育变革研究丛书”（11 种，浙江教育出版社）是这种转变的初步尝试。陈瑶的《美国教育学科构建的开端》、康绍芳的《美国教育学界精英群体的兴起》、李朝阳的《美国城市学校制度的建构》、祝贺的《美国公共学校种族隔离的终结》及马文琴的《美国学校公民教育的转向》等著作，都针对某一个具体和专门的主题，并努力将研究主题聚焦在一个较小的时间范围内，以求对主题进行深度剖析。

在前期工作的基础上，近几年来，我们团队更加注重以下几个方面的工作。第一，进一步“压缩”选题，不断聚焦研究主题。第二，进一步强调文献综述的意义，更为自觉地把即将开展的研究建于前人相关的研究基础之上。第三，进一步注重吸收和借鉴相关学科的理论和方法，在教育与其他社会活动的“交汇”处寻找研究问题。呈现在读者面前的“美国教育史研究丛书”所收录的 10 种著作实际上反映了上述三个方面的工作。崔高鹏的《〈1862 年美国赠地学院法案〉研究》、高玲的《学校变革与美国教师职业演化》、吴婵的《美国公立中学与大学关系的变迁（1870—1918）》、杜光强的《全国教育协会与美国中学课程革新》、李曙光的《教育测量与美国学校变革》、曹春平的《美国传统教育观念的变革》是第一方面的工作成果。陈露茜的《意识形态冲突与美国公共教育》和王凤玉的《研究型大学的崛起与科研体制》是第二方面的工作成果。第三方面的工作成果则是张斌贤的《教育与美国社会改革（1890—1920）》和祝贺的《教育与美国儿童福利改善》。

在未来的岁月里，北京师范大学外国教育史教学科研团队还将继续开展美国教育史研究，更加自觉和系统地借鉴相关学科的理论和方法，不仅在研究主题的选择上求新，而且在研究方法和路径上“求变”。希望通过我们持续不断的努力，促进美国教育史研究乃至外国教育史学科的不断自我革新，同时也希望得到教育学界同人的大力支持。

丛书出版之际，首先要感谢河北大学出版社社长朱文富教授。朱社长从事外国教育史（尤其是日本教育史）教学研究多年，深知基础学科研究对教育学科建设的意义，也更加理解此类图书出版的价值，对丛书出版给予了大力支持。我们还要感谢河北大学出版社的各位编辑，他们的辛勤劳动为本书增色不少。

張斌賢

2021 年 3 月 21 日

目　录

导　言

本书呈现的是1870—1918年美国公立中学和大学关系的变迁过程，通过公立中学职能的变化、大学入学要求的变化及中学与大学衔接方式的变化三个维度来揭示二者关系的建立、维系与变革。在这一过程中，对关系变迁问题涉及的知识结构的变迁、教育观念的变迁及教育体制的发展与变革进行解释和分析。

一、选题缘由与意义

（一）选题缘由

中学与大学的关系问题历来是教育研究者比较关注的问题。但在早期，特别是在学校教育体制还没有完全建立起来、没有形成教育体系的时期，中学与大学关系问题很少受到关注；并且，历史中的中学与大学并非一开始就有紧密的联系，更谈不上衔接。以美国为例，1635年，美国第一所中学——波士顿拉丁文法学校（Boston Latin Grammar School）建立时，美国还未出现一所称得上大学或学院的高等教育机构。待到1636年，哈佛学院在查尔斯河畔建立起来时，也从未想过要即刻将拉丁文法学校作为预备机构为其培养生源。彼时，二者更关注的是各自作为宗教虔信和道德秩序的训诫所，该如何维系殖民地的宗教和社会生活秩序。换句话说，中学与大学的关系问题在那时根本不构成北美殖民地教育发展的基本问题。

到18世纪，新的中等教育机构——文实学校（academy）出现，殖民地学院也相继建立起来时，中学与大学的关系问题依旧不构成教育领域的主要问题。那时文实学校更关注的是社会的实用需求，更强调的是实用学科。而大学则依旧对精深古典学科的心智训练（mental discipline）和宗教虔信情有独钟。只是到后来，一些文实学校才逐渐开始将古典学科纳入进来，但这并不是基于为大学服务的考虑，而是为了获得市镇当局的认可和扶持而采取的“权宜之计”。之后，文实学校的古典课程便固定下来，也才逐渐具备了大学预备功能。

待到美国第一所公立中学——波士顿英语中学（Boston English High School）建立时，更是设计了一整套实用课程计划，以满足不断发展壮大的中产阶级的教育需求，而丝毫未提古典学科或为大学做准备的问题。后来，由于公立中学发展缓慢，为了获得与文实学校竞争的相对优势，公立中学才考虑将古典学科也纳入进来。但与文实学校宣称自己具备大学预备功能不同，公立中学最初从未想过要以一种大学预备机构的身份存在于教育体制中。

直到内战之后的19世纪70年代，随着美国工业化、城市化的推进，移民的大量涌入对公共教育机构提出了新要求，公立中学才逐渐占据上风，并且最终成为美国中等教育的主要学校类型。与此同时，美国大学开始从地区性学院（local college）走向全国性大学（national university），开始将一些现代实用科目纳入进来，进而对生源的数量和质量提出更高的要求。大学看到了公立中学在培养生源方面的巨大潜力，便着手强化公立中学的大学预备功能。至此，关于美国中学与大学的关系问题才开始成为教育领域的突出问题，对中学与大学关系的讨论和调查也才逐渐多起来。

从19世纪70年代起，到20世纪初期，对美国中学与大学关系的探索和讨论成为美国教育领域最核心的问题之一。这一时期，二者的关系并不是一个单线条、单一维度的教育问题，它关涉中学的功能和定位，关涉大学的现代化转型，关涉中学的课程改革、组织管理，关涉大学的招生考试、资格认定、生源规模，关涉学校、教育协会、社会团体、劳工组织和商人等群体，更关涉中学校长、教师、督学、大学教授、大学校长、教育官员等利益相关者。由中学与大学的关系问题出发，问题不断发生转换，而且被不断地铺开、细化，形成一张彼此勾连、相互作用的网络，其中每一个节点的拉伸与撕扯都影响其他节点与线条的位移变化。在这种意义上，中学与大学的关系问题事实上已经成为一个多维度、多线条、多因素叠加的“教育问题域”。对这一“问题域”的探索，将触碰到美国整个教育体制的最核心部分，中学的目标和职能将被重新定义，大学的地位和宗旨将更加明晰，中学与大学之间的界限也将最终得到界定，继而中学的课程标准、大学的招生标准也将相应地得到明确。

由此可见，对美国中学与大学关系问题的探索和实践事实上贯穿了19世纪70年代以来美国整个中、高等教育发展史，甚至对美国整个教育体制的发展变革都产生了广泛而深刻的影响。因而，对这一问题的研究就显得格外必要。但遗憾的是，目前国内外学者对美国中学与大学关系的研究并不充分。已有研究在提到19世纪后期至20世纪初期美国中学与大学之间的关系时，多将关注点放在几个调查委员会及其报告上，而未对美国中学与大学关系从无到有、从单一到复杂、从松散关联到紧密衔接的整个过程进行系统的论述。基于此，本书试图对19世纪后期至20世纪初期美国中学与大学的关系问题进行探讨，在梳理二者关系的演变过程中，对更深层次的美国教育体制的变革进行审视。

（二）研究意义

理论意义。前文已经提到，虽然中学与大学的关系问题历来都是教育研究者比较关注的问题，但在早期教育体制还未确立时，这个问题很少受到关注。本书对早期美国中学与大学的关系及其变迁过程进行探讨，将在一定程度上弥补现有研究中对早期时段的忽视，为现代中学与大学关系的研究提供历史的佐证。另外，对历史语境中的美国中学与大学关系的研究将勾连出美国中学的职能变迁问题、美国大学的现代化转型问题及整个美国教育体制的发展和变革问题。对这些问题的探讨不但可以增进对美国教育史的理解，深化对美国中、高等教育关系及教育体制变革的认识，还可以丰富和完善目前的美国教育史研究，夯实美国教育史研究的历史基础。

现实意义。梳理和研究美国中学与大学关系变迁史可以为我们研究现当代中学与大学的关系问题，尤其是中学的升学问题和大学的招生问题（即中高衔接问题）提供一些思考。当前，很多国家在处理中高衔接问题时面临一些共同的困境。比如，如何在招生政策的制定中既强调筛选功能，又保证相对公平？如何在衔接课程的设计上既适应学生的心智发展水平，又保证知识的连续性和延展性？如何在衔接方式的选择中既保证效能的高度一致，又兼顾形式的多元化？本书在对19世纪后期至20世纪初期美国中学与大学关系的研究中，将主要讨论中学与大学的衔接问题。本书将对当时的大学入学要求、中学课程设置进行历史的梳理，对中学与大学的衔接方式与路径进行深入的探讨，这些将在一定程度上为我们思考当下的中高衔接问题提供历史例证，有利于现代研究者回到历史的源头，探寻衔接的源初状态和解决该问题的初衷，为更深入地思考和剖析现代问题提供历史借鉴。

二、研究对象与问题

（一）研究对象

为了研究的顺利开展，有必要对本书的研究对象做进一步的澄清和限定。在本书中，对美国中学与大学关系问题的讨论将具体限定在1870—1918年这一时段，主要关注美国公立中学和大学之间的关系变迁问题。之所以如此限定，主要基于以下考虑：

首先，1870 年出现在本书的标题中，只是作为一个宽泛的时间节点，代表的是 19 世纪 70 年代，并非指具体的 1870 年。如前文所述，19 世纪 70 年代之后美国中学与大学的关系问题才逐渐凸显出来，成为教育领域的主要问题。也是从 19 世纪 70 代左右开始，美国大学开始进行现代化转型，进而对美国中学职能和定位的讨论也逐渐兴起，到 1918 年《中等教育的基本原则》发布，对中学的职责和定位做了最终的界定。至此，美国中学的职能定位经历了一个从模糊到明朗化的过程，美国中学也具备了现代中学的各种特质。而也正是《中等教育的基本原则》中对中学职能与定位的最终确立标志着对美国中学与大学关系问题的探讨暂告一段落。在此之后，对美国中学与大学关系问题的探讨便转移到其他主题上。因而，将研究时段限定在这一时期是合理的。

其次，在 1870—1918 年这一时段，美国中学与大学关系问题关涉最重要的两个主体是公立中学和大学。前文已经提到内战之后，工业化、城市化的推进，移民浪潮的涌入，使公立中学作为城市的公共教育机构被赋予了更多职责。当公立中学大量出现并发展起来之后，大学看到了公立中学在培养生源方面的巨大潜力，因而开始考虑让公立中学承担大学预备职能，专门为大学培养生源，进而引发了双方之间的一系列问题。关于美国中学与大学关系问题的讨论便由此进入公共视野，成为教育领域的主要问题。除此之外，对公立中学与大学关系的探讨，将直接关涉美国中学的职能和定位问题、美国大学的转型问题及整个教育体制的变革问题。从这种意义上讲，美国公立中学与大学的关系问题事实上代表了这一时期美国中学与大学关系问题的最核心部分。由此，本书选择从公立中学与大学关系的视角谈美国中学与大学的关系问题，便也具有了一定的合理性和正当性。

最后，本书虽然重在讨论 1870—1918 年美国公立中学与大学的关系问题，但并不代表会忽略逻辑链条的完整性和研究的丰富性，主观舍弃对其他时段、其他类型的中学与大学关系的探讨。在必要的时候，本书也会将文实学校、私立寄宿制中学等与大学的关系问题纳入进来，与公立中学和大学关系的发展形成某种关照和对比，一方面增加研究的丰富性，另一方面拓展和深化对研究主题的理解和分析。

（二）研究问题

基于上述讨论，本书所要研究的核心问题：1870—1918 年美国公立中学与大学的关系到底是如何建立起来并发生变化的，为什么会发生变化，这种变化对美国教育体制具体产生了哪些影响？围绕这个核心问题，本书试图解决的 4 个子问题：

其一，美国公立中学和大学建立之初各自的形态是怎样的，二者之间的关系是如何建立起来的，是通过什么方式建立起来的？

其二，二者之间的关系初步建立起来后又发生了哪些变化，经历了哪几个阶段，影响每个阶段关系变化的核心问题是什么？

其三，在公立中学与大学关系的变迁过程中，公立中学和大学在不同时期分别处于什么地位，各自发挥了什么作用？这种相对地位和作用的变化对不同时期二者关系的维系和转换产生了什么影响？

其四，在公立中学与大学关系的变迁过程中，公立中学和大学自身发生了哪些变革？它们各自是如何应对这种变革的？这些变革对二者关系的变化又产生了什么影响，进而对美国学校的知识结构和教育组织内部权力关系产生了什么影响，对美国教育体制的变革又产生了什么影响？

三、核心概念界定

在对研究对象和研究问题进行限定的基础上，本书提炼的核心概念主要有 4 个，即公立中学、大学、关系、公立中学与大学的关系，在此分别进行具体的操作性限定。

（一）公立中学

公立中学，英文为 public high school，在美国教育体制中，通常指的是一种由公共资金扶持的、面对所有适龄青少年的、免费的、非教派的中等教育机构。[①] 美国第一所现代意义上的公立中学建于 1821 年，但受各种因素影响，一直发展缓慢。直到内战之后，随着工业化、城市化进程的推进，移民浪潮的涌入，加上公立学校运动[②]中宣称的“公共教育”观念逐渐深入人心并向上延展至中等教育领域时，美国公立中学才逐渐发展起来。到 19 世纪末，公立中学的数量第一次超过文实学校，成为美国中等教育机构的主要类型。

以上界定也适用于本书，但本书除了探讨公立中学逐渐发展成为美国中等教育机构的主要类型之外，还将对公立中学的职能定位进行探讨，阐释公立中学是如何一步步地认识并确立自己在教育体制中的身份地位的。因为如前文所述，在本书所限定的时段内，美国公立中学的职能和定位经历了从模糊到明朗化的过程，并且最终在《中等教

---

① See Elmer Ellsworth Brown, *The Making of Our Middle Schools* (New York, London, and Bombay: Longmans, Green, and Co., 1902); Ellwood P. Cubberley, *Changing Conceptions of Education* (Boston, New York and Chicago: Houghton Mifflin Company, 1909); Ellwood P. Cubberley, *An Introduction of the Study of Education* (Boston, New York and Chicago: Houghton Mifflin Company, 1925); Ellwood P. Cubberley, *Public Education in the United States: A Study and Interpretation of American Educational History* (New York: Houghton Mifflin Co., 1934); R. Freeman Butts, *Public Education in the United States: from Revolution to Reform* (New York: Holt, Rinehart and Winston, 1978).

② 公立学校运动（common school movement），发生于 19 世纪 30 年代至 50 年代的一场要求各州及地方政府建立由公共资金扶持的、对所有适龄儿童开放的、非教派的、统一的、免费的公立学校（主要是初等学校），同时废除之前对下层穷人开设的贫民学校或慈善学校（charity school）的运动。该运动首先在美国东北部地区开始，之后推广至其他各地。到内战之前，公立学校运动基本完成，这标志着美国公立初等学校的建制已基本结束。在此之后，对公共教育的探讨转移至中等教育领域。

育的基本原则》中得到明确界定。这一过程将直接对 1870—1918 年美国公立中学与大学关系的变化产生影响。

在 19 世纪 70 年代之前，公立中学虽然已经具备了所谓的“公共属性”——由公共资金扶持、宣称对所有适龄青少年免费开放，但此时公立中学的职能定位还不明确，与大学之间的界限也很模糊，二者之间争抢生源的现象时有发生。到 1874 年，查尔斯·斯图亚特诉卡拉马祖第一学区案（Charles E. Stuart and others V. School District No. 1 of the Village of Kalamazoo and others，简称卡拉马祖案）的判决才第一次廓清了公立中学作为大学预备机构的衔接职能，但这一职能并未在全美范围内得到普遍认可，对公立中学职能和定位的探讨一直在持续。直到 1918 年《中等教育的基本原则》的发布才对公立中学的职能和定位做出最终界定，报告建议全美的中学都改组为综合中学（comprehensive high school），同时承担通识教育、职业教育和大学预备教育职能。至此，关于公立中学身份、职能的讨论告一段落，综合中学作为美国中学的基本范式在全美发展起来。

综上，本书将主要对公立中学进行两个层面的研究：第一，关注公立中学的发展脉络，梳理其从一种少数机构发展成为美国最主要的中学类型的过程。第二，关注公立中学身份、职能的变化，即从一种模糊的、不清晰的状态逐渐变得清晰和明朗，并且最终得到明确界定的过程。

（二）大学

现代意义上的大学（英文为 university）概念源自拉丁语 *universitas*。*universitas* 主要指代中世纪的行会组织，即由职业领域的工匠或手艺人组成的一种专业团体。行会本身并不具备知识传授或教育的属性。中世纪的教师和学生群体效仿职业行会的形式组成教师行会和学生行会。教师行会和学生行会最初仅关注行会作为一个团体或群体的集合性，并不指代某个实体的大学，更不强调它的教育属性。在 *universitas*

之后，真正用来特指学者行会或大学这种学术机构的是 *studium generale*。*universitas* 一词出现得较早，是就学者群体而言的，即所谓的学者的联合体，而 *studium generale* 的名称出现得较晚，是在第一批大学出现之后才出现并在 13 世纪下半叶开始流行，是就大学作为机构而言的。一些早期建立的大学后来才由教皇正式批准获得 *studium generale* 的法律地位。① *studium generale* 相比于 *universitas* 更强调大学作为一种机构，而且因获得教皇批准而更具权威性。但最终，*universitas* 因在中世纪具有更广泛的使用基础而得以作为"大学"的特指称谓延续下来，② 并且逐渐具备了一种智识和学术属性，演变为现代意义上的 university，随后在世界范围内得到推广和发展。在不同国家和地域范围内，大学其实经历了不同的发展和变迁过程。比如，大学逐渐有了属性的公私之分、职能或定位的变化及类型的区分等。限于与本书的相关程度，这里不再具体探讨。

这里需要说明的是，美国大学最初使用的并不是 university 的称谓，而是使用"学院"（college）一词。殖民地时期建立起来的 9 所殖

---

① 陈洪捷：《观念、知识和高等教育》，安徽教育出版社，2012，第 103 页。

② Olaf Pedersen & Richard North, *The First Universities: Studium Generale and the Origins of University Education in Europe* (Cambridge: Cambridge University Press, 1997), p. 145. 关于 *universitas*、*studium generale* 的具体演变及其含义变迁，参见希尔德·德·里德-西蒙斯主编《欧洲大学史》，张斌贤等译，河北大学出版社，2008；艾伦·B. 科班的《中世纪大学：发展与组织》，周常明、王晓宇译，山东教育出版社，2013。

民地大学都被称为“学院”[①]。原因在于美国最初在建立大学时主要效仿的是英国牛津大学和剑桥大学的学院制（colleges system）。[②] 正如弗雷德里克·伦道夫（Frederick Rudolph）所言，“殖民地学院的名誉和成功与它们是牛津-剑桥的理念在美国的移植联系在一起”[③]。

college 来源于拉丁语 *collegium* 一词，最初指的是一种团体或社团组织（society），即一群人居住或生活在一起，遵循相同的秩序或规则。这种社团模式在英国大学中得到使用，指的是让学生在一起居住、生活、祈祷、学习，之后便形成了所谓的“学院制”。这种学院制理念被移植到美国，便成为殖民地学院的雏形。殖民地学院也坚持“年轻人应该在一起吃饭、睡觉、学习、娱乐和做礼拜，彼此交友、互相竞争，学习自立自强，对更大的社团一贯忠诚。就像在牛津和剑桥一样，书籍只是教育的一部分。或者……仅有知识很难揭示真理”[④]。后来，这种学院发展成为美国的寄宿制学院，成为美国高等教育机构的重要组成部分。college 和 university 在美国也基本成为同义语，都指高等教育机构。现代语境中的 college 语义更为丰富，也指大学之下的某个具体

---

① 美国殖民地时期建立起来的 9 所学院分别是哈佛学院（1636 年成立，1780 年更名为哈佛大学）、威廉玛丽学院（1693 年成立）、耶鲁学院（1701 年成立，1887 年更名为耶鲁大学）、新泽西学院（1746 年成立，1896 年更名为普林斯顿大学）、费城学院（1753 年成立，1791 年更名为宾夕法尼亚大学）、国王学院（1754 年成立，1912 年更名为哥伦比亚大学）、罗得岛学院（1764 年成立，1804 年更名为布朗大学）、皇后学院（1766 年成立，1825 年更名为罗格斯大学）、达特茅斯学院（1769 年成立）。关于“学院”和“大学”的具体区分不在本书中具体讨论，二者将被作为高等教育机构来统一对待。至于具体使用“大学”还是“学院”称谓，将依据论证需要随机调整。特此说明，下同。

② *Official Register of Harvard University: Information about Harvard College for Prospective Students* 60, No. 22(Sept. 5 1963): 1-2.

③ See Frederick Rudolph, *The American College and University: A History* (New York: Alfred A. Knopf, Inc., 1962).

④ 约翰·塞林：《美国高等教育史》，孙益、林伟、刘冬青译，北京大学出版社，2014，第 7 页。

的院系或某种继续教育机构等。

在本书讨论的时空范围内，大学包含 college 和 university 两种，而且不断有 college 更名为 university 的情况出现。由于本书是将大学和学院作为一个群体进行研究的，因而没有特殊情况，不再对二者做具体区分。另外，有必要对本书研究的大学范围做出具体限定，本书主要涉及的大学是那些致力于高深学问探究的高等教育机构，既包括由早期殖民地学院发展而来的通常意义上的古典大学或精英大学，如哈佛大学、耶鲁大学、普林斯顿大学、哥伦比亚大学、宾夕法尼亚大学、布朗大学、达特茅斯学院等，也包括效仿德国大学，以高深学问和科学研究为目标而建立起来的一系列私立研究型大学和一些州立大学，如约翰斯·霍普金斯大学、斯坦福大学、芝加哥大学、罗切斯特大学、康奈尔大学、密歇根大学、威斯康星大学等。对这些大学与公立中学关系的研究将触及 19 世纪 70 年代至 20 世纪 20 年代美国中学与大学关系研究的最核心部分，至于其他类型的大学，限于研究主题和篇幅，将不在本书中进行讨论。

另外，本书在对美国公立中学与大学关系的探讨中，将主要关注大学入学要求和标准的变化、大学多元化入学方式的探索、大学是如何推动中学为其提供生源的、大学是如何处理与中学的冲突和矛盾的，以及大学内部在处理与中学的关系过程中出现的分歧及论争等。

（三）关系

关系，英文表达为 relationship，一般指人与人之间、人与事物之间、事物与事物之间相互关联的一种事实或状态。

在汉语语境中，“关系”一词的内涵较为丰富，具体包括这样几种含义：第一，指事物之间相互作用、相互影响的状态。第二，指人和人或人和事物之间的某种性质的联系。第三，指对有关事务的影响或重要性值得注意的地方。第四，泛指原因、条件等。第五，表明有某种组织的证件，如组织关系。第六，关联、牵涉。①

在英语语境中，relationship 一词的释义稍微简单一些，主要表达这样几种含义：第一，指的是人际或事物之间的一种相互作用、相互影响的事实和状态。第二，指的是党派、组织、群体之间的往来和联系。第三，特指通过血缘、婚姻维系的关系。第四，特指恋爱关系和性关系。②

两种语境在对“关系”一词的阐释上有一些共通的地方，就是都强调事物之间的关联。在本书中，“关系”一词的讨论将主要限定在英语语境中的第一层、第二层含义范围内，指两种事物（教育机构）之间的相互关联和影响的状态，以及联系往来的事实。基于本书的研究对象，有必要对“公立中学与大学的关系”做更进一步的阐释。

（四）公立中学与大学的关系

公立中学与大学的关系，一般使用 the relationship between public high schools and universities（colleges）表达。

在本书所限定的时段内，美国教育领域在不同时期用不同的英文表达界定公立中学与大学的关系。前期在讨论公立中学与大学关系时，美国学界多使用“关系”（relationship）一词，之后从 19 世纪 70 年代中期开始，尤其是 90 年代初，教育界人士更多使用“衔接”

---

① 辞海：https://cihai.supfree.net/two.asp?id=40621，访问日期：2018 年 4 月 9 日；汉典 http://www.zdic.net/c/3/36/82107.htm.，访问日期：2018 年 4 月 8 日。

② 据英文释义词典 the Oxford Dictionaries、the American Heritage Dictionary of the English Language、Longman、Dictionary by Merriam-Webst 等。各部释义词典在线查询网址分别为 https://en.oxforddictionaries.com/definition/relationship; https://www.ldoceonline.com/dictionary/relationship; https://www.merriam-webster.com/dictionary/relationship; https://ahdictionary.com/word/search.html?q=relationship&submit.x=25&submit.y=17. 访问日期：2018 年 4 月 9 日。

(articulation) 和“连接”(connection)[①] 这两个词。从用词的变化上可以看到，前期美国教育界在讨论公立中学与大学的关联时，似乎更为“中立”和“客观”，不带有额外的倾向性，而到后期则表现为一种试图使二者“连接”或“衔接”的明显意图，在关联程度上也暗合出一种由浅入深、由松散到紧密的微妙变化。因而，在用“关系”一词界定公立中学与大学的关联状态和往来事实时，就需要格外关注这种意图和程度的变化，对从 relationship 到 connection 和 articulation 的动态变化过程进行揭示。

在这种意义上，本书所探讨的“关系”其实是一种历史的概念。对公立中学与大学关系的探讨，实质上是对不同时期公立中学与大学关系发展变化的动态过程的探讨。为了进一步明确这一动态过程，有必要对研究时段内不同时期公立中学和大学对彼此关系的认知进行简要说明。

在一开始，美国公立中学和大学虽然分别作为中等教育机构和高等教育机构而存在，双方有各自的运行机制，互不影响，互不干涉，公立中学不以为大学服务为主要目标，大学也不干涉中学的各项事务。相应的，公立中学和大学对二者关系的认知也不同。在公立中学看来，教授古典课程主要是为了与文实学校竞争，意不在于“成为大学预备

---

① 以 1874 年卡拉马祖案为标志，公立中学作为“连接纽带”(connecting belt) 的功能以州最高法院判决的形式确立下来。之后，使用“connection”和“articulation”形容中学与大学关系的情况逐渐多起来。直到哈佛大学校长查尔斯·埃利奥特 (Charles W. Eliot) 1890 年在全美教育协会 (National Education Association，简称 NEA) 上发表演讲，指出了美国教育机构之间的衔接 (articulation) 不当，尤其是中学与大学之间的鸿沟尤为明显。基于此，该年全美教育协会就加强美国中学与大学之间的衔接达成一致意见，并且任命委员会来专门调查和解决衔接问题。之后，使用“articulation”和“connection”表述二者关系的情况更为普遍。See Charles W. Eliot,“The Gap Between the Elementary Schools and the Colleges”(National Educational Association, Journal of Proceedings and Addresses, session of the year 1890, held at Saint Paul, Minnesota, 1890), pp. 521-533.

机构”。而在大学看来，公立中学根本不具备为大学做准备的资质和能力。大学此时更关注那些专门致力于大学预备教育的文实学校、大学附属预备学校、预科部（preparatory departments）等。这些学校依据大学入学要求设置课程，依据大学对生源的要求培养学生的智识和能力，它们的学生大部分都能进入大学。在这种意义上，美国公立中学和大学之间只是某种松散的关联，它们之间的关系并没有得到刻意维系，更不存在制度上和思想上的准备和设计。

到 19 世纪 70 年代，大学在现代化转型中对生源数量和质量提出了更多要求。当大学看到公立中学在内战后迅猛发展的态势后，便开始考虑让公立中学为大学培养生源的可能性。之后，大学便开始探索各种方式让公立中学为其输送生源。1874 年，公立中学作为大学预备机构的衔接功能在密歇根州卡拉马祖案中得到确立，一种公立中学与大学的衔接关系率先在少数州建立起来。之后，公立中学逐渐开始为大学预备教育做出制度和思想上的双重准备。在制度上，公立中学开始关注大学入学要求的变化和考试内容的增减，进而调整课程计划，扭转工作重心。在思想上，公立中学逐渐转向主要为大学做准备，偏离之前主要为实用生活做准备的初衷。到 19 世纪末，公立中学与大学之间的关系变得更加紧密，之前建立起来的衔接关系得到巩固和深化。

此时，对公立中学来讲，为大学做准备意味着大学的入学要求要与中学的课程有更多的关联性和承续性；对大学来讲，与中学紧密衔接意味着中学要更好地满足大学的各种入学标准。二者对衔接关系的认知虽有重合的部分，但视角和立场完全不同。

正是视角和立场的不同最终导致美国公立中学与大学关系的重组甚至是变革。到 19 世纪末 20 世纪初，当工业化、城市化持续推进，移民浪潮持续涌入，社会对专业性职位的需求增多，中产阶级的知识诉求也不断提升时，公立中学被赋予的职能远远超越了大学预备职能。社会公众控诉大学不应该再“控制”公立中学，只关注公立中学的衔接职能；同时，社会公众要求大学接纳任何有意愿接受高等教育的学生，而无论他之前所做的准备是自由的还是职业的。至此，中学与大学的关系发展到另一个阶段，衔接关系虽依旧存在，但一种衔接之外的制约关系建立起来。

基于以上分析，本书试图讨论的公立中学与大学的关系是一种动态变化的过程，这种关系经历了松散关联、衔接、调整和巩固、制约四个阶段。因而，本书的行文逻辑也是依据这四个阶段来设计与论述的。

四、文献述评

鉴于与研究主题的关联性，需要对与美国公立中学与大学关系变迁相关的文献进行四个维度的评述。首先，作为本书的核心主题，对美国中学与大学关系历史脉络的整体研究将被作为第一综述对象。其次，由于本书重点关注公立中学和大学两个主体，因而特将公立中学单独拎出来，作为第二综述对象，对公立中学的发展史，尤其是与大学关系的发展变化及其在此过程中公立中学自身的变革进行综述。再次，由于公立中学与大学关系的变迁一般可从大学招生与录取政策的变化中体现出来，因而对大学招生录取政策的研究也被纳入进来，作为第三个综述对象。最后，虽然本书主要关涉的是美国公立中学与大学的关系，但对私立中学与大学关系的研究其实可以为本书提供多方面的例证，进而拓展关于中学与大学关系研究的广度和深度，因而这里也会对私立中学与美国大学的关系问题进行综述。现基于已掌握的相关文献，综述如下：

（一）关于美国中学与大学关系的整体研究

在将美国中学与大学关系作为对象进行整体研究时，以往研究者基本上没有对中学的性质进行刻意区分。但即使没有言明公私属性，从研究主题、话语对象、研究路径、研究结论等来看，大部分研究者针对的都是公立中学与大学之间的关系问题。因而，这一部分既是对没有言明公私性质的美国中学与大学关系问题的综述，也是对公立中学与大学关系的综述。其主要涉及中学与大学关系史的研究、致力于中学与大学关系研究的相关组织机构的研究、中学与大学衔接制度与方式（包括学制衔接、课程衔接、学分衔接）的研究等。

1. 关于美国中学与大学关系史的相关研究

在目前已有的研究中，鲜有对美国中学与大学关系及其变迁进行专门的研究，多是在谈到美国中学发展史时，对中学与大学的关系进行捎带论述。但这其中不乏深刻独到的见解，爱德华·克鲁格（Edward A. Krug）的《美国中学的形成》便是一例。[①] 在对 1880—1920 年美国中学史进行论述时，克鲁格对影响中学变革的各个重要节点进行了剖析，其中包括大学对中学的影响。克鲁格指出，在十人委员会（Committee of Ten）和大学入学要求委员会（the Committee on College Entrance Requirements）成立之前，中学与大学之间的界限并不清晰，中学与大学互不了解且相互抱怨。一方面，中学抱怨大学纷繁复杂的入学要求；另一方面，大学抱怨中学没有很好地为学生进入大学提供预备教育。此时，由于中学与大学都有各自的标准，而且并没有明确规定二者之间存在严格的连续性和衔接关系，因而中学与大学之间竞争生源的现象时有发生。克鲁格同时指出，虽然没有明确的关系界定，但中学与大学之间并不存在根本性的利益冲突。而且，此时对二者关系的探索与讨论已经开始，如新英格兰地区已于 1885 年开始着手处理中学与大学的关系问题，1893—1895 年，中部各州、马里兰地区等也开始行动，直到 1895 年大学入学要求委员会成立，全国性的中、高等教育关系研

① See Edward A. Krug, *The Shaping of the American High School (1880-1920)* (Madison, WI: The University of Wisconsin Press, 1969), pp. 123-145.

究才彻底打开局面。

克鲁格的研究为本书提供了重要的立论依据。在本书所限定的时段范围内，美国中学与大学之间的关系经历了从最初界限不清、互不了解到19世纪七八十年代开始通过调查研究探索和讨论二者关系的过程。在这一过程中，克鲁格强调了各个委员会及社会组织的重要性，而这也将成为本书的重要研究内容之一。除此之外，克鲁格在研究中尤为关注社会转型、核心人物对中学发展的重要影响，值得借鉴和学习。

除克鲁格外，劳伦斯·克雷明（Lawrence A. Cremin）、威廉·弗兰奇（William Marshall French）、西奥多·赛泽（Theodore R. Sizer）、丹尼尔·坦纳（Daniel Tanner）与劳雷尔·坦纳（Laurel Tanner）、约翰·布鲁贝克（John S. Brubacher）、尤尔根·赫伯斯特（Jurgen Herbst）、赫伯特·科里博德（Herbert M. Kliebard）等在各自的研究中对19世纪末20世纪初美国中学与大学关系也有相关论述，他们的研究在某种程度上达成了一致意见，认为这一时期美国中学与大学的关系处理问题成为引发后续美国公立中学变革，以及大学入学标准变化的导火索。[①] 在此之后，美国中等教育变革的序幕全面拉开，高等教育也开始了漫长的民主化历程。由此，对美国中学与大学关系及

---

① See Lawrence A. Cremin, "The Revolution in American Secondary Education, 1893-1918," *Teacher's College Record* 56, No. 6 (Mar. 1955): 295-308; William Marshall French, *American Secondary School* (New York: The Odyssey Press, 1957); Theodore R. Sizer, *Secondary Schools at the Turn of the Century* (New Haven: Yale University Press, 1964); Daniel Tanner & Laurel Tanner, *History of the School Curriculum* (New York: Macmillan Publishing Co., Inc. 1990); John S. Brubacher, *A History of the Problems of Education* (New York: McGraw-Hill Company, 1947); Jurgen Herbst, *The Once and Future School: Three Hundred and Fifty Years of American Secondary Education* (New York: Routledge, 1996); Herbert M. Kliebard, *The Struggle for the American Curriculum, 1893-1958* (New York and London: Routledge Falmer, 2004).

其变迁过程的研究便具有重要价值，它将触碰到美国中等教育的改革和建构，触碰到美国高等教育的现代化转型，为本书选题提供了价值与意义论证。

国内学者杨捷教授曾对美国中学与大学关系进行了系统研究。杨捷教授将关注点放在20世纪30年代由美国进步教育协会发起的“八年研究”上，通过对“八年研究”中大规模教育实验的启动、实验、跟踪调查的详细论述，探讨进步主义时期美国中学与大学关系的重构问题。① 这一研究刚好与本书在时间段上有先后衔续的关系，本书更关注的是20世纪30年代之前美国公立中学与大学关系的建立、维系和制度化过程，此研究则更关注关系确立之后中学与大学如何更好的衔接的问题。在很大程度上，此研究为本书深入思考中高关系的走向提供了方向和指引。

20世纪50年代之后，对美国中学与大学关系的研究较为丰富。亚瑟·特拉克斯勒（Arthur E. Traxler）、阿加莎·汤森德（Agatha Townsend），以及威廉·伊曼纽尔（William H. Emanuel）分别调查了美国的600所中学和138所大学，发现受“八年研究”影响，20世纪50年代一些美国大学已经明显放松了对中学的入学限制，逐渐将中学毕业作为进入大学的统一门槛，美国中学与大学的关系已出现明显的缓和与统一。② 明尼苏达高等教育委员会的调查也证实了这一点，他们发现至少有40%的中学采用了统一的大学入学标准为学生进入大学做准备，而不再像之前那样单独为某所大学提供特殊的预备教育。但同

---

① 参见杨捷《中学与大关系的重构——美国“八年研究”初探》，博士学位论文，华东师范大学，2006。

② See Arthur E. Traxler and Agatha Townsend (eds.), *Improving Transition from School to College: How Can School and College Best Cooperate?* (New York: Harper and Brothers, 1953); William H. Emanuel, "College Entrance Requirements Ten Years after the Eight-Year Study," *The School Review* 61, No. 9 (Dec. 1953): 521-526.

时，特拉克斯勒与汤森德在对美国 1100 所公立中学和 250 所私立中学进行调查的过程中也发现，美国中学在与大学衔接的过程中往往表现得比较保守，他们经常忽视了自己拥有设置多样化课程的权利和自由，尤其在为那些优秀的中学生提供大学先修课程时，这种保守性体现得尤为明显。而这也影响了美国中学与大学的关系，使大学在二者的关系中始终处于主导或优势地位，而中学往往更为被动。①

2. 致力于美国中学与大学关系研究的相关组织机构的研究

要讨论 19 世纪末 20 世纪初致力于调查和研究美国中学与大学关系的组织机构，便不得不提到全美教育协会。这一始创于 1857 年、由 10 个州的教师组织联合组成的专业团体到 19 世纪 90 年代已发展成为全美教育政策的研究者与决策者。虽不具备强制执行力，但全美教育协会的政策建议常常能对美国各级各类教育机构的改革和重组形成某种指导意见或建议，而且各类教育机构也愿意在具体的教育实践中参考全美教育协会的政策建议。正如乔尔·斯普林（Joe Spring）所言，大约从 1890 年起到 20 世纪 50 年代美国联邦政府负责制定全国教育政策之前，美国全国性的教育政策都是经过与全美教育协会各部门的正式或非正式的讨论之后才最终形成的。② 斯普林的话在很大程度上证明了全美教育协会在美国教育政策制定过程中的重要角色和地位。19 世纪 90 年代，针对美国中学与大学衔接关系的建立与维系过程中出现的各种问题，以及由此引发的全国性讨论，全美教育协会先后成立十人委员会（1892 年）、大学入学要求委员会（1895 年）、中学与大学衔接九人委员会（Committee of Nine on the Articulation of High School and College，简称九人委员会，1911 年）、中等教育改造委员会（Commission on the

---

① See Minnesota Commission on Higher Education, *Higher Education in Minnesota* (Minneapolis: University of Minnesota Press, 1950).

② 乔尔·斯普林：《美国学校：教育传统与变革》，史静寰等译，人民教育出版社，2010，第 437 页。

Reorganization of Secondary Education，1913 年）等对该问题进行调查研究并提出改革意见。现以各委员会的相关研究作为 3 级综述对象，分别进行综述。

（1）关于十人委员会及其报告的研究。

十人委员会成立之初的任务就是要解决存在于美国中学与大学之间的障碍，使中学与大学的衔接更畅通。目前已掌握的对十人委员会及其《十人委员会报告》的研究多集中于美国教育史相关著作中，而且已有研究多将十人委员会作为独立章节来分析与论述，可见该委员会在处理中学与大学衔接关系中的重要性。

研究者多将《十人委员会报告》作为分析与解读文本，在此基础上对十人委员会的工作进行评价。威廉·弗兰奇承认十人委员会在处理美国中学与大学关系时做出的各项努力，如委员会将中学与大学的关系问题提到了全国性层面进行讨论，而且集结了全美的教育专家来探讨中学的课程问题，试图为中学制订统一的课程计划。但以上并不是弗兰克的论述重点，弗兰克更关注的是暗藏在十人委员会背后的一种大学试图维护古典课程的保守主义倾向及其试图“控制”中学课程的意图。弗兰克将十人委员会放在传统教育的范畴，从各个层面对委员会及其《十人委员会报告》进行批判。在研究中，弗兰克使用了一些带有明显感情倾向的语词，如“紧紧地束缚了中学”“忽视青少年及其生活领域”“忽视个人的差异性”“保守元素的集合”等，论证十人委员会的保守性和传统性。同时，弗兰克给出了他批判十人委员会的五个原因：第一，从成员构成来分析，十人委员会中有 6 人来自大学一方，而公立中学只有一位代表。第二，十人委员会试图将所有中学生放入为进入大学而设计的统一化模式中。第三，十人委员会的 4 种课程计划都是为进入大学做准备的，而没有考虑不上大学的那部分学生。第四，十人委员会忽视实用课程在中学的地位。第五，大学一方在考虑入学要求时总将“大学想要中学做什么”作为指导原则，而且将大部分时间放在讨论古典学科上，而很少参考中学一方的意见。[①]

弗兰克并不是唯一一个对十人委员会有微词的研究者。与他站在同一立场的还有尤尔根·赫伯斯特、丹尼尔·坦纳与劳雷尔·坦纳、托马斯·布里格斯（Thomas H. Briggs）等。

赫伯斯特发现，十人委员会在课程设计中想当然地以为“为生活做准备就是为进入大学做准备”，忽略非学术型课程和手工训练。委员会将严格的学术性课程作为中学课程的基本取向，却没意识到 1893 年公众已经开始“将中学视为指向大学的公立学校，而将大学视为少数精英的大本营”[②]，在当时为生活做准备与为大学做准备已经不可调和的情况下，十人委员会的调查努力最终并未被完全接纳。

丹尼尔·坦纳与劳雷尔·坦纳同样将十人委员会定位为保守派，认为十人委员会之所以没有将艺术、音乐、体育及实用课程纳入中学课程计划，源于委员会认为它们没有心智训练的价值。坦纳认为报告产生于“心智训练正在受到批判性审视的时代”，“而这一保守的报告却希望传统的学科和教学方法能够再持续 25 年”。[③] 布里格斯也在 1931 年谈到“十人委员会受到心智训练观的束缚”[④]。

除此之外，还有其他一些研究者将《十人委员会报告》定位在传统保守主义的范畴，如艾拉·杨（Ella Flagg Young）认为“十人委员

---

① William Marshall French, *American Secondary School*（New York：The Odyssey Press，1957），pp. 110-114.

② Jurgen Herbst, *The Once and Future School : Three Hundred and Fifty Years of American Secondary Education*（New York：Routledge，1996），pp. 109-110.

③ Daniel Tanner & Laurel Tanner, *Curriculum Development : Theory into Practice*（New York：Macmillan Publishing Co. ，Inc. 1980），p. 235.

④ Thomas H. Briggs，“The Committee of Ten，”*Junior-Senior High School Clearing House* 6，No. 3，（Nov. 1931）：134-141.

会产生于学术性思想已经开始失去对整个中学教育的控制的时代”①。科里博德也同意作为十人委员会主席的查尔斯·埃利奥特的确是一个信奉“心智训练学说”的人，但他也指出埃利奥特的观点不同于大部分心智训练主义者，因为埃利奥特认为只要坚持学习一段时间，任何学科都有可能成为具有训练价值的学科，这意味着他并不像其他心智训练主义者那样信奉预定的课程主题，这一点从他在哈佛的选修制改革便能看出端倪。② 另外，赛泽在研究中也指出《十人委员会报告》的保守之处在于委员会没有将那个时代伟大的社会、政治、经济动力考虑在内。③

与弗兰克、赫伯斯特、坦纳等将十人委员会定位为保守主义形成鲜明对比的是爱德华·克鲁格与乔尔·斯普林。克鲁格认为十人委员会面临的问题在于“中学应该成为一个现代工业社会的分层机器，还是维持一种灵活性，以保证其不会迫使个人进入一种特定的社会轨道”。在他看来，《十人委员会报告》不应再被贬低为保守性的，而应将之视为“在我们的社会中维护中学作为社会流动机制而非社会分层机器的最后努力之一”④，只不过在后来，十人委员会的平均主义观念输给了社会效率观念。⑤

---

① Ella Flagg Young, "The Educational Progress of Two Years, 1905-1907" (National Educational Association, Journal of Proceedings and Addresses of the Forty-fifth Annual Meeting, held at Los Angeles, California, July 8-12, 1907), p. 394.

② Herbert M. Kliebard, *The Struggle for the American Curriculum, 1893-1958* (New York and London: Routledge Falmer, 2004), pp. 9-10.

③ See Theodore R. Sizer, *Secondary Schools at the Turn of the Century* (New Haven: Yale University Press, 1964).

④ Edward A. Krug, The Shaping of the American High School (1880-1920) (Madison, WI: The University of Wisconsin Press, 1969), p. 65.

⑤ 克鲁格讨论的 3 个专题分别是"Toward the Committee of Ten""Dr. Eliot's Report""A Sea of Troubles"。See Edward A. Krug, *The Shaping of the American High School (1880-1920)* (Madison, WI: The University of Wisconsin Press, 1969), pp. 18-92.

乔尔·斯普林与克鲁格所见略同。他认为《十人委员会报告》反映了美国教育当时正处于十字路口：给所有人提供教育，还是基于每个人未来职业的发展定位提供相应的专业教育。十人委员会面临的一个主要问题是，是否要为中学毕业后直接就业的学生和希望升入大学的学生提供不同的课程，即是否应该以升入大学与否作为标准来判断给予学生什么样的生活准备。十人委员会对这个问题的回应是，建议取消课程设置的任何差异，因为“大家对一个结论众口一词，那就是阶级化的教育不应该存在”①。因而，委员会试图为中学设计四种课程计划来实现这种平衡。其中，只有古典课程计划要求同时掌握拉丁语和希腊语，其余三种课程计划则不要求完全掌握两种语言。这在某种程度上标志着大学开始降低传统古典学术的要求。但批评者指出，这份报告事实上就是一份精英主义的设计方案，因为报告中没有为不准备上大学的学生设计特殊的课程。作者认为，报告造成的这种反差与讨论突显了“教育与民主社会之间的复杂的关系。例如，人们可以认为提供满足个人需求和兴趣的教育是民主的，因为它将个人作为教育活动的中心；但是也可以反过来论证这种教育是反民主的，因为它将人们束缚在自己的社会阶层中”②。

除以上之外，大卫·安格斯（David L. Angus）和杰弗里·米雷尔（Jeffrey E. Mirel）从课程专业化的视角为《十人委员会报告》正名。他们认为《十人委员会报告》开启了19世纪末课程改革的专业化进程，在课程史中具有分水岭意义。这种意义具体体现在两个方面：第一，十人委员会要求中学停止增加越来越多的短期课程。第二，十人委员会要求学院与大学停止增加新的入学要求，第一次发出中学课程应由

---

① 乔尔·斯普林：《美国学校：教育传统与变革》，史静寰等译，人民教育出版社，2010，第327页。

② 乔尔·斯普林：《美国学校：教育传统与变革》，史静寰等译，人民教育出版社，2010，第328页。

专业的研究者而非外行董事会来设计的暗示，并且第一次试图提出一个全国性统一的课程计划来抑制不断增加的中学课程和大学入学要求。[①] 而在第二方面，国内研究中范婕的学位论文《美国公立中学统一课程的努力〈十人委员会报告〉》为我们了解历史语境中十人委员会的全国性课程努力提供了参照。

综上，对十人委员会的研究分别关涉课程设计、社会分层和教育民主化等主题，研究者们从不同的维度对十人委员会进行评价。研究者们基本上分为两派：一派认为十人委员会及其报告是“保守主义”的，试图继续维系大学的古典学术传统；另一派认为十人委员会正是为了避免“阶级化的、不平等的教育”而坚持为所有的学生提供统一的课程计划，将为大学做准备与为生活做准备融合在弱化了学术标准的四种课程计划中，但被另一种“报告没有为不准备上大学的学生做出安排”的论证划归为“保守主义”。这样看来，十人委员会事实上处于一种进退两难的困境，与转型时代的大环境左右矛盾，这也从另一种角度表明试图通过学校课程来解决社会矛盾的困难，以及学术性课程在维护社会民主方面的无力。在相关研究中，研究者更关注时代背景、社会诉求与教育改革之间的紧密联系，使中等教育改革及十人委员会的任命显得合理且必要。但一些研究者在引用报告相关内容时臆断词汇，对报告原文的不忠实表述影响了对十人委员会工作的客观评价。

（2）关于大学入学要求委员会及其报告的研究。

作为专门致力于解决中学与大学课程衔接问题的调查研究机构，大学入学要求委员会在成立之初就要求中学与大学在入学标准上达成某种一致意见。但与十人委员会相比，学界对大学入学要求委员会的

---

① David L. Angus and Jeffrey E. Mirel, *The Failed Promise of the American High School, 1890-1995* (New York and London: Teachers College, Columbia University, 1999), pp. 8-10.

研究还较为缺乏。针对该委员会的相关评论多在十人委员会、中等教育改造委员会的研究中附带提及，几乎没有专题研究。

克鲁格在美国中学史的研究中曾提到，1895 年入学要求委员会的成立为全国性中、高等教育关系问题的研究彻底打开了局面。他对大学入学要求委员会的工作进程、状态、报告内容进行了详尽论述。关于中、高等教育的关系问题，委员会认为他们的课程计划适用于所有学生，大学应该接受任何完成中学课程计划的学生。在克鲁格看来，与十人委员会类似，大学入学要求委员会成员也属于温和的修正主义者，它试图加强现代性学术科目的接受程度，却没有打算对所有学科打开大门，仅是有选择地增加现代科目。①

艾默尔·布朗（Elmer Ellsworth Brown）作为 20 世纪初的研究者，与大学入学要求委员会处于同一时代。他从课程改革的角度对入学要求委员会极力称赞，尤其是对委员会提出的在中学施行选修计划的建议极为满意。布朗认为，十人委员会开启了开设选修课程的道路，大学入学要求委员会则促成了一个满足选修需求的综合性计划，“实际上，委员会在这一问题上似乎提出了一个哥白尼式的建议”，即除了“必修”课程外，学生可以自由地选修其他任何课程。布朗认为委员会提出的 16 个单元的课程计划对当时及之后中等教育课程的改进具有重要意义。②

同时代的范德比尔特大学校长詹姆斯·柯尔克兰德（James Hampton Kirkland）对入学要求委员会没有得到应有关注的原因进行了分析，认为公众已经习惯了“这种委员会类型的调查研究”，入学要求委员会在承袭前人工作的基础上，提出了相似的改进计划，自然不

---

① See Edward A. Krug, *The Shaping of the American High School (1880-1920)* (Madison, WI: The University of Wisconsin Press, 1969), pp. 123-145.

② See Elmer Ellsworth Brown, "Present Tendencies in Secondary Education," *The School Review* 9, No. 7 (Sept. 1901): 446-458.

会引起太大的反响。[①] 同时代的一些杂志也对大学入学要求委员会的工作做出评判，《教育杂志》称赞《大学入学要求委员会报告》是一份极具价值的文件，比《十人委员会报告》更令人满意。但与此同时，杂志也预言："从报告本质而言，它将不会引发重大的影响与反馈。"[②]

后世研究者在评价入学要求委员会时态度相对更明确一些。伯纳德·默尔（Bernard Mehl）认为大学入学要求委员会在对中学的自由教育的界定方面是一种"妥协"，其工作报告是一种以学术性要求作为考量标准的妥协产物。[③] 克鲁格推测委员会内部成员之间缺乏严肃认真的争论，因为委员会没有对古典教育进行攻击，也没有为实用科目争取空间，它继承了十人委员会的理念，大力推荐现代学术性科目，这反映了查尔斯·埃利奥特的教育观念，即不应该以学生是否继续升入大学作为标准来设置不同的课程，因而很多人会认为它是一份保守的报告。但与此同时，克鲁格也认为入学委员会提出的自由选修制计划在当时并不是保守主义的，它试图在中学与大学的入学要求之间达成更好的统一，将这一议题维系在官方正式的讨论框架内。[④] 另外，后世其他研究者如威廉·瑞格（William G. Wraga）、赫伯斯特等也多将大学入学要求委员会作为十人委员会工作的继续，认为其报告是"又一份倾向于大学一方的文件"。

总体来看，研究者普遍认为大学入学要求委员会工作是对十人委

---

① See J. H. Kirkland, "Discussion Paper," *The School Review* 7, No. 7 (Sept. 1899): 405-408.

② A. E. Winship, "Editorial: Notes," *Journal of Education* 50, No. 7 (1241) (Aug. 24 1899): 128-129.

③ Bernard Mehl, *The High School at the Turn of the Century: A Study of the Changes in the Aims and Programs of the Public Secondary Education in the United States, 1890-1900* (Champaign: University of Illinois at Urbana-Champaign, 1954), p. 301.

④ Edward A. Krug, *The Shaping of the American High School (1880-1920)* (Madison, WI: The University of Wisconsin Press, 1969), p. 143.

员会的承袭，因而多将“保守主义的”“高学术性的”“精英主义的”批判都推到十人委员会身上。也正因为如此，大学入学要求委员会受到的关注度远远低于十人委员会，对其的专门研究也较为缺乏。

（3）关于九人委员会的研究。

如果说相比于十人委员会，研究者们对大学入学要求委员会的关注较少，那么对于九人委员会的研究就更是凤毛麟角。作为首个以“中学与大学衔接”命名的全国性调查组织，这一委员会将在本书中占据重要地位。在本书之前，本人曾在研究美国综合中学的形成时对九人委员会进行专门探讨，认为正是九人委员会的调查研究使美国公立中学找到了自身的功能定位，并且九人委员会提出的课程改革建议事实上为后续综合中学的课程计划奠定了基础。[①] 经常为后世所标榜的《中等教育的基本原则》的发布者——中等教育改造委员会的前身其实就是九人委员会，这足以证明该委员会的重要性。国内外研究者对这一组织的忽视其实在一定程度上造成了对这一时期中学与大学衔接问题的认知断裂。这一缺憾将在本书中作为重点之一进行论述与探讨。

（4）对其他致力于中学与大学关系研究的组织机构的研究。

除了以上为中学与大学衔接关系的建立与维系做出努力的委员会之外，这里还需要提到的是大学入学考试委员会（The College Entrance Examination Board，简称 CEEB）。约翰·瓦伦丁（John Valentine）的《大学委员会和学校课程》是一部专注于研究大学入学考试委员会与美国中等教育课程之间关系的论著。它对大学入学考试委员会的历史发展进程进行了深入挖掘，探讨其对美国中等教育课程标准的统一及与大学衔接统一考试所产生的影响，进而揭示委员会在长达近一个世纪的工作中善于依据现实环境的变迁而适时转换角色，

---

① 参见吴婵《专门化与统一化：美国综合中学计划的形成研究（1908—1922）》，硕士学位论文，北京师范大学，2014。

为美国中高衔接做出贡献的史实。[①]

“八年研究”之后，为了更好地解决中学与大学的衔接问题，一些州层面的努力相继而出。诺曼·伯恩斯（Norman Borns）、乔治·吉尔博特（George H. Gilbert）、保罗·约翰逊（Paul E. Johnson）、卡尔·赛福特（Carl E. Seifert）、克雷德·佛罗曼（Clyde Vroman）与西奥多·佛希克（Theodore H. Fossieck）等都对此进行了研究。[②] 从整体来看，这些努力都致力于促进中学认证、发放大学入学要求手册、宣传大学的相关政策，试图通过一些服务性举措对中学与大学之间的有效衔接做出努力。达尔·隆（C. Darl Long）在研究中提到纽约学校研究理事会（New York School Study Council）的项目将纽约的 12 所大学和 10 所中学涵盖在内，探讨中学如何与大学更好地衔接。[③] 埃德加·哈登（Edgar L. Harden）在专门对密歇根中学-大学联盟（Michigan Secondary School-College Agreement）进行考察后，发现即使有联盟的推荐，多数密歇根中学在为大学做准备的过程中依旧偏重可量化的学

① See John Valentine, *The College Board and the School Curriculum : A History of the College Board's Influence on the Substance and Standards of American Education , 1900-1980* (New York: College Entrance Examination Board, 1987).

② See Norman Burns, "High School-College Articulation," *The School Review* 59, No. 1(Jan. 1951): 1-14; George H. Gilbert and Rein E. Jackson, "What New and Significant Developments in School and College Relations?," in *Bulletin of the National Association of Secondary-School Principals* 37, No. 194(Apr. 1953): 106-112; Paul E. Johnson, *Patterns of Cooperative Curriculum Development in Member Schools of the Michigan Secondary School-College Agreement* (Detroit: Wayne University, 1952); Carl E. Seifert, "High School and College Relations," in *Bulletin of the National Association of Secondary-School Principals* 36, No. 183(Jan. 1952): 115-119; Clyde Vroman and Theodore H. Fossieck, "What Are Some Promising Developments in School and College Relation?," in *Bulletin of National Association of Secondary-School Principals* 38, No. 202(Apr. 1954): 298-302.

③ See C. Darl Long, "School-College Relations and the Curriculum," in *Bulletin of the National Association of Secondary-School Principals* 38, No. 202(Apr. 1954): 357-361.

术成绩，而对品行与个性的培养不够重视。另外，哈登在研究中发现，那些没有被组织或协会推荐的学生有时反而在大学中表现出众。[①]

20世纪上半叶，一些大学也筹备起自己的招生办公室或招生委员会。美国教育文化史研究者杰罗姆·卡拉贝尔（Jerome Karabel）在对美国精英大学的招生史进行研究时，多次提到大学招生委员会及其中的核心人物。从中可以看出，在中学与大学衔接过程中，利益相关者们对决策背后的复杂动机及立场的考量，进而明确衔接并非一种简单的上下对接，牵涉其中的因素往往多且繁杂。[②] 另外，教育测验服务中心（Educational Testing Service，简称ETS）作为美国大学招生考试的管理者与监控者，也在中学与大学衔接关系的建立和维系过程中发挥着重要作用，后文还会提到，这里不再赘述。

通过对这些组织机构的研究可以发现，美国中学与大学的衔接并不是单线条、上行下效的无缝对接。事实上，这中间有很多节点或因素会被介入，对衔接关系产生影响。对这些组织机构的研究有利于在探讨中学与大学关系及其变迁问题时呈现历史问题的复杂性与丰富性，使研究更为饱满，近而避免单线条的历史叙述。

3. 关于中学与大学衔接制度与方式的研究

在美国公立中学与大学的关系之下，已有研究多从现实出发，更关注现实层面的衔接制度和政策，探讨更加具体的大学入学考试、衔接课程、学制改革，以及与之相关的教育公平问题，而鲜有对中学与大学关系确立和维系的历程进程进行讨论。鉴于与本书主题的相关性，学制改革不再作为单独的综述对象进行综述，而仅对大学招生考试及

---

① See Edgar L. Harden, *A Study to Determine the Nature and Relative Importance of Information Used in Michigan College Agreement High Schools in Recommending Students Planning to Attend College* (Detroit: Wayne University, 1952).

② See Jerome Karabel, *The Chosen: The Hidden History of Admission and Exclusion at Harvard, Yale and Princeton* (Boston: Houghton Mifflin Company, 2005).

中学的大学预备课程等相关研究略做总结。

（1）关于大学入学要求及入学考试的相关研究。

在中学与大学的关系问题刚刚成为公众关注焦点的年代，埃德温·布鲁姆（Edwin Cornelius Broome）就在《美国大学入学要求的历史及其评论》中对大学入学要求的变迁进行了细致入微的研究，并且从入学要求的变迁中追寻美国教育变革的走向。布鲁姆认为美国“大学入学制度的历史实际上就是一部向中学妥协的历史”①，造成中学与大学之间存在裂缝的根本原因在于大学入学范围的狭窄和对现有入学科目要求的不断提高。当大学开始扩展入学科目，对现实需求做出回应，就表明大学在衔接问题上做出了让步和妥协。布鲁姆对大学入学要求的考察为本书提供了重要的史料文献，本书中关于大学入学要求的变迁及其大学转型的相关史料大部分来自于布鲁姆的研究，在很大程度上保证了本书逻辑论证的说服力。

学术能力倾向测试（Scholastic Aptitude Test，简称 SAT）因作为美国中学生进入大学的重要参考标准之一而备受关注。在本书涉及的时段范围内，SAT 虽然还未出现，但到 20 世纪 20 年代中后期，SAT 将作为继大学入学考试委员会 1901 年组织的统一入学考试之后的另一次统一性考试在全美范围内得到实施。对于 SAT 形成过程的历史考察将有助于本书厘清中学与大学衔接过程中的一些基本问题。《SAT 的历史考察》以大学招生开始成为公众关注焦点的 19 世纪 90 年代作为研究起点，到 1948 年教育测验服务中心将 SAT 作为一种市场化的牟利工具为止，追溯半个多世纪的美国大学招生考试史。值得注意的是，与社会舆论一致对 SAT 大肆褒奖不同，该研究并没有对 SAT 推崇备至。相反，研究者态度鲜明地反对并建议取消 SAT 考试。在研究者看来，

---

① Edwin Cornelius Broome, *A Historical and Critical Discussion of College Admission Requirements* (New York: Columbia University, 1902), p. 106.

SAT是作为一种试图稳定和固化社会阶层结构的工具而出现的，它前期虽承担了“公正裁决人”的角色，但与成就测验（achievement examination）相比，SAT仅具有相对的分类功能，对类别内部的诊断与鉴别无能为力。此外，SAT正在日益变得僵化、市场化、可操纵化，失去了其本应具备的客观性与公正性。在作者看来，真正的入学考试应该使学生能够找准自己的位置进而在该位置上有所作为，而不是仅作为进入大学的敲门砖。同时，大学也应该少花些时间在学生的排名上，多费些心思在鉴别学生的能力、禀赋上并培养它们。①

尼古拉斯·莱曼（Nicholas Lemann）也以SAT为研究对象，追溯SAT如何及为什么能够进入大学申请过程，成为决定青年命运的“稻草”。与前一研究不同，莱曼通过讲述多个相互交叉的、与SAT息息相关的核心人物故事将整个研究勾连起来。莱曼发现，SAT是另一种基于智力测验的、在本质上非民主的考试形式，在代替之前基于上层家族精英统治的筛选形式之后，也只能有限地评估学生的学术禀赋。在莱曼看来，SAT成绩与学生的家庭收入密切相关，使学校可以在客观的目标之下继续达成一种社会分层的目的。因而，莱曼建议取消SAT考试，以及将学生分门别类的做法，代之以一种全国性的课程体系，使所有学生能够在相同的课程基础上接受测试。② 值得一提的是，在回答SAT是否有利于实现教育公平的问题上，莱曼采取以生动人物故事将隐藏在教育政策背后的社会分层本质揭示出来的写作方式清新脱俗。由此可见，在历史研究中，依据论证需要选择恰切的写作方式，有时更利于隐微意义的揭示。

国内关于美国招生考试的研究以南京师范大学陈艳的研究为例。陈艳追溯了SAT自1926年产生以来的历次改革，即从一种“学术能力

---

① See Anonymous,“The History of SAT”(PhD diss.,University of Oregon,n.d.).

② See Nicholas Lemann,*The Big Test*:*The Secret History of the American Meritocracy*(New York:Farrar,Straus and Giroux,1999).

倾向测验”变为“学术能力评估测验”（Scholastic Assessment Test）的过程。她剖析了历次变革的社会动因，分析了 SAT 的特点、成就及存在的问题。[①] 从总体来看是一篇思路清晰、主旨明确的论文。但在对 SAT 的历史叙述中，她忽略了历史语境，更多的是站在当代视野下以一个旁观者的姿态俯视和解读这样一种历史的产物，缺乏历史研究的画面感。

国内学者唐滢也对美国招生考试制度做了相关研究。唐滢将历史与现代、理论与实践、整体与个案进行了结合，同时分析了考试制度的特点、影响因素、存在问题，并且将美国的考试制度与中国进行对比，对中国考试改革提出了建议。在定性与评价时，唐滢认为美国的自主招生、学生资助体系是大学办学自主权与政府关系的一种折射，入学考试实际上体现了国家和大学的意志，而特殊招生政策则是对高等教育公平性原则的回应。[②] 该研究的不足之处在于行文中较少对考试制度沿袭过程中历史语境的转换进行深入的分析与把握。

郑灵臆对美国大学入学考试（American College Test，简称 ACT）的历史演变进行研究后认为，ACT 自 1959 年产生以来遵循了自下而上的变革路径，前 30 年的变革主要体现在组织管理机构的不断细化、服务的不断完善方面，20 多年的变革则主要体现在内容结构、试题难度及题型的变化，以及反馈与指导功能的发挥方面。在郑灵臆看来，无论是 ACT 还是 SAT，都只是美国大学招生的参考指标之一，从“各自为战”到实现融合，将成为未来美国大学入学考试改革的趋势。[③]

李娟、谢君婷从中学与大学衔接的视角考察了美国大学招生制度改革的历史，从个别筛选制到证书入学制，到综合选拔制、开放招生

---

① 参见陈艳《美国 SAT 考试历史变迁研究》，硕士学位论文，南京师范大学，2011。

② 参见唐滢《美国高校招生考试制度研究》，华中师范大学出版社，2007，第 200—211 页。

③ 参见郑灵臆《美国 ACT 研究》，硕士学位论文，南昌大学，2012。

与选拔招生并存制，再到现当代的多元化招生制度，揭示了美国高等教育机构选拔学生标准的不断变化。[①] 该文的缺陷在于，从前一种制度向后一种制度的转变过程中，对历史语境中的影响因素的分析、关键人物及其思想的阐释，以及美国高等教育内在机制的变革缺乏深刻的剖析。除此之外，国内王伟宜等学者也对美国大学的招生选拔考试进行了相关介绍，[②] 鉴于与之前综述对象的相似性，这里不再赘述。

（2）关于中学与大学衔接课程及学分计划的相关研究。

作为衔接载体的大学预备课程是现当代研究者关注的焦点，在前文对全美教育协会相关委员会进行综述时，已经对 20 世纪初期发表的相关课程报告进行了简要叙述。20 世纪初期之后，对大学预备课程的研究主要以 50 年代之后的大学先修计划（Advanced Placement Program）或先修课程（Advanced Placement Curriculum）为对象。

大学委员会作为先修计划的主要筹备与指导者，在《大学委员会评论》（*College Board Review*）刊载了先修计划的课程、教学、教师培养、参与实施、组织管理等方面的内容。后世研究者也多以此为基础，对衔接计划进行研究。艾瑞克·罗斯查尔德（Eric Rothschild）是对美国先修计划的历史变迁进行系统研究的代表。他认为先修计划从 20 世纪 50 年代开始实施到 90 年代经历了兴起、发展、迂回与复兴四个阶段。导致这种发展历程的主要原因在于先修计划一直被各个时代的改革潮流所影响，如 20 世纪 60 年代美国教育的重点转向对教育公平的关注，蓬勃的学生政治运动使先修计划在 70 年代初遭遇重创，80 年

---

① 参见李娟、谢君婷《美国大学招生制度改革的历史变迁——中等教育与高等教育衔接的视角》，《外国教育研究》2015 年第 7 期。

② 参见王伟宜《美国大学招生录取二十年变迁研究》，《比较教育研究》2010 年第 3 期；王海东《美国大学入学考试的发展历程及其对我国高考改革之启示》，《湖北招生考试》2007 年第 8 期；王晓阳《美国大学的综合选拔招生制度》，《招生·考试·就业》2007 年第 1 期。

代《国家处于危难之中——教育改革势在必行》报告的发布又使公众将目光转移到先修计划中来，进而使其得到蓬勃发展。①

国内吕晓炜、吴敏、张奂奂等也分别对美国先修计划及双学分课程进行了历史沿革的研究，② 基本上属于一种描述性研究，有利于廓清先修计划及双学分课程的基本事实。

除了对先修计划历史变迁的研究外，多数研究者将关注点放在先修计划与学生学业成绩及大学入学机会的关联性上。维恩·卡莫拉（Wayne Camara）、大卫·克里斯蒂安森（David W. Christiansen）、黛比·史密斯（Debbie Smith）等分别对先修计划实施之后中学生的学业成绩、中学自身发展及学生毕业之后的教育期待进行了研究。结果发现，参与先修计划的学生比没有先修经历的学生在大学入学考试中表现得更好，但这并不意味着他们在大学中的表现就高人一筹。通过对大学课程及大学所需基本技能及学习策略的学习，学生对大学生的身份角色有了更清晰的认知，这与学生的教育期待形成正相关。③ 除此之外，还有一些关于各州如何具体实施大学先修计划、先修计划与少数族裔参与情况的研究，鉴于与本书的相关性，不再一一介绍。而关于先修计划的评价，多数研究者与大学委员会主席西德尼·马兰（Sidney Marland）的评价基本一致，认为“先修计划的实施是大学委员会 50

---

① See Eric Rothschild, "Four Decades of the Advanced Placement Program," *History Teacher* 32, No. 2(Feb. 1999): 175-206.

② 参见吕晓炜《美国大学先行计划（先修计划）研究》，硕士学位论文，河北大学，2007；吴敏《美国进阶先修课程项目研究》，硕士学位论文，华东师范大学，2008；张奂奂《美国高中—大学课程衔接中的双学分课程探析》，硕士学位论文，首都师范大学，2011。

③ See Wayne Carama, Neil J. Dorans and Rick Morgan & Carol Myford, "Advanced Placement: Access Not Exclusion," *Education Policy Analysis Archives* 8, No. 40(2000); David W. Christiansen, "The Impact of Advanced Placement Participation and Success on School-Wide Student Achievement"(PhD diss., University of Central Florida, 1999).

年代以来所做的最具价值的事业”①。

4. 关于中学与大学衔接过程中的学生顾问角色的相关研究

在影响中高衔接的诸多因素中，中学的升学顾问（counselors）在指导学生是否继续上大学，以及上什么大学的过程中发挥着重要作用。罗伯特·哈维格斯特（Robert J. Havighurst）经过研究发现，40%的中学生受升学顾问影响，最终决定不继续上大学。② 戴尔·沃夫尔（Dael L. Wolfle）的研究也表明，在升学顾问的建议下，明尼苏达州近一半有资质的中学生没有继续读大学，而艾奥瓦州继续读大学的中学生高达 75%。③

除了中学的升学顾问之外，大学顾问对大学新生的课程选择、专业选择等也产生了影响。乔治·格林（George H. Greene）通过对几所小型学院的调查，发现超过一半的大学（尤其是美国东北部大学）都为学生提供正规的咨询服务，并且超过 94%的学生认为这种服务使他们受益匪浅。④ 另外，还有一些研究对中学与大学之间的咨询交流提出建议，如雷蒙德·帕托尔利特（Raymond A. Patouillet）建议中学与大学应尽可能多地创设机会，增加学生之间、顾问之间、学术与顾问之

---

① See Eric Rothschild, “Four Decades of the Advanced Placement Program,” *History Teacher* 32, No. 2(Feb. 1999): 175-206.

② See Robert J. Havighurst, “Who Should Go Where to College,” in *Student Personnel Work as Deeper Teaching*, eds. Esther Lloyd-Jones and Margaret R. Smith (New York: Harper and Brothers, 1954), pp. 15-31; Robert J. Havighurst and Robert R. Rodgers, “The Role of Motivation in Attendance at Post-High-School Educational Institutions,” in *Who Should Go to College*, ed. Byron S. Hollinshead (New York: Columbia University Press, 1952), pp. 135-165.

③ See Dael L. Wolfle, “Intellectual Resources,” *Scientific American* 185, No. 3(Sept. 1951): 42-46.

④ See George H. Greene, “Freshman Orientation Courses in Small College,” *Personnel and Guidance Journal* 32, No. 8(Apr. 1954): 480-482.

间的交流，进而使中学与大学更顺畅地衔接。[①] 还有一些研究建议中学与大学的咨询顾问应将注意力更多地放在个性发展上，使学生的品性能与学术成绩并驾齐驱。克雷德·佛罗曼（Clyde Vroman）与西奥多·佛希克（Theodore Fossieck）在研究中考察了几种州际的参访项目（visitation programs），主要是大学一方的代表到中学进行参观访问。另外还有一些中学对大学的参访，这些参访项目主要是为中学生报考大学提供参考。[②]

除以上之外，保罗·斯威兹（Paul M. Sweezy）、米歇尔·斯蒂文斯（Mitchell Stevens）、帕克里夏·麦克多诺（Patricia Marie McDonough）等也在各自的研究中专门提到升学顾问的重要性。[③]

（二）关于美国公立中学的相关研究

因为本书关注的是美国公立中学与大学的关系问题，因而有必要将公立中学单独拎出来看公立中学在自身的发展和变革历程中是如何看待与大学的关系的，以及在与大学的关系发生变化时是如何定位自身的。在这一部分的综述中，将着重关注中学史中的公立中学的职能和定位问题。需要说明的是，这一部分综述与前一部分综述虽都在探讨公立中学与大学的关系，但侧重点不同。前一部分重在对“关系”

---

① See Raymond A. Patouillet, “Continuity in the Educational Process,” in *Student Personnel Work as Deeper Teaching*, eds. Esther Lloyd-Jones and Margaret R. Smith(New York: Harper and Brothers, 1954), pp. 32-45.

② See Clyde Vroman and Theodore H. Fossieck, “What Are Some Promising Developments in School and College Relation?,” in *Bulletin of National Association of Secondary-School Principals* 38, No. 202(Apr. 1954): 298-302.

③ See Paul M. Sweezy, “Power Elite or Ruling Class?,” *Monthly Review* 8, No. 5 (Sept. 1956): 138-149; Mitchell Stevens, *Creating a Class : College Admission and the Education of Elites* (Cambridge, MA: Harvard University Press, 2009); Patricia Marie McDonough, “Who Goes to Where to College: Social Class and High School Organized Context Effects on College Choice”(PhD diss. , Stanford University, 1992).

问题进行探讨，这一部分则更关注公立中学自身。

1. 关于公立中学综合化走向的研究

克鲁格在《美国中学的形成》中从《十人委员会报告》到中、高等教育衔接，从职业教育的插叙到社会效率的介入，从金斯利的报告到一战对中等学校的影响，对关涉美国公立中学重大转折的节点和因素逐一进行了分析。对于公立中学最终走向了综合化这一路径，克鲁格认为这是一种调和各方需求的解决办法，体现了学校服务于社会的职能，同时也体现了中等教育改造委员会试图将中学的多样化课程作为潜在的大学预备课程纳入大学入学标准的意图。与此同时，克鲁格也指出，中等教育改造委员会为公立中学设置的课程过于宽泛进而导致教育目标难以达成。①

与克鲁格不同，大卫·那索（David Nasaw）从社会学理论出发，将美国公立学校放在更为广阔的政治和经济背景下，对公立学校的本质进行探讨。那索认为，美国公立学校是作为维持社会秩序，培养优质、多产的劳动者的工具而存在的。在这种意义上，教育就成了工业社会与教育改革先驱思想相结合的产物。社会效率观念使公立中学的课程得到拓展，但这种拓展在招收所有青少年进入学校的同时冲淡了公立中学的学术价值。与此同时，职业教育的出现又导致对学生基于个人天赋能力的分类。总体来看，综合中学是一种妥协的产物，是在民主的名义下建立高效的阶级分层秩序，以维持中学作为一种独立机构的身份。根据那索的观点，这种自相矛盾的目标必将导致公立中学的失败。②

赫伯斯特将美国中学的形成与发展归因于社会变革与政治斗争，

---

① See Edward A. Krug, *The Shaping of the American High School (1880-1920)* (Madsion: The University of Wisconsin Press, 1969), p. 388.

② See David Nasaw, *Schooled to Order: A Social History of Public Schooling in the United States* (New York: Oxford University Press, 1979).

具体呈现了中学内部的学生是如何学习与生活的，教师是怎样教学与作为的，白人孩子、黑人孩子及其他族裔的青少年是如何度过中学时光的。在赫伯斯特看来，虽然整个20世纪美国中等教育都被综合中学这种学校模式所占领，但到21世纪，综合中学将不可能像以前那样独揽全美的青少年了。相比之下，赫伯斯特对1818—1893年“人民的学院”（people's college）式的公立中学青睐有加，认为这一时段的公立中学是一种完全民主的中等教育机构，是“曾经”也将是“未来”的学校，即使不能取代综合中学，它的民主精神，以及对学术教育与职业教育的建构也会对中等教育机构产生持久且广泛的影响。①

大卫·安格斯与杰弗里·米雷尔在对20世纪美国中学史进行考察时发现，随着20世纪上半叶入学人数的激增，公立中学已经从为大学做准备的预备机构转变成容纳所有青少年并满足其现实需求的服务性机构。二人认为，中等教育改造委员会为每种可能的教育方案提供无声的支持以逃避教育论争的做法是“成也萧何，败也萧何”。通过列举各种课程的招生形式，安格斯与米雷尔论证了综合中学并没有像预期的那样能够在不影响学术标准的同时开展多样化课程；相反，在这段时期，其他课程学习人数激增——这些课程既不为升学做准备，也不为职业准备，却冲淡了学术课程的重要性。这种趋势最终以“适应生活运动”（life-adjustment movement）而结束，教育者改变了之前为升学做准备或为职业做准备的目的，代之以一种“虚无的”目的，即让青少年尽可能长久地待在中学。② 基于以上，作者认为综合中学是一种毫无目标的心智训练机构，与其初衷完全背道而驰。

与其他研究者不同，瑞格认为，综合中学与进步主义教育改革者

① See Jurgen Herbst, *The Once and Future School: Three Hundred and Fifty Years of American Secondary Education* (New York: Routledge, 1996).

② David L. Angus & Jeffrey Mirel, *The Failed Promise of the American High School, 1890-1995* (New York & London: Teachers College Press, 1999), p. 98.

的民主观念密切相关，“职业运动与进步主义理念的结合，造就了当代世界中等教育的一种独特模式，以回应工业化民主社会的新形势”①。同时，瑞格也认为综合中学到后期事实上面临危机，如何在专业化与统一化、国家利益与自身发展、职业课程与学术课程的夹缝中合理地定位自己是它面临的最大困境。除了瑞格之外，劳伦斯·克雷明、大卫·拉博瑞（David F. Labaree）、约翰·拉瑞（John L. Rury）等也在相关著述中从不同视角对美国公立中学的变革进行了深刻的剖析与论述。如拉博瑞认为，公立中学的出现事实上是四种观念的杂糅：共和主义（Republicanism）对培养具有公益精神公民（public-spirited citizens）的需求、新教主义（Protestanism）对道德教育的重视、资本主义市场对实用教育（utility/practical education）、贤能主义（Meritocracy）基于市场和个人成绩而非家庭背景进行利益分配的原则。综合中学的最终形成则更是政治与市场之间、民主与资本主义之间相互博弈与斗争的产物，通过综合中学自相矛盾的教育目的就可以看出，它既为穷人提供上升机会，又迎合中产阶级需要。② 总体来看，多数研究者对公立中学的本质及其综合化走向的探讨持一种批判立场，将其作为某种妥协或和解的产物，而且多将公立中学的转向归因于教育体系之外的政治、经济等因素。

---

① William G. Wraga, *Democracy's High School : The Comprehensive High School and Educational Reform in the United States* (Lanham: University Press of America, 1994), p. 29.

② See Lawrence A. Cremin, *The Transformation of the School : Progressivism in American Education (1876-1957)* (New York: Alfred A. Knopf, Inc. & Random House, Inc. 1961); David F. Labaree, *The Making of American High School : The Credentials Market and the Central High School of Philadelphia* (New Haven: Yale University Press, 1988); See John L. Rury, *Education and Social Change : Contours in the History of American Schooling (Third Edition)* (New York: Routledge 270 Madison Ave, 2009); William J. Reese & John L. Rury, *Rethinking the History of American Education* (New York: Palgrave Macmillan, 2008).

2. 关于公立中学课程变迁的研究

在公立中学与大学衔接关系的建立和维系过程中，公立中学自身的课程也在发生变化。对作为美国公立中学与大学衔接载体的中学课程的变迁史进行综述，将有助于明确公立中学职能和定位的变化，进而对衔接问题有更深入的理解。

在对公立中学的综合化走向进行综述时，事实上已经提到中学课程的变化问题。在对中等教育改造委员会的课程建议进行评述时，克鲁格提到公立中学的课程随着功能的综合化而走向了多样化，但事实上这种多样化的课程反而阻碍了公立中学达成服务于社会、服务于学生的目标。以中等教育的“七项目标”作为标准来评判中学的各类学科及课程设置是否有价值，事实上偏离了对学科本身内在价值的关注。①

赫伯斯特在对“人民的学院”进行高度评价的同时，对 1893 年之后公立中学被大学一方牵制，专门为大学做准备的职责定位进行了指责，认为从中学转向古典课程，专注于大学预备教育开始，长久以来公立中学作为“人民的学院”的本质属性——公共性、包容性、实用性等就彻底消失了。②

大卫·安格斯与杰弗里·米雷尔也在对公立中学的研究中证明了 1918 年之后公立中学多样化课程的开设事实上既没有为大学做准备，也没有为职业教育做准备，更没有为培养公民做出贡献。这一时期的公立中学最大的功能就是让学生更长久地待在中学。③ 安格斯和米雷尔的观点在泰辛（Sevan G. Terzian）的博士论文《一所综合中学的出现》

① See Edward A. Krug, *The Shaping of the American High School (1880-1920)* (Madison, WI: The University of Wisconsin Press, 1969).

② See Jurgen Herbst, "The American People's College: The Lost Promise of Democracy in Education," *American Journal of Education* 100, No. 3(May 1992): 275-297.

③ See David L. Angus and Jeffrey Mirel, *The Failed Promise of the American High School, 1890-1995* (New York & London: Teachers College Press, 1999).

中得到印证。该论文以伊萨卡中学在各个年代的课程计划为研究对象，展示了该中学从一所大学预备机构和中产阶级继承者的养成机构转变为满足当地所有青少年需求的综合中学的过程；从仅仅关注古典课程和入学人数的拓展到后来注重公共精神的培养，以及学校文化气质的熏陶，证明课程变革背后公立中学职责和定位的变化。到后期，为了不让学生离开学校，以免社会的道德沦丧对学生产生不良影响，加上战争的原因，伊萨卡中学最终仅仅沦为某种收容机构，只是为了让学生更长久地待在学校而已。①

赫伯特·科里博德的《美国课程的挣扎：1893—1958》是对转型时期美国中学课程变迁的里程碑式的研究。看似一部课程变迁史，实则是各种教育流派试图将其主旨思想渗透进美国公共教育领域的斗争史。科里博德认为这段时期的课程斗争并没有分出胜负，人文主义者（强调心智训练）、发展心理学者（强调儿童的自然倾向）、社会效率者（强调学生作为社会生产者的角色）、社会改良家（强调公平公正的社会秩序的改良）在某种程度上都达到了自己的目的，因为他们的思想或多或少都体现在学校课程中。同时，他们又没有完全的胜利，因为他们的思想并不在学校课程中占据主导地位，而是平分秋色地存在于课程中。事实上，这种平分秋色正是进步主义（Progressivism）对基要主义（Essentialism）的胜利。②

从以上来看，各种对美国公共学校课程的研究更关注课程背后的教育观念的变迁，试图兼顾多样化需求而无限拓展课程事实上导致了公立中学在后期推进教育革新方面后劲不足。公立中学并未实现最初的设想，同时满足职业教育、通识教育和大学预备教育的目标。

---

① See Sevan G. Terzian,"The Emergence of Comprehensive High School: Ithaca High School in Ithaca, New York, 1874-1941"(PhD diss., Indiana University, 2000).

② See Herbert M. Kliebard, *The Struggle for the American Curriculum*: *1893-1953* (New York: Routledge Falmer, 270 Madison Ave, 2004).

（三）关于美国大学招生录取政策和制度的历史研究

由于对中学与大学关系的探讨将不可避免地关涉大学的招生与录取政策，因而有必要对美国大学招生录取的相关研究进行综述。在这一部分的综述中，将更多关注大学招生政策背后的招录倾向问题，这关涉公立中学的学生在大学申请和招录过程中所处的地位，进而关涉大学招生的公平性问题。从已掌握的文献来看，多数研究更关注 20 世纪之后的大学招生录取政策，而对 20 世纪之前的大学招生讨论较少。

《被选中的：哈佛、耶鲁和普林斯顿的入学标准秘史》作为美国教育文化史的扛鼎之作，是一部将社会与教育文化之间的张力表现得淋漓尽致的经典著作。作者杰罗姆·卡拉贝尔力图揭示美国精英大学三巨头——哈佛、耶鲁和普林斯顿在过去一个世纪中录取标准不断变化的原因，分析历次变化中受益群体与被牺牲群体的个人轨迹，以及录取标准的变化对学校本身、全美教育事业，甚至整个国家产生的影响。[①] 卡拉贝尔生动地展示了这一过程中美国的精英观念是如何形成和变迁的，社会财富与权力的不平等分配是如何得以维持的，以及特定时代“英雄的个人”是如何影响一所大学甚至整个美国教育的发展方向的。通过对这三所顶尖大学录取政策的历史叙述可以清晰地看到卡拉贝尔的观点，即在面对政治、经济、声誉、人际等对大学存续产生决定性影响的利益面前，美国大学其实已经放弃了其所标榜的客观、公正的录取标准和以学术能力作为唯一指标的考量标准。精英主义的价值观已经渗透进 20 世纪美国社会波诡云谲的历史事件和社会运动中，这是保护有权阶级的另一种方式。

哈罗德·韦克斯勒（Harold Wechsler）对密歇根大学、哥伦比亚大学、芝加哥大学及纽约城市大学等在招生过程中的开创性政策进行

---

① See Jerome Karabel, *The Chosen*: *The Hidden History of Admission and Exclusion at Harvard*, *Yale and Princeton* (Boston: Houghton Mifflin Company, 2005).

了研究。[1] 韦克斯勒的研究重在揭示美国大学的招生政策、大学组织目标与社会环境之间的复杂关系。大学不仅受社会影响，由社会塑造，其本身还作为一种社会机构，通过招收专业性、学术性人才对社会施加影响，从而改变社会结构。为阐明这一主题，韦克斯勒用了近一半的篇幅追溯哥伦比亚大学招生政策变迁史（1890—1945），尤其谈到了20世纪初哥伦比亚大学的“排尤”政策。哥伦比亚大学校长尼古拉斯・巴特勒（Nicholas M. Butler）担心中学将成为“不受欢迎的”犹太学生向上流动的工具和通道，继而决定在采取严格的入学考试的同时要求申请者填写详细的申请材料，以在初选环节就将犹太学生排除在外，阻断他们向上流动的机会。到20世纪30年代又将申请者的个人品性考虑在内，形成了一种具有高度选择性的录取政策。这种政策被同时代多数大学采纳，用以鉴别犹太学生、亚裔学生等少数族裔群体。之后又出现芝加哥大学为了招收具有学术潜力的学生而抛弃该选拔性政策的情况。

在此之后，韦克斯勒论述了高等教育从精英化向大众化的转变，以及纽约城市大学的开放招生（open admissions）政策的形成。从严格意义上讲，韦克斯勒的研究并不属于全面的、完整的美国招生录取政策史研究，但通过将影响招生政策的几例重要个案（密歇根大学的认证制度、哥伦比亚大学的排犹政策、芝加哥大学的学术回归政策及纽约城市大学的开放招生政策等）作为线索，韦克斯勒向读者呈现了美国“有选择性的大学招生史”。

彭尼・费尔德曼（Penny Hollander Feldman）基于20世纪70年代公众对哈佛大学招生录取政策的质疑，对哈佛大学录取委员会的决策及影响因素进行了分析。该研究基于的前提是，私立精英大学的决

---

① See Harold Wechsler, *The Qualified Student : A History of Selective College Admission in America* (New York: John Wiley & Sons, 1977).

策依据有显性的和隐蔽的两种标准，大学必须既要考虑社会公众的需求，同时又要满足各种私人利益，尽力维持二者之间的平衡。费尔德曼通过探讨内外因素及相关利益是如何介入录取过程的，揭示录取过程在本质上是自由裁量的，而且这种自由裁量权构成了哈佛大学录取委员会的主要资源和责任。如果没有自由裁度的自由，录取委员会就会在应对各群体不同需求和利益面前步履维艰。但一旦拥有足够的自由裁量权去处理录取事宜，委员会又会在各种针对其怀有偏见和歧视政策的控诉面前显得软弱无力。费尔德曼认为，政治和财政的约束，尤其是经济的不确定性限制了哈佛及其他私立大学的录取政策。在这种情况下，自由裁度比其他的录取政策更合适。① 在研究中，费尔德曼搜集了大量数据，如 20 世纪 50 年代至 70 年代哈佛大学本科生的奖学金、学费、家庭收入、学术成绩及公私立中学的申请者数量、录取率、家庭背景等，从中得出影响录取结果的各种因素比重及变化趋势，进而分析数据背后的政策指向。

玛西亚·希诺特（Marcia Graham Synnott）同样以哈佛、耶鲁和普林斯顿为例，考察了 1900—1970 年美国高等教育机构对少数族裔的歧视。希诺特将重点放在了 20 世纪 20 年代至 40 年代对犹太学生的限制上，具体追溯各大学是通过哪些措施减少和限制犹太学生、维护白人-盎格鲁-撒克逊传统的。② 希诺特引用了大量教师会议决议、特殊委员会报告、演讲集、学生档案、招生登记信息、校友和大学校长及教授等之间的通信来论证各种公开的和隐蔽的歧视政策。同时，希诺特也对几位大学校长的教育哲学及其与歧视政策之间的关联性进行了考察。希诺特发现，哈佛大学校长查尔斯·埃利奥特更有志于将哈佛塑

---

① See Penny Hollander Feldman,"Recruiting an Elite: Admission to Harvard College"(PhD diss. ,Harvard University,1975).

② See Marcia Graham Synnott, *The Half-Opened Door : Discrimination and Admissions at Harvard ,Yale ,and Princeton ,1900-1970*(Westport,Conn: Greenwood Press,1979).

造为一所全国性的甚至世界范围内的精英大学，而艾伯特·洛厄尔（Abbott Lawrence Lowell）则更在意哈佛的学生是否保有同质性。耶鲁大学校长詹姆斯·安吉尔（James B. Angell）尽管公开谴责各种宗教和种族偏见，却依旧在实践中隐蔽地对犹太学生严加限制。在普林斯顿，尽管伍德罗·威尔逊（Thomas Woodrow Wilson）校长试图使学生的生活变得民主化，但最终还是与抗议者们妥协，限制犹太学生的数量。除此之外，希诺特还揭示了黑人学生和天主教学生在入学机会、校园生活中遭遇的不公正待遇。比如，1947 年之前普林斯顿大学从未向任何黑人学生颁发学士学位，以及 20 世纪 20 年代允许黑人学生住进哈佛的学生宿舍却不允许其与白人同住，允许黑人学生与白人在同一食堂进餐却不能与白人同坐一席等。希诺特使用了丰富的数据及档案材料对美国精英大学的歧视政策进行论证，并且认为各种歧视问题随着 20 世纪 70 年代肯定性行动的开展得到了解决。这一观点过于乐观且没有呈现相关的数据与史料支撑。总体而言，希诺特的研究是对美国高等教育机会平等的研究中的上乘之作。

大卫·凯伦（David Karen）在韦克斯勒、希诺特、费尔德曼等人的研究基础上对哈佛大学招生史进行了更进一步的研究。在《谁能进入哈佛——一所精英大学的选择与拒斥》中，凯伦考察了 20 世纪哈佛大学招生选拔基础的变化。他的研究假设是，哈佛招生政策的变化既与其组织利益相关，又与社会中各优势群体之间相互关系的变化有关。从整体看，作者是按照时间顺序考察了哈佛大学的招生政策，但在时间线索之下暗合的是问题史研究路径，将犹太学生问题、二战对招生的影响、专业招生办公室的出现、SAT 的兴起、特殊群体（黑人、女性、少数族裔等）的进入、特权阶层的优势，以及 20 世纪 50 年代至今的招生决策的全部过程都纳入进来，揭示大学招生背后更深层次的社会问题。尤其在对 1951—1981 年招生政策的研究中，凯伦使用了大量的一手数据，探讨申请者的个人背景与学术和非学术成就之间的关系、公私立中学录取比例的变化、校友子弟录取比例的变化、哈佛大学申请与录取比例与全国数据的对比等，证明了招生与录取结果是现代社会价值观念的变化、不同群体之间的斗争及大学组织自身目的和利益考量等多种因素协同作用的结果。在考察“谁能进入哈佛大学”的同时，凯伦还站在社会学视野下考察了精英大学的选拔模式。关于“谁在大学录取中占有优势”的问题，凯伦揭示了上层阶级是如何维系他们的特权，精英大学是如何有限地开放入学机会，贤能主义是如何在美国兴起与发展的等问题。①

大卫·莱文（David O. Levine）在对两次世界大战期间高等教育机构的运转情况进行论述的过程中，也对中产阶级文化进入大学、大学招生中的歧视政策，以及高等教育到底是一项特权（privilege）还是一项权利（right）的问题进行了讨论。在《大学招生中的歧视政策》一章中，莱文通过对达特茅斯学院在20世纪20年代至30年代对犹太学生、黑人学生的配额制政策进行论述，发现这段时期在各精英大学或学院中兴起的反犹主义热潮背后隐藏着更深刻的问题，即美国的精英群体应该发展壮大并异质化吗？私立精英大学在选择生源的过程中应该为民主理想负责吗？达特茅斯学院院长霍普金斯（Ernest M. Hopkins）认为，美国大学应该培养未来的精英领导者，但必须是“安全的领导者”（safe leaders），而且这种领导者只能通过维护社会的延续性（即维护白人-盎格鲁-撒克逊-清教徒传统）来实现，而非通过为社会批判主义和文化多元主义提供土壤来实现。在对“高等教育到底是一项特权，还是一项权利”的讨论中，莱文认为尽管1915—1940年美国高等教育在理论上和实践中都得到了极大发展，甚至是扩张性进展，但在性质上还是偏向“特权”一面，年轻人接受高等教育的“权利”

---

① See David Karen,“Who Gets into Harvard? Selection and Exclusion at an Elite College”(PhD diss. ,Harvard University,1985).

依旧处于不断论争与斗争的漩涡中。美国社会选择以某种巧妙的方式规避民主承诺失败的风险。①

雷切尔·托尔（Rachel Toor）以自己在杜克大学招生办公室的工作经历为依托，试图真实、完整地呈现杜克大学招生录取的全过程，向读者公开大学招生工作的操作模式及内在逻辑，进而对学生及其父母发出警示。托尔公开承认，大学招生并非完全公开、公正的，贤能政治未能在招生过程中得到彻底贯彻，即使申请者在“万事俱备”的条件下也不能确保“万无一失”地进入录取名单。这种“高度的选择性和不确定性”是顶尖大学招生的常态。当然，托尔希望他对大学招生内幕的这种揭示能够成为读者了解大学招生程序的敲门砖，而非质疑大学招生程序的工具与证据。②

丹尼尔·戈登（Daniel Golden）同样在《录取的代价》一书中对精英大学的招生和录取内幕进行了揭示。戈登的研究假设是，精英大学已经被富人家族侵蚀而变得腐化。他以一种平民主义教育观论证富有的美国家族（戈登称其为某种程度上的“保守主义者”）的自相矛盾。一方面，保守主义者们公开支持一种自立的、贤能主义的教育体制；另一方面，他们又竭尽所能地维护家族资产、荣誉和地位。在这里，戈登甚至将这一群体与英国的贵族相类比。在整个研究的十章内容中，戈登用六章具体论述特权阶层是如何通过权势进入精英大学的，进而对存在于大学招生录取过程中的隐蔽因素进行公开揭露，其批判的靶子主要有哈佛大学对巨额遗产捐赠者的回报、杜克大学对大额捐赠者的回馈、布朗大学对名人后裔的青睐、圣母大学强大的校友文化、各大学对运动特长生的倾慕、校友子弟的优势等。除此之外，还涉及对

---

① See David O. Levine, *The American College and the Culture of Aspiration*, *1915-1940*(Ithaca, New York: Cornell University Press, 1986).

② See Rachel Toor, *Admissions Confidential: An Insider's Account of the Elite College Selection Process*(New York: St. Martin's Press, 2001).

亚裔学生［被称为“新犹太人”（new Jews）］的歧视、国会缩减特权录取的尝试及戈登本人对终结特权录取的一些建议。他告诫美国大学应终结权贵优先传统，在筹资与招生之间筑起一道防火墙，真正地平衡好教育公平与教育质量、招生公平与维护大学独立性之间的关系。同时，要终结当下的特权录取现象，需要高等教育机构更多地空出一些位置给那些家境一般却禀赋卓越的申请者，在录取过程中客观地评价申请者的学业、特长、社会工作及身份背景，维护好教育作为社会流动、机会均等民主理想的渠道功能。只有这样，托克维尔所言的“美国的民主”才能真正实现。①

《SAT的历史考察》一文也对大学的准入标准进行了揭示：其一，大学往往试图寻找那些拥有完成某项工作所需的合适潜能和资质的学生。其二，大学试图回报社会的某一特定群体或强化某种既定的社会结构。其三，努力发掘在某些方面有天赋的学生。其四，试图通过改善之前的社会不公平现象实现社会正义。②

除以上之外，还有一些研究专门关注精英大学中专业学院在招生录取过程中的选拔标准与原则。查尔斯·坎普尔（Charles L. Cappell）、罗纳德·皮普金（Ronald M. Pipkin）、保罗·金斯顿（Paul William Kingston）与詹姆斯·克劳逊（James G. Clawson）、廷托·文森特（Tinto Vincent）等分别研究了精英大学法学院与商学院在招生与录取

---

① See Daniel Golden, *The Price of Admission : How America's Ruling Class Buys Its Way into Elite College-and Who Gets Left Outside the Gates* (New York: Crown Publishers, 2006).

② See “The History of SAT”(PhD diss. , University of Oregon, n. d.).

时所倚重的对象与特质。① 在学术成绩之外，性别、宗教、社会经济地位等也曾长期成为精英大学法学院的主要考量因素。鉴于与本书的相关性，这里不再继续展开。

总体来看，在对美国大学招生录取政策的研究中，研究者更关注的是 20 世纪 20 年代之后至今大学招生政策背后的招录倾向问题、教育公平问题和机会均等问题，显然其中蕴含着美国大学对公立中学与私立中学的不同态度和倾向，这些虽不在本书讨论范围内，但为本书的深入展开提供了丰富的延展性阅读素材和分析视角。

（四）关于私立中学与大学关系问题的研究

虽然本书主要关注的是公立中学与大学的关系问题，但在研究中也需要不断地关照私立中学与大学的关系，以免陷入主观臆断，将公立中学作为唯一与大学产生关系的中等教育机构进行研究影响研究的客观性。另外，对私立中学的关照将与公立中学形成某种对比，使读者对整个美国中等教育与高等教育的关系进行全面的审视。因而，有必要在此对美国私立中学与大学的关系问题进行综述。

---

① See Charles L. Cappell, "The Status of Black Lawyers" (Meeting paper at the Law and Society Meetings, San Diego, 1985); Charles L. Cappell, "Minorities and Women in Law School: New Status Classes?" (Meeting paper at the Law and Society Meetings, Chicago, 1986); Charles L. Cappell and Ronald M. Pipkin, "The Insider Tracks: Status Distinctions in Allocations to Elite Law Schools," in *The High-Status Track: Studies of Elite Schools and Stratification*, eds. Paul W. Kingston and Lionel S. Lewis (New York: State University of New York Press, 1990), pp. 211-230; Paul William Kinston and James G. Clawson, "Getting on the Fast Track: Recruitment at an Elite Business School," in *The High-Status Track: Studies of Elite Schools and Stratification*, eds. Paul W. Kingston and Lionel S. Lewis (New York: State University of New York Press, 1990), pp. 231-254; Tinto Vincent, "College Origins and Patterns of Status Attainment: Schooling Among Professional and Business Managerial Occupations," *Sociology of Work and Occupations* 7, No. 4 (Nov. 1980): 457-486; Tinto Vincent, "Higher Education and Occupational Attainment in Segmented Labor Markets: Recent Evidence from the United States," *Higher Education* 10, No. 5 (Sept. 1981), pp. 499-516.

尽管私立中学声誉斐然，但往往不在研究者关注的范围之内。已有研究多集中于对公立学校的探讨，较少关注私立学校及其内部运行机制问题。而关于私立中学与大学关系问题的研究则更少，仅有的研究多是在私立中学史中提及。从目前已掌握的文献来看，关于美国私立中学的研究到20世纪50年代才逐渐发展起来。其中，怀特·米尔斯（Wright Mills）、迪格比·巴茨尔（Digby Baltzell）、理查德·法纳姆（Richard Farnum）、史蒂芬·莱文（Steven B. Levine）等学者专注于历史视野中的私立中学研究，并且将其视为美国上层社会形成与融合的重要途径。其他历史学者，如詹姆斯·麦克拉克伦（James Mclachlan）则并不认为美国寄宿学校曾在形塑具有自觉意识的国家精英时发挥重大作用。鲁本·佛南泽（Rubén Gaztambide Fernández）、莱纳德·贝尔德（Leonard Baird）和奥托·克劳沙（Otto Kraushaar）等学者较为关注对私立寄宿制中学的某些基本特征的考察。还有克里斯托弗·阿姆斯特朗（Christopher F. Armstrong）、列纳尔·里维斯（Lionel Lewis）和理查德·沃纳（Richard A. Wanner）等则侧重于对私立寄宿学校教育经历对学生未来职业、经济、社会地位、生活等的影响进行研究。还有就是匹特·库克森（Peter W. Cookson, Jr.）、弗洛伊德·哈麦克（Floyd Morgan Hammack）等对寄宿学校教育经历在大学录取过程中所发挥的作用的研究。

怀特·米尔斯在《权力精英》中明确指出，将社会富裕阶层与一般富裕及以下阶层区分开来的途径就是教育。尤其是寄宿学校在上等阶层形成过程中作用显著，这种作用主要体现在传递上层社会的世界观、价值观，提供进入特权领域的准入证明，建立阶层内部紧密的社交网络等。①

继怀特·米尔斯之后，迪格比·巴茨尔关于美国社会阶层的一系

① See Wright Mills, *The Power Elite* (New York: Oxford University Press, 1959).

列研究影响了同时代及以后的诸多社会学与教育学研究者。《费城绅士：一个国家上等阶层的形成》《新教当权派》《清教波士顿与贵格会费城》旨在考察波士顿、费城等城市上等阶层的结构、功能与价值取向，对其在文化、经济、社交等方面的排外性进行社会学意义上的剖析，进而将研究结果拓展至对整个美国上等阶层的对比与分析中。巴茨尔将文化方面的排外性更多地归因于上等阶层的教育。在他看来，私立学校和东部精英大学作为费城上层子弟接受教育的场所，将上层子弟与其他阶层子弟区分开来。也就是说，这些私立教育机构不仅承担着教育职能，更潜在地肩负使上层子弟适应上层社会的生活方式的任务。在家庭教育地位不断下降、民主政治对抗贵族政治的年代，私立学校与大学越来越多地承担起家庭代理人的身份，为上等社会培养继承人，同时增强上等阶层相互之间的聚合力与团结性，以维系其传统的特权身份与领导地位，即新教当权派的权威。①

沿着巴茨尔的路径，一批学者继续探讨美国的社会阶层问题。其中，理查德·法纳姆（Richard Farnum）尤其关注美国上等阶层的教育问题。他也从个别城市开始，考察上等阶层的教育模式，进而将结论谨慎地推广至全国范围内的上等阶层。法纳姆将自己的研究建立在巴茨尔的研究之上。他发现，1900 年之前，费城的上等阶层通常进入当地大学——宾夕法尼亚大学，而到了 20 世纪，尤其是一战后，上等阶层的“乡土情结”逐渐减弱，他们更倾向于到哈佛、耶鲁和普林斯顿等更具影响力的全国性精英大学就读。与此不同，波士顿上层子弟则对其当地大学——哈佛大学效忠到底，这也是哈佛大学为什么能够持

① See E. Digby Baltzell, *Philadelphia Gentlemen : The Making of a National Upper Class* (New York: The Free Press, 1958); E. Digby Baltzell, *The Protestant Establishment : Aristocracy & Caste in America* (New York: Random House, 1964); E. Digby Baltzell, *Puritan Boston and Quaker Philadelphia : Two Protestant Ethnics and the Spirit of Class Authority and Leadership* (New York: The Free Press, 1979).

续成为全国性精英大学的重要原因。因而，在很长一段时期，哈佛大学既是当地上等阶层的精英教育机构，又是全国上等阶层的教育机构。另外，巴尔茨认为具有联盟性质的、全国性的上等阶层形成于19世纪80年代的纽约。据此，法纳姆认为纽约的上等阶层相较于费城，必然较少具有地方性情节而更具有综合性特质。①

在巴茨尔对费城、波士顿的研究基础上，法纳姆增加了纽约、巴尔的摩两个城市，并且将研究时段（1940年之前）扩展至20世纪60年代，试图探讨哈佛大学、耶鲁大学、普林斯顿大学（这三所大学合在一起简称HYP）是否在二战之后继续承担培养新教当权派的任务，为全国范围内上层子弟的社会化与地位承续服务；同时，是否有其他新的大学加入其中，这些新的全国性精英大学是在何时且如何获得全国性声誉与名望的；进而探讨精英大学在社会中的功能究竟是什么，大学内部的等级与社会阶层结构之间的关系是什么。法纳姆的研究在很大程度上是对巴尔茨研究的证实与补充，证实了一战前4座城市都对当地大学（波士顿——哈佛大学，费城——宾夕法尼亚大学，巴尔的摩——约翰斯·霍普金斯大学，纽约—哥伦比亚大学）青睐有加，而且形成一种地方主义的发展态势，到20世纪20年代这种地方主义急剧消退，全国性的上等阶层教育机构哈佛、耶鲁、普林斯顿反而极具吸引力。纽约上层社会的地方情节最弱，他们最先将目光投向全国性的高等教育机构。之后是巴尔的摩的上层社会，相较之下，波士顿和费城的地方情节最强烈。20世纪20年代，四座城市中进入HYP的比例达到最高（63%），之后到20世纪50年代开始急剧下降为50%，到60年代继续下降至30%。法纳姆认为这一方面源于贤能主义的渗透，另

① See Richard Farnum, "Patterns of Upper-Class Education in Four American Cities: 1875-1975," in *The High-Status Track: Studies of Elite Schools and Stratification*, eds. Paul W. Kingston and Lionel S. Lewis (New York: State University of New York Press, 1990), pp. 53-73.

一方面源于激烈的入学竞争使上层子弟的优势越来越弱。另外，法纳姆发现，虽然上层子弟进入 HYP 的比例在锐减，但他们进入其他高等教育机构的比例在增加，尤其是 20 世纪 30 年代至 60 年代增幅最大，这表明上等阶层逐渐离散化，之前的聚合力在减弱，大学的录取标准也在走向多元化、开放化，贤能主义选拔原则的渗透在弱化上层子弟的录取优势。就此，法纳姆认为，二战后这些精英大学已经不再像之前一样，担负承续上层社会身份地位的功能，从“权威性-贵族化”转向“自由化-民主”，开始为个人流动与机会均等敞开大门。

麦克拉克伦也对美国寄宿学校史进行了研究。但麦克拉克伦的开拓性在于，他打破了之前美国寄宿学校研究中形成的某些共识：其一，美国寄宿学校的建立是对同时代社会传统与发展的回应，而非仅仅是对英国寄宿学校的模仿与照搬。其二，寄宿学校的贵族传统只是寄宿学校真实情况的一个层面。尽管寄宿学校的学生基本来自富裕的上层家族，但学校的管理者多是社会中层出身，具有明显的中产阶级属性，他们设计了一套严苛的教育管理体制来应对既有财富对学校影响日益衰微的局面，这恰恰与上层社会价值观是相对抗的。其三，针对之前研究者普遍持有的美国寄宿学校起始于 19 世纪末这一说法，麦克拉克伦则认为，美国寄宿学校虽兴盛于 19 世纪末 20 世纪初，但其源头可直接追溯至联邦党人时期，尤其是 1823—1834 年的圆山学校（Round Hill School）。联邦党人所强调的教育要培养绅士品性的观念一直是美国寄宿学校的核心价值观，只是到了 19 世纪以后，寄宿学校随着绅士风度的内涵及蕴意的变化做出了相应的调整。在麦克拉克伦看来，寄宿学校的发展历程基本上与美国社会文化变革的大潮流是一致的，并非闭塞僵化、墨守成规。①

---

① See James Mclachlan, *American Boarding Schools: A Historical Study* (New York: Charles Scribner's Sons, 1970).

在与本书相关的中学与大学衔接问题上，麦克拉克伦的观点基本与其他研究者一致，认为寄宿学校自始至终都是作为大学预备学校而存在的。从整个研究来看，麦克拉克伦自洽地游走在美国文化史、家族史、宗教史、教育史、思想史等各个领域，而且能在其与寄宿学校史之间自由切换。因而，《美国寄宿学校》不仅是一部美国私立中学发展史，更是一部文化变迁史、教育管理观念史及家族观念变迁史。

鲁本·佛南泽总结了精英寄宿学校的五大特征：象征意义上的精英性、学术上的精英性、历史上的精英性、地理上的精英性及人口统计学意义上的精英性。他提出应将私立寄宿学校作为美国教育体系中的一个部分进行研究，同时提出未来特权研究可能会面临的一些挑战。[①] 莱纳德·贝尔德、奥托·克劳沙（Otto F. Kraushaar）等也考察了寄宿学校的一些基本特征，基本上属于一种解释性的描述性研究，[②] 这里不再展开论述。

克里斯托弗·阿姆斯特朗先后通过《私立教育与特权的维持》《好人的形成：新英格兰寄宿学校中的品性养成》对新英格兰地区的私立寄宿学校进行研究。他认为美国早期建立的寄宿学校，如菲利普斯安多弗文实学校（Phillips Academy Andover，简称安多弗文实学校）、菲利普斯埃克赛特文实学校（Phillips Exeter Academy，简称埃克塞特文实学校）、圆山学校、圣保罗学校（St. Paul's School）、圣马克学校（St. Mark's School），以及19世纪后期的格罗顿学校（Groton School）、霍奇基斯学校（Hotchkiss School）等都是为了培养清教的品

---

① See Rubén Gaztambide Fernández, "What is an Elite Boarding School?," *Review of Educational Research* 79, No. 3 (Sept. 2009): 1090-1128; Rubén Gaztambide Fernández, *The best of the best: Becoming elite at an American boarding school* (Cambridge, MA: Harvard University Press, 2009).

② See Leonard L. Baird, *The Elite Schools: A Profile of Prestigious Independent Schools* (Lexington, Ma.: Lexington Books, 1977); Otto F. Kraushaar, *American Non-public Schools: Patterns of Diversity* (Baltimore: Johns Hoskins University Press, 1972).

性素养——良善、荣誉、自制、顺从、宗教信仰、博雅、合作、身体养育等，使学生成为未来上层社会的精英与领导者，尤其是商界精英。寄宿学校也被视为上层子弟走向成功的必经之路。到了 20 世纪 50 年代，坚守了一个多世纪的新英格兰寄宿学校遭遇困境，传统的、保守的价值观在多样化社会面前变得羸弱不堪，与世隔绝的教育环境、脱离现实社会的教育诉求，以及重在品性修养与生活方式的养成教育，逐渐开始转向开放、公开表达、个性化性格塑造，寄宿学校放松管制，增加课程的灵活性与现实性，注重学生的独立个性与自由表达，以及师生之间的平等关系等。到了 70 年代，寄宿学校又走向新的变革，男女同校、接纳少数族裔学生、课外活动多样化、与公立学校竞争生源、紧跟社会潮流、每日祈祷已成为寄宿学校保持卓越品质的必要途径。对于寄宿学校的未来，阿姆斯特朗认为他们还将继续培养领导者，但这种领导者已不再仅仅是传统意义上的商业精英与领导者，也不再仅仅是宗教信仰、道德规训、文明礼仪等的养育，而究竟在这之外还有什么，他表示不确定。① 从整体来看，阿姆斯特朗对美国寄宿学校的研究是鞭辟入里的，对各个时期寄宿学校所面临的不同情况的分析，对寄宿学校内部管理、组织、课程、活动的梳理，不同寄宿学校之间的细微差异，与创办者家族之间的关系，以及变革路径的选择等都做出了清晰深刻的论述。

另外，还有一种研究范式重在讨论私立精英中学教育经历对学生未来发展的影响。里维斯和理查德·沃纳主要关注私立寄宿学校的教

---

① See Christopher F. Armstrong,"Private Education and the Persistence of Privilege: The Case of Two New England Schools"(paper presented at annual meeting of Eastern Sociological Society, 1978); Christopher F. Armstrong, "On the Making of Good Man: Character-building in the New England Boarding Schools," in *The High Status Track : Studies of Elite Schools and Stratification*, eds. P. Kingston and L. Lewis(Albany, NY: SUNY Press, 1990), pp. 3-22.

育经历对学生未来职业、经济、社会地位、生活等的影响。他们将公立学校学生作为参照组，发现尽管教育与职业成就并非完全受学校类型的影响，但在相关变量一定时，私立学校学生毕业后工资收益要比公立学校学生更高、职业发展更好、社会地位和生活质量相对更高。但他们同时也认为，这些优势中不仅有来自学校的影响，更有家庭及已有社会财富和身份地位继承的成分。① 里维斯在另一本与金斯顿合编的文集中将寄宿学校与其背后的社会学假设开门见山地提了出来：第一，精英教育经历有助于获得优势的经济地位、职业门径。第二，精英教育内部相互勾连的网络或节点通常被经济上占据优势的家族占据。第三，那些一开始就跨入这一教育或职业轨道者通常在通往后续通道并最终拥有最高社会地位的过程中，相较于其他人拥有更大优势。②

需要注意的是，在里维斯和沃纳之前，已有一些学者关注精英教育对学生个体的影响。欧内斯特·哈弗曼（Ernest Havemann）与帕特里夏·韦斯特（Patricia S. West）通过双变量分析，发现精英大学的毕业生与其他大学相比，拥有更好的职业生涯，并且在职业发展中成功率更高。但他们没有意识到，精英大学的毕业证书与学位证书本身就为学生经济上的成功奠定了基础。③ 爱德华·福斯特（Edward Foster）与罗杰斯·杰克（Rogers Jack）的研究表明在社会或职业领域中最聪明的、最富有的、最有积极性的学生群体最有可能毕业于精英大学，而精英大学毕业生的经济优势也可以归因于这些大学及个人的某些特

① See Lionel S. Lewis and Richard A. Wanner, "Private Schooling and the Status Attainment Process," *Sociology of Education* 52, No. 2(Apr. 1979): 99-112.

② See Paul W. Kingston and Lionel S. Lewis, *The High-Status Track: Studies of Elite Schools and Stratification*(New York: State University of New York Press, 1990).

③ See Ernest Havemann and Patricia S. West, *They Went to College*(New York: McGraw-Hill, 1952).

质。[①] 金斯顿与约翰·斯迈特（John C. Smart）的研究也同样证实了精英大学毕业生的回报率相较于其他大学更高，并且在精英大学之间也存在层级与地位的高低之分。[②]

斯威兹在研究中认为阶层体系的重要动力之一就是预备学校和大学作为选拔者为统治阶层服务，同时吸收中下层的一些有能力者，向其灌输统治阶层意识，同时弱化其有可能作为劳动阶层领导者的潜意识。[③]

在对扬基城市（Yankee City）的研究中，理奥德·沃纳（Lioyd Warner）和保罗·伦特（Paul S. Lunt）也认为，大多数上等阶层送其子弟进入私立学校的目的，不仅在于让他们为进入大学做准备，更在于让他们学习阶层的文明礼仪，具备某些阶层特性。[④] 库克森甚至专门考察了私立学校对上层社会子弟进行品性道德训练的历史。在库克森看来，上层子弟需经过一个道德训练过程，这个过程正是在私立寄宿学校完成的。经过这种训练，上层子弟习得了与其身份地位相匹配的世界观、价值观，接收到其必须成为"尖子"的讯号及责任义务。[⑤] 除此之外，库克森也专注于对美国私立学校与大学入学机会的研究。他与卡洛琳·普塞尔（Caroline H. Persell）的研究发现，私立学校由于

---

① See Edward Foster and Rogers Jack, "Quality of Education and Student Earnings," *Higher Education* 8(1979): 21-37.

② See Paul William Kingston and John C. Smart, "The Pay Off of Prestigious College," in *The High-Status Track: Studies of Elite Schools and Stratification*, eds. Paul W. Kingston and Lionel S. Lewis(New York: State University of New York Press, 1990), pp. 147-174.

③ See Paul M. Sweezy, "Power Elite or Ruling Class?," *Monthly Review* 8, No. 5 (Sept. 1956): 138-149.

④ See Lioyd Warner and Paul S. Lunt, *The Social Life of a Modern Community*(New Haven: Yale University Press, 1941).

⑤ See Peter W. Cookson Jr., "Boarding Schools and the Moral Community," *Journal of Educational Thought* 16, No. 2(Aug. 1982): 89-97.

其高度发展的社会网络和某些传统特权而在高选择性的精英大学录取过程中占尽优势。家族财富、校友特权、大学先修课程、运动才能等都在其中发挥作用。通过精英寄宿学校，这些特权阶层将既有优势传递给下一代。在录取过程中，这些特权阶层绝不是坐等机会，而是通过运用个人的社会网络对录取程序进行疏通。寄宿学校的升学顾问及大学的招生委员会在其中作用显著，通过他们的接续，寄宿学校中的高社会经济地位（socioeconomic status，简称 SES）、低 SAT 成绩的学生往往得以进入那些高选择性的精英大学。因而，库克森认为，在私立学校与精英大学的衔接与转换过程中，个人能力与社会化的结构优势（尤其是社会网络）发挥着重大作用。①

史蒂芬·莱文在《上层阶级与美国寄宿学校的兴起》中试图揭示在移民大量涌入、新兴工业资产阶级富可敌国的年代，美国传统上层社会是如何化解危机、维护特权及其统治地位的。他们最初试图通过限制中下层移民和新兴中上层有钱阶层的各种成员身份及向上流动渠道，形成一种马克斯·韦伯（Max Weber）意义上的社会封闭体系（social closure），从而将长久以来享有的政治、经济特权进行代际传递。也正是在这段时期，他们建立了寄宿学校和各种俱乐部，将自己与前两种人区分开来，维持其高尚的趣味与高贵的身份，坚守其封闭的、独有的权力体制。

然而，正如韦伯所预测的，传统上层社会与新兴有钱阶层在共同利益上的契合消弭了二者之间的社会性差异。为了维持社会经济地位，传统上层家族最终被迫接受新兴有钱阶层进入他们的内部体系。他们一方面需要有钱阶层的资金以维系逐渐萎靡的各种社会机构，另一方面需要新兴有钱阶层的资金投入他们新涉猎的投资银行中，以继续控

---

① See Caroline H. Persell and Peter W. Cookson, Jr., "Chartering and Bartering: Elite Education and Social Reproduction," *Social Problems* 33, No. 2 (Dec. 1985): 114-129.

制快速发展的经济社会体系。在吸纳有钱阶层进入上层社会内部体系的过程中，正是寄宿学校发挥了重要作用。尽管与最初建立寄宿学校的初衷相违背，但他们还是有选择性地吸纳了新兴有钱阶层。寄宿学校成为将两种身份的子弟聚集并进行融合的场所。最终，一种高度融合的、由传统上层社会管控的、将全国核心产业勾连起来的金融社交网络在寄宿中学中形成。伴随这一过程形成的是一个比之前更加扩大的、强大的上层社会体系。处于这一阶层中的成员可以轻而易举地将各项特权（包括经济的、政治的、文化的）传递给后代，而这也在很大程度上为美国教育体制的不平等提供了解释。①

在对现代私立精英中学的研究中，西莫斯·可汗（Shamus Rahman Khan）的《特权：圣保罗中学精英教育的幕后》算是将教育与社会文化进行深入剖析的经典案例。可汗使用民族志方法深入圣保罗中学，观察现当代私立精英学校是如何培育“新精英”的卓越素质，以及这些素质是如何在精英模式中传承和再生产的。可汗发现，相比于过去依靠血统、社会关系和文化而建构的封闭隔绝的“旧精英”群体，圣保罗中学教给了“新精英”关于特权的三堂课：第一，阶级是非自然的，它们像梯子，而不是天花板。也就是说，阶级不是限制人的障碍，而是允许流动的梯子。在其中要学会与你上面的（和你下面的）人群互动，既要假装阶级不存在，又要随时随地尊重它的存在，使其助你一臂之力。简而言之，就是要建立相对的公平以遮蔽隐秘的不平等。第二，经历的重要性。新精英靠的不是家族背景而是经历，旧精英“你是谁”的那套逻辑变成了新精英的“你做过什么”。第三，特权意味着淡定，对任何场合都能游刃有余。能在自身品味中展现一种激进的平等主义，而不是仅仅传递我们认为的“精英知识”的东西

---

① See Steven B. Levine,“The Rise of American Boarding Schools and the Development of National Upper Class,”*Social Problems* 28,No. 1(Oct. 1980):63-94.

（如史诗、纯艺术等），将特权体现在稀松平常的日常生活中，使特权“自然化”。西莫斯·可汗的结论：通过学校教育的制度化安排，精英是被创造出来的。精英们拥护着一个开放和包容的社会环境，同时也复制和维护着特权，掩盖着持久的、挥之不去的不平等。多样性和开放性与平等并不能相提并论，多样性并不意味着流动性，也绝对不代表平等。① 从西莫斯·可汗的研究中能明显看到皮埃尔·布尔迪厄（Pierre Bourdieu）的文化资本理论、精英模式再生产、权力场域与惯习的影子，是从教育研究的内在路径研究社会文化，属于教育与社会结构再生产联结的经典案例。

除上述提及，还有一些与私立寄宿学校相关的传记性研究，② 有利于更真实地了解私立中学的生活图景。鉴于与本书的相关性，这里不再进行综述。

从以上来看，对私立寄宿学校的研究尽管不在少数，但它们更多关注的是私立中学与阶层固化、社会流动的关系。在探讨私立中学与大学的关系时，更关注社会身份、地位的代际传递和再生产，而较少对与大学的衔接方式、衔接路径等进行深入探讨。

通过对相关研究主题的综述发现，首先，虽然有多部著作在研究美国中学史时都对美国公立中学与大学的关系，以及与之相关的中学课程变革、综合中学走向进行了探讨，但对公立中学与大学的关系到底是如何一步步从无到有建立起来的，之后又发生了哪些转向和变革，

① 参见西莫斯·可汗《特权：圣保罗中学精英教育的幕后》，蔡寒韫译，华东师范大学出版社，2016。

② See Lisa Birnbach, *The Official Preppy Handbook*（New York: Workman Publishing, 1980）; Peter S. Prescott, *A World of Our Own*（New York: Coward-McCann, 1970）; William G. Saltonstall, *Lewis Perry of Exeter*（New York: Athenum, 1980）; William S. Strong, "New England Prep Schools: Are They Still the Ultimate?," *Town and Country*,（Aug. 1980）: 65-72; Angela Stent, "The Prep School Boom," *Change : The Magazine of Higher Learning* 8, No. 7（Aug. 1976）: 16-18.

以及在转向和变革过程中公立中学与大学的身份定位、职能等的变化并未有专门的研究。这就为本书留下了一定的探索和研究空间。其次，已有研究在探讨美国大学从公立中学招生时，往往更关注 20 世纪 20 年代之后大学在招录过程中对来自公立中学的生源（主要是犹太学生、黑人学生、亚裔学生等少数族裔）的排斥问题，以及背后的阶层固化和不平等问题，而较少关注早期美国大学因缺乏生源而一度试图从公立中学招生并探索多种衔接路径，向公立中学的现代实用需求“妥协”和“退让”的过程。而实际上，对早期时段的关注将有助于从更广阔的视野全面审视整个中学与大学关系变迁的历史。另外，已有研究多将时段限定在 20 世纪 20 年代之后，恰恰是在本书所限定的时段之后，可以从侧面为本书在结语部分回应的中学与大学关系的未来走向提供很好的例证和方向。最后，已有研究在探讨两种性质的中学与大学的关系时都注意到了教育之外的因素对衔接过程的影响，但侧重点不同。在私立中学与大学的关系中，已有研究更关注家庭背景、阶层地位、社交网络对学生择校的影响，进而从社会分层的视角对私立中学与精英大学的关系进行分析和论证。在公立中学与大学的关系中，已有研究更强调教育之外的政治、经济和社会因素对公立学校学生的影响，对公立中学课程拓展的影响，以及对公立中学职能和定位的影响。虽各有侧重，但两种路径的共同缺陷在于，较少关注教育体系内部的大学与中学各自在处理关系问题时是如何对彼此产生影响的。而这将关系到二者关系的确立和变迁过程中中学与大学的矛盾冲突，甚至关系到教育体系的变革问题，有必要加以探讨。

五、史料占有与研究方法

（一）史料的占有

历史研究离不开史料和文献，本书在已有研究的基础上，尽可能地占有史料，对研究问题做出全面、翔实的阐释和回答。

目前，本书已掌握的一手文献主要有三类：第一类是美国大学的年鉴、档案、校史，大学和中学董事会或学校委员会的会议记录、年度报告、会议决议，地方议会的备忘录等，从中可以对大学入学要求的变迁及大学在特定时段的政策意见和决策过程进行分析，对中学的相关决议、推广政策和法令进行分析，以及对地方议会中与中学和大学相关的政策决议进行分析。第二类是全美教育协会的各年度报告，以此作为文本可以深入地剖析全美教育协会之下各个致力于探索中学与大学关系的委员会是如何开展工作的，如何对中学课程设置、中学职能定位、大学的入学要求等进行调查研究并提出改进和完善建议的。同时，年度报告还为本书深入剖析不同群体和核心人物在中学与大学关系变迁中所持的态度和立场提供了文本依据，有利于对相关问题进行深刻的阐释和分析。第三类是核心人物的家族史、信件、传记和回忆录，大学与中学校长的演讲、文集、年度报告，对这些史料的掌握将为本书深入刻画大学管理者、中学管理者在中学与大学关系变迁中所发挥的作用奠定基础，因为在某种程度上，学校管理者的个人秉性、知识层次、处事风格直接关系到整个学校的政策走向，甚至对教育变革产生影响。除上述之外，本书还掌握了一手的法院判决词，研究时段内的教育期刊、杂志、文集，以及当时的报纸、社论、通讯稿等，这些散碎的史料将为本书全面梳理美国中学与大学关系的变迁过程提供丰富的佐证材料，使研究更充实、立体和饱满。

在一手文献之外，本书目前已掌握的二手文献主要包括美国中学史、大学史、大学招生制度变迁史的相关研究，以及研究本书时段内的政治史研究、社会文化史研究等相关著作、文集和期刊等。对这些文献的解读和把握有利于本书站在前人研究的基础上，更进一步廓清相关问题的界限。

综上，本书已经掌握了较为翔实的史料。在此基础上，本书会对这些史料进行历史的、逻辑的分析和重构，以期对历史语境中美国公立中学与大学的关系进行生动、深刻的论述。在此过程中，本书也会试图将隐藏在史料背后的社会文化、社交网络、核心人物、组织机构、人物心态等挖掘出来，以使研究更丰富、更饱满。

（二）研究方法

作为一项历史进程的研究，本书将主要采用历史研究法，对美国公立中学与大学关系的变迁过程进行历史梳理，并且在此基础上对更深层次的美国公立中学职能的变迁、美国大学的转型，以及美国教育体系的变革问题进行分析和阐释，最终对历史时段中关乎中学与大学关系的一些根本问题，如教育体系内部的矛盾冲突及中学与大学关系问题的本质进行思考与分析。

另外，由于历史研究总是建立在史料和文献分析的基础上，因而本书也将采用文献分析法，在充分占有史料的基础上，对历史问题进行具体分析，对史料进行解读和重构，以呈现历史语境中的公立中学与大学关系问题的原貌。同时，基于目前已掌握的文献，本书也会对不同中学、大学在与彼此发生联系过程中的不同路径选择进行个案分析，以考察不同中学和大学在试图与彼此建立联系时所关注的不同问题，呈现中学和大学内部的分野和博弈过程。

六、分析策略与研究思路

（一）分析策略

本书主要对美国公立中学与大学的关系问题及其变迁过程进行研究，而关系问题更多的是在某一个组织或系统内部进行讨论的，因而本书试图借助组织行为学中的组织概念、组织成员身份制度的概念，将公立中学与大学作为教育组织内部的两个成员，通过二者在教育组织内部的身份地位的变化考察二者关系的变迁过程。

在“组织”的概念界定上，本书采纳系统组织理论创始人切斯特·巴纳德（Chester I. Barnard）对组织的定义：组织是一个有意识地对人的活动或力量进行协调的体系。这个定义适用于各种形式的组织，从公司的各个部门或子系统直到由许多系统组成的整个社会，都可以看作某种组织。① 在这种意义上，本书将由各级各类学校组成的整个教育系统作为一个“教育组织”，将中学和大学作为该组织中的两个子系统或成员，重点探讨二者在教育组织中的关系变化、身份职责等。

在对组织内部成员的身份职责进行介绍前，有必要先对社会学中组织整体功能得以发挥的一些前提条件进行简要介绍。首先，组织整体功能的发挥要求各个要素在功能上相互衔接，即各个要素在独立地发挥自己的作用的同时，还要相互配合，这样才能使组织的整体功能得以发挥。其次，组织整体功能的发挥要求组织内各个要素在目标上相互补充，基于内部成员的主动性和积极性来发挥功能。再次，要意识到组织内部各要素或成员的功能是有限的，把任何一种要素的功能人为扩大都不利于组织整体功能的实现。② 在这些前提下再来讨论组织成员的身份职能就具有了一定的合理性。

在组织成员的身份制度的确立与维系上，本书依旧借鉴切斯特·巴纳德在组织与管理理论中对身份制度的界定，对教育系统中公立中学和大学的身份职能进行分析。巴纳德认为，在正式组织中，个体成

---

① See Chester I. Barnard, *The Functions of the Executive* (Cambridge, MA: Harvard University Press, 1938); Chester I. Barnard, *Dilemmas of Leadership in the Democratic Process* (Princeton University, 1939); Chester I. Barnard, *Organization and Management: Selected Papers* (Cambridge, MA: Harvard University Press, 1948); William B. Wolf, *Conversations with Chester I. Barnard* (Ithaca: New York State School of Industrial and Labor Relations, 1973); William B. Wolf and Haruki Lino, *Philosophy for Managers: Selected Papers of Chester I. Barnard* (Tokyo, Japan: Bunshindo Publishing Co., Ltd., 1986).

② 刘祖云等：《组织社会学》，中国审计出版社、中国社会出版社，2002，第156—158页。

员的身份由对它的行为的限制、规定和约束组成，这些通常由个体成员在组织中的权力、特权、豁免权、责任和义务决定，称为“职能性身份制度”（functional system of status）①。这种身份制度没有经过权威指定或司法授权，是“自发”或“本能”生成的，但随着时代及内外环境的变化，需要对成员的职能身份进行不断修正、发展和重新设计。

基于巴纳德的界定，本书将重点关注公立中学与大学的职能性身份及其变迁，分析在美国公立中学与大学的关系变迁过程中，公立中学和大学各自的职能性身份受到了哪些内外因素的影响，是否发生了变化，是如何发生变化的，两种机构之间是如何互动和发生关系的，以及在这个过程中，教育系统内部是如何保持平衡和稳定状态，保证教育体系的正常运转的。

（二）研究思路

基于分析策略，本书将从美国中学与大学关系的早期形态开始谈起，对中学与大学之间从无到有、从单一到复杂、从松散到紧密的关系进程进行梳理。在行文逻辑上，试图抓住影响二者关系变化的几个重要节点，从公立中学衔接职能的确立到大学对中高关系的多元探索，再到公立中学与大学双方就衔接标准的统一化进行的全国性调查，将全文分为 4 个部分，环环相扣地解决二者关系变迁中的几个核心问题。具体来讲，本书的研究思路如下：

在第一部分，本书主要讨论美国中等教育的开端及其与大学关系的早期形态，意在呈现教育体制还未完全形成、教育系统内部成员的

---

① 巴纳德还对另一种身份制度“等级身份制度”（the scalar system of status）进行了阐释，主要指组织内部成员的身份高低由行政管理系统或正式权力机构中上级或下级关系和管辖权来决定。鉴于与本书的相关性，就不在研究正文中呈现和分析。See Chester I. Barnard, *Organization and Management: Selected Papers* (Cambridge, MA: Harvard University Press, 1948), pp. 46-83.

关系和职能定位还未得到明确界定时，各级各类教育机构是如何运作的，早期的中学与大学是如何发生联系的，以及公立中学的出现是如何打破教育系统的内部平衡，形成组织内部的共存和竞争关系，进而使公立中学与大学的关系问题凸显出来的。

第二部分旨在解决公立中学作为大学预备机构的职能赋予问题，意在揭示的更深层次问题是教育系统内部谁来控制学校、谁来决定各类学校的职能和定位的问题。其中主要呈现的是中学与大学关系的另一主体——大学，在公立中学已经成为教育系统内部的重要成员后，针对公立中学是否能够作为大学预备机构的资质的讨论，以及最终落实到实践中，公立中学是如何通过密歇根州最高法院的判决而获得了作为衔接机构的合法性，进而对公立中学与大学关系的正式确立产生了什么影响。

在公立中学已经获得了大学预备机构的合法性后，本书第三部分将视角进一步缩小，探讨作为利益相关者的大学究竟为何及如何调整和巩固与公立中学的关系的，意在揭示“方式和路径”问题。通过平行学位计划、自由选修制和认证计划，大学自然而然地获得了某种“权威或专家身份”，对二者的关系进行进一步的主导和“控制”。但与此同时，“实施控制”的群体内部并非总是意见一致，大学内部在哪种衔接方式更有效的问题上出现了分歧，进而导致与公立中学关系亲疏远近的差异。

最后，本书的第四部分将转到对公立中学与大学关系的重组和变革问题上，涉及的主要问题是“什么知识更有价值”，以及背后更为隐蔽的“谁的知识更有价值”。大学在前几个阶段未能彻底解决的“古典与实用的平衡”问题在这里得到发酵；同时，教育系统内部的矛盾冲突再次出现，两个问题融合之后，在教育系统内部基本上形成了两股相互对抗的力量：一方是代表古典教育传统的大学，另一方是代表现代实用的公立中学。两股力量在第三方组织的全国性调查中各有“代言人”，关于公立中学与大学的关系问题最终转换成公立中学的职能到底是为大学做准备还是为现实生活做准备的问题。最终，教育系统外部的力量参与进来，重构了中学的职能、目标，以及其与大学之间的关系。在此之后，公立中学与大学的关系便转向相互影响和制约。但从外部看来，教育系统依旧保持着完整和平衡状态。至此，美国教育体系内部的上承下续关系，以及内部各级各类教育的功能定位基本确立下来，教育系统再次处于平衡、稳定的状态。

第一章　美国中学与大学关系的早期形态

当第一批殖民者到达北美大陆并决定就此安顿下来时，他们并不知道将会在这里开启一段怎样的旅程。刚开始，一切事务都依据宗主国的传统按部就班地进行。学校也是一样，来自宗主国的古典拉丁文法学校（Latin Grammar School）最先在殖民地建立起来。之后，随着殖民地城镇的发展和商业活动的逐渐增多，不同于拉丁文法学校的古典传统而更注重现实实用的文实学校开始出现，并且与前者形成竞争。之后，随着独立战争的爆发，殖民地居民的独立思想也渗透进了教育领域。传统的拉丁文法学校渐趋式微，文实学校逐渐发展成为中等教育的主要类型。但随后，文实学校转向古典，将之前仅在文法学校开设的古典课程纳入进来，宣称自己也可以像拉丁文法学校一样提供大学预备教育。事实上，在公立中学出现甚至迅速发展起来之前，文实学校一直作为主要的大学预备机构而存在。但必须明确的是，在一个各级各类学校及其职能并未得到明确界定的年代，中学与大学之间还远未形成制度化的联系，至多算是某种松散的关联，对中学与大学关系的探讨也从未构成教育领域的主要命题。直到内战之后，迅速发展起来的公立中学对文实学校形成了实质性的竞争和超越，关于中学和大学关系的故事才渐渐拉开帷幕。

第一节　美国中等教育的开端及其与大学的松散关联

在教育被作为宗教事业的年代，殖民地的教育事业更多关注道德的训诫和对宗教的虔信，拉丁文法学校更是通过古典语言的学习培养学生的虔诚信仰和美好德性。从文法学校毕业的学生多进入社会上层，直接担任地方官员，也有小部分会进入哈佛学院继续学习精深的古典知识，最终从事神职牧师职业。在这种意义上，拉丁文法学校或许可以被看作最早的大学预备机构。但此时无论是拉丁文法学校还是哈佛学院，都从未认定二者之间存在必然的联系。

一、拉丁文法学校作为虔信与德行的训练场

1630 年，在约翰·温斯洛普（John Winthrop）、亨利·维恩（Henry Vane）、约翰·科顿（John Cotton）等人的带领下，清教徒们来到北美定居。这些领导者们多出身不凡，拥有良好的教育背景，甚至多有毕业于剑桥大学和牛津大学者。[①] 他们不仅将宗主国颁发的特许状和部分社会精英[②]带进了新大陆，更将宗主国的价值观、宗教信仰、制度文化带入殖民地，试图在北美建立与宗主国相似的社会制度，当然包括文化教育和学术传统。无论在旧世界还是新世界，领导者们一

① 约翰·温斯洛普出身于富裕的地主和商人家庭，职业为律师，曾在剑桥大学三一学院就读；亨利·维恩出身于英国拥有地产的贵族家庭，从政，毕业于牛津大学马格德伦学院（Magdalen Hall）；约翰·科顿出身于律师家庭，职业为牧师兼学者，曾在剑桥大学三一学院学习，与温斯洛普是同学，毕业后到剑桥大学伊曼纽尔学院（Emmanuel College）继续深造。

② 曾有人用“从未有一个社区有如此多人接受过大学教育”来形容波士顿作为马萨诸塞湾智识生活中心的情景。See Pauline Holmes, *A Tercentenary History of the Boston Public Latin Grammar School*(Cambridge: Harvard University Press, 1935), p. 4.

如既往地相信，教育是教会与家庭的责任，是慈善与博爱的事业。在新英格兰，清教徒们将政府视为建立学校的工具，利用政府来执行宗教的旨意，而且事实上，他们也很好地达成了这种目的。①

拉丁文法学校作为从宗主国移植来的古典中学，成为早期新英格兰殖民者培养宗教虔信与善好德行的主要训练场之一。拉丁文法学校主要以宗教教育为主，兼顾世俗教育。在学校中，学生的大部分时间用于学习拉丁语、希腊语等古典语言，很少涉及其他科目。正如约翰·布里斯林（John Brinsley）所言，“17 世纪教育的首要目标是教学生怎样在短时间内读出纯正的发音，怎样拼写正确的音节”②。这些基础性的读写训练将有助于学生今后更好地学习和掌握拉丁语、希腊语，以理解《圣经》的真谛，维护虔信与圣洁的灵魂，教人良善的德性与秩序。整个殖民时代，文法学校的学生对拉丁作家帕布琉斯·奥维德（Publius Ovidius Naso）、马尔库斯·西塞罗（Marcus Tullius Cicero）、帕布琉斯·维吉尔（Publius Vergilius Maro），希腊语作家伊索（Aesop）、荷马（Homer）、赫西俄德（Hesiod）、伊索克拉底（Isocrates）等颇为熟悉。也正是这些古典作家的作品使早期波士顿的绅士文人在想用拉丁语和希腊语“装点门面”时，能够信手拈来地转向对典故的引注。③ 自 1635 年第一所拉丁文法学校在波士顿建立后，

---

① Newton Edwards and Herman G. Richey, *The School in the American Social Order* (Boston: Houghton Mifflin Company, 1963), p. 7.

② John Brinsley, *A Consolation for Our Grammar Schools* (New York: Scholars' Facsimiles & Reprints, 1943), p. 52.

③ Kenneth B. Murdock, "The Teaching of Latin and Greek at the Boston Latin School in 1712," *Publications of the Colonial Society on Massachusetts Transactions* 27, (Mar. 1927): 28.

通过 1642 年法案、1647 年法案，[1] 更多的拉丁文法学校在新英格兰建立起来。1651 年，马萨诸塞州共有 8 个城镇建立了拉丁文法学校。截至 1700 年，整个新英格兰地区共建立 35 所拉丁文法学校。[2]

拉丁文法学校由地方议会（General Court）[3] 授权建立，它对古典语言的强调在一定程度上反映了它的教育目标，就是使青少年为高深学问做准备。拉丁文法学校将按照 1647 年法案要求，派送少数毕业生到查尔斯河畔的哈佛学院继续深造，那里对古典学科的研究更加广博和精深。或者，拉丁文法学校会直接将毕业生送到负有声望的职位上，高居社会的领导层。因为在整个殖民时代，对古典语言掌握与运用的程度直接决定了一个人在社会中的地位与权利。而也正是这样一种古典文化，培养和团结了"新世界"的上层社会。从 1635 年起，进入拉

---

① 1642 年，马萨诸塞州颁布法令，要求所有儿童都要学会阅读，以理解宗教原则与地区法律。1647 年，马萨诸塞州颁布《老骗子撒旦法》，规定凡超过 50 户居民的城镇需聘任一名教师教授读写，凡超过 100 户居民的城镇需建立一所文法学校，以适应大学（指哈佛学院）要求。对拒不执行法案的居民将处以罚款，直到其履行职责为止。

② See Jon Teaford, "The Transformation of Massachusetts Education, 1670-1780," *History of Education Quarterly* 10, No. 3 (Autumn 1970): 287-307; David G. Armstrong and Tom V. Savage, *Secondary Education* (New York: Macmillan Publishing Co., Inc. London: Comllier Macmillan Publishers, 1983), p. 6.

③ 地方议会指美国独立前 13 州时代行使有限司法权的机构。

丁文法学校的多为上层“婆罗门”[1] 家族和商业精英的后代，如约翰·霍尔（John Hull）、[2] 约翰·莱弗里特（John Leverett）、[3] 威廉·斯托

① “婆罗门”（Brahmin）最初指印度种姓制度中处于第一等级的阶层，主要是僧侣。在美国，首先使用该术语的是奥利弗·霍姆斯（Oliver Wendell Holmes），他在1860年《大西洋月刊》的一篇文章中用该术语指代波士顿上层婆罗门（Boston Brahmin or Boston elite）。他们多为早期英国殖民者的后代，是最古老的、富有的、秉承英国新教传统的大家族。这些家族常带有一些明显的身份特征，如他们说话带有独特的波士顿腔调，多毕业于哈佛学院，信奉新教，崇尚传统的盎格鲁文化。他们与来自费城、纽约、弗吉尼亚、查尔斯顿的富裕家族一起形成了北美上层社会的核心，在掌握政治权利的同时，也多把控着当地的主要经济命脉和文化特权。另外，婆罗门一词也指代新英格兰上层的博学多识及排外本质。See Oliver Wendell Holems, "The Brahmin Caste of New England," *The Atlantic Monthly* 5, No. 27(1860); Paul Goodman, "Ethics and Enterprise: The Values of a Boston Elite, 1800-1860," *American Quarterly* 18, No. 3(Sept. 1966): 437-451; Betty Farrell, *Elite Families: Class and Power in Nineteenth-Century Boston*(Albany: State University of New York Press, 1993); Ronald Story, *The Forging of an Aristocracy: Harvard & the Boston Upper Class, 1800-1870*(Middle Town: Wesleyan University Press, 1980); Andrew Greenwood, *An Introduction to the Unitarian and Universalist Traditions*(Cambridge: Cambridge University Press, 2011); Robert Andrew, *Famous Lines: A Columbia Dictionary of Familiar Quotations*(New York: Columbia University Press, 1965).

② 约翰·霍尔，1624年出生于英格兰，1635年11月7日随父亲罗伯特·霍尔（Robert Hull）来到新英格兰并进入波士顿拉丁文法学校读书，成为该校的第一批学生。后继承家族事业，成为波士顿著名的造币商。最后成为波士顿财务大臣。See Pauline Holmes, *A Tercentenary History of the Boston Public Latin Grammar School*(Cambridge: Harvard University Press, 1935), p. 125.

③ 约翰·莱弗里特，1616年出生于英格兰，1635年随父托马斯·莱弗里特（Thomas Leverett）来到波士顿，进入拉丁文法学校学习。后在地方议会任职，于1673—1679年任马萨诸塞湾总督。其孙约翰·莱弗里特（John Leverett）于1669年进入波士顿拉丁文法学校学习，1680年从哈佛学院毕业，1685年入哈佛任教，1700年被任命为众议院发言人，1702年成为马萨诸塞湾最高法院大法官，1706年被选为殖民地议会成员，1707年任哈佛学院校长之职，直至1724年逝世。See Pauline Holmes, *A Tercentenary History of the Boston Public Latin Grammar School*(Cambridge: Harvard University Press, 1935), pp. 126, 129-130.

顿（William Stoughton）、[①] 科顿·马瑟（Cotton Mather）[②] 等。

事实上，直到17世纪80年代之前，拉丁文法学校都要求申请者具备一定的条件。如申请者必须是男孩，年龄至少在9岁，能够准确、熟练地掌握读写技能，熟识所有的停顿、标点、缩写格式，掌握丰富的英语文法知识等。[③] 这就意味着申请者需受过私人教师或有学识的父母或主妇学校[④]的教育方可进入拉丁文法学校继续学习。这在某种程度上就将下层贫困子弟排除在了中等教育的大门之外。当然，对下层民众而言，维系生计比知识学问更重要。哈佛学院一直要求申请者必须在文法学校学习过，并且具备扎实的古典教育基础，因而独立战争前，教授古典教育的拉丁文法学校基本上都处于正统权威地位，通过古典语言的学习使学生"掌握研究古代学术的钥匙，以更广阔的视野观察

---

① 威廉·斯托顿，1632年出生于英格兰，1640年进入波士顿拉丁文法学校学习，1650年毕业于哈佛学院。之后返回英国牛津大学任职，于1662年返回新英格兰，1692年被任命为殖民地副总督和首席大法官，直至去世。遵照遗嘱，斯托顿将其遗产中的大部分捐给了哈佛学院。See Pauline Holmes, *A Tercentenary History of the Boston Public Latin Grammar School* (Cambridge: Harvard University Press, 1935), p. 129.

② 科顿·马瑟，于1669年进入波士顿拉丁文法学校学习，之后进入哈佛学院，1678年从哈佛学院毕业后到波士顿的北方教堂任职。1717年被选为皇家学会成员，之后在第二教堂步道。同时作为哈佛学院的教员，著有 *Wonders of the Invisible World* (1693), *Magnalia Christi Americana* (1702), *Essays to Do Good* (1710) 等作品。See Pauline Holmes, *A Tercentenary History of the Boston Public Latin Grammar School* (Cambridge: Harvard University Press, 1935), p. 131.

③ James W. Hillesheim and George D. Merrill, *Theory and Practice in the History of American Education: A Book of Readings* (Washington, D. C.: University Press of America, Inc. 1980), pp. 303-305.

④ 主妇学校（dame school）主要指那些由略有学识的家庭主妇开办的学校，收费低廉，主妇们通常将自己的孩子与其他孩子放在一起进行看管和教育，提供最基础的识字、阅读训练。

世界”[1]，为大学做准备，同时更为重要的是通过习得拉丁语、希腊语、希伯来语、古叙利亚语，使未来的学者和牧师获得对《圣经》原初真意和真谛的理解。

如果说这一时期北美殖民地已经具备了某种“完整的”教育体系，那就是初等的英语学校、中等的拉丁文法学校和高等的学院[2]。但必须要明确，这一体系还远未达到所谓的连贯状态，顶多算是一种“松散的关联”。低一级教育机构根本不会将为高一级机构提供生源作为主要目标，高一级教育机构也从未想过要将低一级教育机构作为预备机构。换句话说，二者之间根本不存在什么必然的联系。而且，在一个儿童还附属于教会和家庭的时代，学校也绝非仅教授知识，在更大程度上，它是一种品性和德行的养成机构和虔诚信仰的训诫场所，是某种维系殖民地宗教信仰和公共秩序的精神纽带。

虽然具有排外性，但拉丁文法学校因宣称它的非教派性、免费性和获得殖民地政府的公共扶持[3]而在一定意义上具有了某种“公共属

---

① 约翰·杜威：《学校与社会·明日之学校》，赵祥麟、任钟印、吴志宏译，人民教育出版社，2005，第55页。

② 殖民地时期，除了哈佛学院，美国还建立了威廉玛丽学院、耶鲁学院、新泽西学院、费城学院、国王学院、罗得岛学院、皇后学院、达特茅斯学院等。

③ 波士顿拉丁文法学校的经费最初来源于富裕的定居者们的自愿捐款。对此的最早记录是在1636年8月12日的一次公共集会备忘录上。包括州长维恩、副州长温斯洛普及理查德·贝灵汉姆（Richard Bellingham）、罗伯特·凯恩（Robert Keayne）、科顿等在内的45位富裕的定居者捐赠了40英镑—50英镑，用于为拉丁文法学校雇佣教师。与城镇会议不同，这次会议主要是富裕的定居者的集会。See Pauline Holmes, *A Tercentenary History of the Boston Public Latin Grammar School* (Cambridge: Harvard University Press, 1935), pp. 2, 28. 虽然在1935年拉丁文法学校成立300周年纪念活动中，公众将拉丁文法学校作为美国最古老的公立中学进行了高度赞扬，但事实上，这种由某个群体扶持、在实践中将下层子弟排斥在外的中学并不具有公立中学的本质特征。它与后来美国由公共税收扶持、教授非古典知识、面向所有阶层免费开放的公立中学并不在同一语义范围内，特此说明。

性”。但显然，这种“公共属性”与 19 世纪之后美国公立学校（common school）和公立中学（public high school）的公共性并不在同一语义层面，这些我们随后还会谈到。在殖民时代，在古典就是宗教、博爱、虔敬、善好的代名词时代，作为虔信与德行训练场的拉丁文法学校事实上并未接纳所有人，也并未被所有人接纳。对于 18 世纪之后不断增长的世俗和实用需求，拉丁文法学校的管理者们常常表现出一副不屑一顾和不以为意的姿态。

二、实用性文实学校的出现与富兰克林的转向

18 世纪初期，随着城镇的逐渐发展和扩张，殖民地的商业需求开始增加。为了更好地发展商业贸易，城镇经常要派送青少年到欧洲去接受专业教育或训练，[①] 这就对城镇形成了一定的经济压力。而由于缺乏对外出求学子弟的监管，城镇当局又害怕青少年在欧洲接触到天主教信仰后回来“蛊惑民心”。另外，随着殖民地市镇的发展，城镇当局发现宗主国的外派官员往往对殖民地的情况所知寥寥，在管理中常常无视殖民地的法案和习俗，因而培养本土的公务人员来代替外派官员的要求被不断提出来。再者，殖民地也需要能够教授当地儿童读、写、算及公序良俗的教师来帮助维系城镇的公共秩序，而现有的各类学校的教师多不具备合格的资质，教授知识和道德也极为随意，[②] 这对城镇的长远发展无疑是不利的。因而，从 18 世纪初开始，一种同时教授数

① 由于当地没有专门教授商业、经济等实用知识的学校，殖民者常会将有志于此的青少年送至欧洲接受相应训练，之后回来在专门领域工作。

② Elmer Ellsworth Brown, *The Making of Our Middle Schools* (New York, London, and Bombay: Longmans, Green, and Co., 1902), p. 186.

学、科学（仅限于描述性科学）、现代语言及其他实用知识的文实学校[①]开始在一些乡村地区出现。作为一种本土教育机构，文实学校与历史悠久、根基深厚的拉丁文法学校相比，显然还较稚嫩，但它走的是与拉丁文法学校截然不同的道路。

文实学校虽也由市政当局发放许可证，但它并不像拉丁文法学校一样具有所谓的正统权威。文实学校的资金来源一般比较复杂和随意，基本上被划归在私立中学的队列。一些文实学校由有学识的私人就近（有时在家里）开设，靠收取学费维持生计。这种学校一般规模较小、缺乏规范性。另有一些文实学校主要靠私人（或家族）的捐赠建立起来，规模稍大，较为正规，一般会聘请专门的管理者和教员，甚至设立董事会，学校主要靠收取学费抵消日常开支，属于捐赠型文实学校。还有一些文实学校是由董事会管理，以收取学费为主，同时接受城镇当局的一些资助。这类文实学校虽具有某些公共属性，但依旧是私立性质的。这些文实学校在拉丁文法学校的正统权威之外另辟蹊径，主要对 18 世纪之后社会上不断增长的世俗知识需求做出回应，教授算术、现代语言、地理、测量、天文等实用知识。

当时比较著名的是欧文·哈里斯（Owen Harris）创办的文实学校。1709 年，哈里斯在当地一家报纸《波士顿新闻》（*Boston News-Letter*）上做广告，宣称他的学校教授英语、写作、商业算术、地理、测量、天文、航海等课程。另外还有一些文实学校宣称教授英语、建

---

① 文实学校的起源在美国学界有几种观点，一种说法认为文实学校源自美国本杰明·富兰克林（Benjamin Franklin）的建议，另一种说法认为源自约翰·弥尔顿（John Milton），还有一种说法认为文实学校源自英国非国教教徒在大西洋沿岸建立的文实学校。目前学界较为倾向的看法是，文实学校是北美殖民地为了应对社会不断增长的实用需求而建立的一种本土中等教育机构。本书也以此观点为基础讨论美国的文实学校。

筑、筑垒、射击、外语等。[①] 在文实学校，“学科设置的原则是实用知识重于语言”，不同的学校常常根据社会和市场需求随时增减课程。据统计，1787—1870 年，仅纽约州的文实学校所开设的新课程就有 147 种之多。[②] 而且，文实学校的课程难度也因学校不同而差别极大，多数学校仅教授一些基础性的实用知识，但也有一些文实学校以大学预备教育为目的，主要教授古典语言，如由菲利普斯家族捐赠的安多弗文实学校和埃克赛特文实学校，自建立就与新英格兰地区的大学与学院之间有着千丝万缕的联系。

多数文实学校并不在意学生是否有古典基础和学术理想，学校没有严格的准入标准，也没有固定的修业年限，各种层次的学生都可以进入，只要缴纳一定的学费即可。相较于拉丁文法学校，文实学校的实力还比较薄弱，并且存在形式不一、组织不严、质量参差不齐等问题，但这恰恰为文实学校的发展提供了契机，使其可以不囿于市镇当局的指点，将管理权掌握在自己手中。学校有了更多自主权，之后便可以对社会需求做出及时回应，因而很快便吸引了城镇的各个阶层。

首先，对大多数中下层而言，在一个愈来愈世俗化、商业化的环境中，让子女多学一些英语、数学、航海、地理方面的知识未尝不是一种合理的投资。他们更愿意子女接受即时有效的世俗教育，在创业热情高涨的时代有所斩获。当然，还有一个原因是拉丁文法学校的天然排外性从一开始就已经将大部分中下层排斥在外了。其次，上层社会中的一些“婆罗门”子弟也慢慢开始对一种实用教育感兴趣。当然，他们中的绝大多数人会进入拉丁文法学校，之后直接进入社会上层担任政府官员，或者进入高一级大学或学院继续探究精深的古典学问。

---

① Jon Teaford,“The Transformation of Massachusetts Education,1670-1780,”*History of Education Quarterly* 10,No. 3(Autumn 1970):300.

② 参见孙杨《移植、冲突与融合：从英国中等教育传统到美国中学起源》，硕士学位论文，北京师范大学，2006。

但对一些人来讲，他们并不想进入大学。据塞缪尔·莫里森（Samuel Eliot Morrison）估计，17 世纪新英格兰地区的拉丁文法学校中只有不到一半的学生打算进入大学，① 而更多学生期待接受英语、算术、几何、记账、测量、航海等能够为进入商业领域做准备的实用教育。由此，文实学校的学生来源其实是十分复杂的，既有来自昂贵私立学校或由家庭教师教授的上层子弟，又有来自乡村一间教室学校（one room school）靠着助学金求学的乡村男孩。②

作为中等教育机构，文实学校与拉丁文法学校相比，最大的特点在于，它开始淡化和剥离教育的宗教身份，并且在将教育与宗教相剥离的同时，逐渐形成了与拉丁文法学校相抗衡的局面。到 18 世纪后期，文实学校已逐渐与拉丁文法学校形成竞争关系，正如让·缇福德（Jon Teaford）所言，“不断变化的优先权利要求在英语（指现代实用科目）和古典课程之间做出一些妥协”③。马萨诸塞州的执政官们当然继续坚守将古典教育作为培养专业人士的基础，而普通民众却对政府扶持的古典文法学校采取消极态度，转而支持培养商人、农民、工匠的私立文实学校。1767 年，马萨诸塞州中部的伍斯特市镇居民甚至要求他们的议员在议会中高呼“请尽最大努力将人们从维系众多拉丁文法学校的重负中解放出来，因为它阻止了人们获得诸如英语等方面的知识，而这种知识对维护自由显得格外必要”④。

---

① Samuel Eliot Morison, *The Intellectual Life of Colonial New England* (New York: New York University Press, 1956), p. 90.

② David B. Tyack, *Turning Points in American Educational History* (Waltham: Blaisdell Publishing Company, 1967), p. 353.

③ Jon Teaford, "The Transformation of Massachusetts Education, 1670-1780," *History of Education Quarterly* 10, No. 3 (Autumn 1970): 303.

④ William Lincoln, *History of Worcester, Massachusetts: From Its Earliest Settlement to September, 1836, with Various Notices Relating to the History of Worcester County* (Potomac: M. D. Phillips, 1837), p. 250.

事实上，文实学校能够对拉丁文法学校形成威胁的最主要原因在于，最初的那种认为古典教育有利于保卫共同体（commonwealth）的观念正在逐渐式微。随着独立观念的日盛，普通公众对“自由”“平等”及“独立”有了深刻的认知，他们渴望摆脱宗主国的束缚，拥有本土化的一整套制度。教育作为社会公共事务的一部分，自然也被划在本土化的标签下。当然，并不是说普通公众就排斥传统、拒绝古典，只是相比之前，公众觉得拉丁文法学校已经没有殖民时期那么重要了。越来越多的人开始认为，共同体可以更好地通过商业、贸易和工业来维系，而非靠恪守对生活方式的承诺。如果真的需要虔信与慈善，他们更愿意将钱花在教堂和祷告室的修建上，而非文法学校的维系上。拉丁文法学校不再被认为是维系信仰、传承慈善的最理想场所。相较于信仰，18 世纪末的普通公众可能更在意教育的即时有效和实用，而对商业中产阶级而言，他们对利益而非宗教和古典传统更感兴趣。对他们而言，能够决定未来的是商业、贸易和市场，而非教堂、政府和学识。[①] 缇福德研究发现，到独立战争时期，拉丁文法学校所代表的古典教育传统事实上已彻底崩溃，[②] 古典教育除了培养神学牧师之外，其正当性已微乎其微。

城镇当局对古典学校的热情也在下降。随着独立战争的结束，那些曾要求各个城镇在人口达到一定规模后就要建立拉丁文法学校的法律早已成为一堆废纸。据记载，1721—1763 年，马萨诸塞州米德尔塞克斯县（Middlesex County）下的多个城镇都已放弃继续扶植拉丁文法学校的念头，而此县正是新英格兰地区的文化重镇，哈佛学院就坐落于此。1763—1765 年，马萨诸塞州超过 100 户的城镇有 144 个，只有

① Jurgen Herbst,“The American People's College: The Lost Promise of Democracy in Education,”*American Journal of Education* 100, No. 3(May 1992): 279.

② Jon Teaford,“The Transformation of Massachusetts Education, 1670-1780,”*History of Education Quarterly* 10, No. 3(Autumn 1970): 297.

65 个城镇按照法律规定保留了拉丁文法学校。[①] 55%的城镇公开违背法律的事实证明，放弃对拉丁文法学校的支持并不是某一个城镇的草率和鲁莽，拉丁文法学校的整体衰落在某种意义上已是大势所趋。正如沃特·斯莫尔（Walter Herbert Small）在《早期新英格兰学校》一书中所做的结论，“整个世纪是以对法律的蔑视和公开抵抗为特征的。越来越多的强加于我们的罪过表明，这种类型的学校的存在不是因为受欢迎，而是因为受到了法律的胁迫”[②]。

另外，地方议会、立法机关也不再试图挽救文法学校。以地方议会为例，它们曾是拉丁文法学校的坚定维护者，但独立战争之后，它们几乎放弃了古典传统，不再强制要求满足条件的城镇维系拉丁文法学校，而是采取漠视的态度，纵容各城镇违法现象的存在。尽管州议会试图对违背法律的各城镇进行罚款，但罚款金额仅与一位拉丁文法学校教师的工资相差无几，而且没有根据情况加大惩罚力度或采取强制执行。这表明地方当局对古典教育只是一种形式上的维系，实际上它们已将古典传统抛之脑后。[③]

总体而言，随着独立战争的爆发与结束，公众对拉丁文法学校的态度的转变在某种程度上代表了世俗教育对宗教与古典的扬弃，教育与宗教之间应保有相对独立性的风气在此时已经显现，淡化和剥离教育的宗教身份已经成为多数人的共识。缇福德对这种社会风气的阐释更加激进，他认为，“如果说在 17 世纪后期之前，公众对古典传统还有一丝坚守，那到了 18 世纪六七十年代，公众显然已经放弃了这些传统，

---

① Jon Teaford, “The Transformation of Massachusetts Education, 1670-1780,” *History of Education Quarterly* 10, No. 3(Autumn 1970): 292, 295.

② Newton Edward and Herman G. Richey, *The School in the American Social Order* (Boston: Houghton Mifflin Company, 1963), p. 96.

③ Jon Teaford, “The Transformation of Massachusetts Education, 1670-1780,” *History of Education Quarterly* 10, No. 3(Autumn 1970): 296-297.

并且在某种程度上站到了古典的对立面，试图成为它的敌人”①。

然而，不要以为文实学校就此轻而易举地取代了传统古典中学。作为以营利为目的的私立学校，文实学校在满足那些想让其子弟学习商业实用知识的父母们的需求的同时，也正在满足那些送孩子进入大学的父母们的需求——将古典课程纳入进来。1751 年，富兰克林在费城创办的文实学校是早期文实学校的典范。他本打算为城市的那些“布衣之子”提供最有用的知识，使其可以通过学习英语、写作、算术教学进入商业领域，学习文学、历史成为社区的有知识、有责任感的居民，同时顺便为那些想继续进入大学的学生提供一些必备的拉丁文法知识。当然，富兰克林的重点在于前者，尤其是本土语言——英语，他还兴致勃勃地为自己的学校设计了一套完整的英语课程计划②。但后来当发现古典语言背后有古典传统的威望和费城社会统治阶层的权力作后盾，它们全力阻止现代科目获得与古典科目相同的地位时，富兰克林也开始将拉丁语、希腊语等古典课程放在比英语、数学等现代科目更重要的位置。在生命行将结束时，富兰克林回忆起 40 年前费城文

---

① Jon Teaford,"The Transformation of Massachusetts Education,1670-1780,"*History of Education Quarterly* 10,No. 3(Autumn 1970):297.

② 在费城文实学校建立之前，富兰克林就为这所英语文实学校设计了一套涵盖 6 个年级英语学习的课程计划：学生在入学之前应该有简单的读写基础，之后在一年级主要学习英语语法、拼字、短文片段，关注点主要放在词意的理解和朗读上；二年级正式学习短文，将语法、词意、语句、片段作为一个整体来学习，另外选学一些戏剧、演讲、书信、诗歌，重点依旧放在语义和朗读上；三年级主要关注英语修辞和演讲练习；四年级开始强调作文写作；五年级开始写诗歌与散文；六年级开始阅读英文杰作，如弥尔顿、约翰·洛克（John Locke）、乔纳森·斯威夫特（Jonathan Swift）等，以及关于荷马、维吉尔、贺拉斯（Horace）、忒勒马克斯（Telemachus）等的译著。在富兰克林的计划中，除了英语，剩余的时间都交给写作和数学，前者用以提升学生的动手、动脑能力，后者用于教授学生算术、记账、地理、实用地球仪、绘画和机械。See Elmer Ellsworth Brown,*The Making of Our Middle Schools*(New York,London,and Bombay:Longmans,Green,and Co. ,1902), pp. 188-189.

实学校面临的困境，说他的英语学校（指富兰克林创办的文实学校）当时遭遇了来自古典学科的制度性歧视（systematic discrimination），直到学校的英语教员裁撤到只剩一位，并且只能以拉丁语教员的助理身份留在学校，学校的英语课程则全由拉丁语教员的学生或主妇学校的教师来教授时，古典学科的教员们才善罢甘休。富兰克林清晰地记得，“拉丁语学者联合起来谴责英语学校无用……他们还说，一所致力于教授本土语言和科学课程的学校永远无法与学院接轨，并且拉丁语教员足以胜任英语教学任务”①。富兰克林的文实学校并不是唯一受到胁迫的学校。1817 年，纽约州教育委员会曾颁布法令，要求该州的文实学校仿效拉丁文法学校办学，否则将取消对文实学校的资助（包括资金支持和学校用地）。② 迫于压力，纽约州的许多文实学校将古典学科纳入进来，同时开设两类课程。

艾默尔·布朗认为，文实学校的妥协意味着“新学校（文实学校）转向了新观念，开始被古典教育传统同化”③。18 世纪末 19 世纪初，现代科目从属于古典科目的倾向变得更加明显，文实学校开始从最初的以教授英语、数学、记账、地理等现代科目为主，兼授古典知识，转向以古典语言为重，为大学提供预备教育，其次才为不上大学的学生提供实用知识，重心发生了根本性转移。费城文实学校转型相比其他学校更为彻底，该校被重组为学院、文实学校和慈善学校 3 个层级。原来文实学校中的拉丁语课程体系与费城新建立的哲学学校合并组成了

---

① Benjamin Franklin, "Letter to Ebenezer Kinnersley, July 29, 1759," in *The Papers of Benjamin Franklin*, Vol. 3, eds. Leonard W Labaree and Whitefield Bell, Jr. (New Haven, Conn.: Yale University Press, 1961), p. 416.

② Nelson L. Bossing, "The Problem of Articulation between Secondary and Higher Education," *The High School Journal* 24, No. 4 (Apr. 1941): 157-164.

③ Elmer Ellsworth Brown, *The Making of Our Middle Schools* (New York, London, and Bombay: Longmans, Green, and Co., 1902), p. 188.

学院，之前文实学校中的英语、算术等现代科目依旧隶属于文实学校，[①] 而慈善学校事实上仅成为对下层贫困子弟的一种恩惠，教授简单的读、写、算和基础实用知识，相当于一种初等教育。截至 19 世纪，文实学校俨然已经成为涵盖各类知识和学问的中等教育机构，从拉丁语、希腊语、希伯来语到调查测量，从商业算术到道德规范等都囊括在内，如在缅因州贝塞尔的古德尔文实学校（Gould's Academy）就设置了"针对大学预备教育、教师教育和账房"（for College，Teaching or the Counting Room）的课程。[②] 由此，文实学校既作为大学预备机构，又作为实用教育机构的身份基本确立下来，而且一些文实学校兼顾培养初等学校教师。到 19 世纪中期，文实学校已经遍布全美。内战后，北部各州的文实学校数量已达到数千所，而梅森-狄克森线以南的文实学校更是长期占据统治地位。

三、文实学校的"多面性"：安多弗文实学校、埃克赛特文实学校作为专门的大学预备机构

富兰克林的转向已经表明，现代实用课程不可能成为文实学校的唯一课程。就在文实学校或迫不及待或迫于无奈扩展知识结构以求生存时，还有一些文实学校——捐赠型文实学校值得关注。与有学识的私人教师自负盈亏开办起来的文实学校不同，捐赠型文实学校由私人（或家族）出资，学校不必再为生计担忧。当然，这种学校与捐资人及其教育理念必然有千丝万缕的联系。1778 年和 1783 年，由新罕布什尔

---

① Jurgen Herbst,"The American People's College:The Lost Promise of Democracy in Education,"*American Journal of Education* 100,No. 3(May 1992):280.

② David B. Tyack,*Turning Points in American Educational History*(Waltham:Blaisdell Publishing Company,1967),p. 353.

州的商业巨头塞缪尔·菲利普斯（Samuel Phillips，Jr.）[①] 家族出资建立的安多弗文实学校和埃克赛特文实学校虽说是文实学校，但其实它们更像专门的大学预备机构。与其他文实学校不同，这两所学校旨在为学生进入大学做准备，而且在学校内部对现代实用课程多有轻视和排斥。在安多弗文实学校，“学校的首要目标是虔信（piety）和美德（virtue）；其次是语言和知识的学习，如英语、拉丁语、希腊语、算术、音乐、演讲；再次是几何、逻辑、地理等实用知识；最后是大学入学所要求的其他博雅技艺（liberal arts）、科学及语言等”[②]。

在埃克赛特文实学校，学校宣称其课程分为两部分：大学预科部（Preparatory department）和英语部（English department）。前者教授大学入学要求的拉丁语、希腊语，后者教授英语语法、地理、几何、三角函数、逻辑、化学、美国现代史、天文、道德、政治哲学、法语、西班牙语等。事实上，直到 1795 年，埃克赛特文实学校都要求学生必须在学习了拉丁语、希腊语、雄辩术、逻辑学、算术、几何、天文、自然哲学和道德哲学，以及英语、法语、地理、历史和自然法之后才能被授予毕业证书。[③] 从这一规定来看，虽然课程设置已足具包容性，学校董事会也声称其目标在于教会学生“生存之道”，但埃克赛特文实学校显然更侧重为大学做准备的古典学科。[④] 最具戏剧性的是，1808 年之前，埃克赛特文实学校甚至并未觉察到为不上大学的学生而设的英语部的存在。即使到下一个十年，英语部已经扩展为提供三年的语法、

---

① 塞缪尔·菲利普斯，北美早期著名的商人、政治家，热衷于教育事业。

② James McLachlan, *American Boarding Schools : A Historical Study* (New York: Charles Scribner's Sons, 1970), p. 42.

③ Laurence Crosbie, *The Phillips Exeter Academy : A History* (Norwood, Mass. : Plimpton, 1924), p. 289.

④ Laurence Crosbie, *The Phillips Exeter Academy : A History* (Norwood, Mass. : Plimpton, 1924), p. 304.

写作、辩论、演说、逻辑、修辞、古代史、当代史，尤其是美国史、地理、算术、代数、几何、平面几何、计量、测量、航海、化学、天文，以及自然哲学、道德哲学、政治哲学等广泛课程的系科时，学校董事会才勉为其难地同意招纳纯英语的学生，并且要求他们必须参加相应的考试才能进入，而学习拉丁语的学生则不必参加入学考试即可进入。1848 年，埃克赛特甚至取消了纯英语学生部。① 在校董会看来，学校打算教给学生的“生存之道”似乎只有通过古典课程才能实现。学校对英语学生的态度可以从某次会议报告中略窥一二：

> 那些学生的坏习惯和资质阻碍了他们在拉丁语上有所成就，他们通常打算在英语教室（English Room）终结他们的学术生涯。这样一来，英语教室就容易充斥着懒散与愚钝。鉴于这些情况，我们认为，学校创办者的慈善之举应该更有效地用于一种完全古典的课程，教育那些有天赋和前途的年轻人。②

事实上，直到 1923 年，埃克赛特文实学校依旧在很多人心目中占据很高的地位，他们认为埃克赛特文实学校坚守了文化教育的内涵，“在那里，人文学科（humanities）中的拉丁语和希腊语依旧占据主导地位”，自然科学课程虽教授一些基础性的物理和化学知识，但“这些知识仅仅是大学入学要求所指定的量而已”。③

埃克赛特文实学校与安多弗文实学校的例子表明，在现代科目已

---

① Laurence Crosbie, *The Phillips Exeter Academy: A History* (Norwood, Mass.: Plimpton, 1924), pp. 290-293.

② Laurence Crosbie, *The Phillips Exeter Academy: A History* (Norwood, Mass.: Plimpton, 1924), p. 293.

③ Laurence Crosbie, *The Phillips Exeter Academy: A History* (Norwood, Mass.: Plimpton, 1924), p. 33.

经大量进入中学课程体系的同时，古典课程依旧对某些群体拥有致命吸引力。那些想让孩子进入大学或从事专业性职业的上层家庭依旧对古典课程情有独钟。这背后是以菲利普斯家族为后盾的权力、威望和财富的持续扶持。据统计，安多弗文实学校和埃克赛特文实学校从菲利普斯家族中获得的资助累积达 10 万美元，这使它们在内战之后成为美国最富有的中学。[1] 与之伴随的是它们与哈佛大学的紧密联系。通过为大学培养生源，19 世纪末（甚至到 20 世纪初）之前，安多弗文实学校和埃克赛特文实学校都是哈佛大学最重要的生源校（feeder school）之一（见表 1-1-1）。

表 1-1-1　1801—1870 年哈佛大学各生源校贡献学生情况

学校名称	活跃时间（年）	送至哈佛学生数（人）
波士顿拉丁学校	1801—1870	750
埃克赛特文实学校	1801—1870	550
安多弗文实学校	1801—1870	250
坎布里奇中学（Cambridge High School）	1820—1870	100
塞勒姆中学（the Salem High School）	1820—1870	75
迪克斯维尔学校（the Dixwell School）	1851—1870	75
圆山学校	1823—1834	50
威尔士学校（Wells School）	1824—1835	50
弥尔顿文实学校（the Milton Academy）	1807—1860	50
劳伦斯文实学校（the Lawrence Academy）	1801—1870	50
英格拉姆学校（Ingraham School）	1820—1850	50

① Myron R. Williams, *Story of Philips Exeter* (Exeter, N. H. : Phillips Exeter Academy, 1957), pp. 13-14, 19-20; Claude M. Fuess, *An Old New England School : A History of Phillips Academy Andover* (New York: Houghton Mifflin, 1917), pp. 47-48.

续表

学校名称	活跃时间（年）	送至哈佛学生数（人）
诺贝尔学校（Noble School）	1860—1870	50

资料来源：Ronald Story, *The Forging of an Aristocracy : Harvard & the Boston Upper Class , 1800-1870* (Middle Town: Wesleyan University Press, 1980), p. 104.

注：表格中所列是截至 19 世纪 70 年代为哈佛提供生源在 50 人以上的学校。

从表 1-1-1 可以看出，从 19 世纪初到 19 世纪 70 年代，埃克赛特文实学校和安多弗文实学校是仅次于拉丁文法学校的生源校。但比起上学费用，埃克赛特文实学校与安多弗文实学校无疑更亲民。1780 年，安多弗的学费是每年 2.5 美元，埃克赛特文实学校在 1812 年的学费是每年 12 美元。① 除学费外，19 世纪早期安多弗文实学校和埃克赛特文实学校学生每周需在住宿和生活上花费 1.5 美元。② 而其他学校，如威尔士学校每年至少需要花费 150 美元，圆山学校每年需要花费 300 美元，之后新成立的圣保罗学校、圣马克学校则每年需要开支约 500 美元。连最便宜的波士顿私立走读学校（Boston day schools）在 19 世纪中期也需要为古典教育这一轨支付 80 美元。③ 埃克赛特文实学校和安多弗文实学校低廉的学费事实上为一些上进的中产阶级子弟提供了向上流动的机会，这些中产子弟希望从中获得像肯奈斯·默多克

① Claude M. Fuess, *An Old New England School : A History of Phillips Academy Andover* (New York: Houghton Mifflin, 1917), pp. 83-85.

② Harriet Webster Marr, *The Old New England Academies Founded Before 1826* (New York: Comet Press Books, 1959), p. 109. 安多弗和埃克赛特虽为文实学校，但它们并非走读制或寄宿制，而是一种半走读-半寄宿制形式。学生白天在学校学习和用餐，晚上寄宿在学校附近的市镇居民家中。

③ Ronald Story, *The Forging of an Aristocracy : Harvard & the Boston Upper Class , 1800-1870* (Middle Town: Wesleyan University Press, 1980), p. 102.

（Kenneth Murdock）所说的那种“装点门面”时能够信手拈来地转向对典故的引注[①]的知识。对他们而言，古典知识就像一种文化资产，一种言谈举止的方式，一种品位、礼仪、风尚及学术资历。

1809年8月31日，一年一度的美国大学优等生荣誉演讲（Phi Beta Kappa Address）[②] 在哈佛大学如期举行。当天受邀演讲的是波士顿布拉图街教堂（Brattle Street Church）年仅25岁的年轻牧师约瑟夫·巴克敏斯特（Joseph Stevens Buckminster）——著名的一位论派（Unitarian）牧师，将德国高等批判（higher criticism）[③] 运动引入美国的先行者，哈佛大学1797届优秀校友。

> 我们的思维习惯已被过去三十余年的革命扰乱，导致我们的教育，包括知识的属性，也无法幸免于难……我们的教育形式正变得越来越通俗和浅薄，古老的知识开始遭到鄙视，做学问的“苦行僧精神”开始遭到唾弃。很快，传统的对纪律的严苛要求将消失，研习课程的时长将缩短，以缓解投考者的急躁情绪或利于他直上青云；辛苦的申请过程将被嘲笑，一种有害的平等观念将被引入，它不仅会玷污我们的情感，而且将削弱我们的力量，侵

---

① Kenneth B. Murdock, “The Teaching of Latin and Greek at the Boston Latin School in 1712,” *Publications of the Colonial Society on Massachusetts Transactions* 27, (Mar. 1927): 28.

② 美国大学优等生荣誉学会，源于希腊文 Φιλοσοφία Βίου Κυβερνήτης，拉丁文为 Philosophia Biou Cybernētēs，意为“智慧之爱引领生活”（Love of wisdom is the guide of life），是美国历史最悠久的学术荣誉机构，倡导卓越的文理教育。只有学业成绩最优秀的10%的学生才有机会加入，因而成为美国大学生最荣耀的象征。

③ 高等批判（现代多称“考据学”），也称历史批判（historical criticism），是文学批评的分支之一，致力于对古代文本的来源进行考察，以理解文本的原初意义及文本背后的世界，并且在此基础上重构或再现历史情境。在18世纪的圣经批判运动中，主流学者普遍使用“higher criticism”，以区别于“lower criticism”。

进一步说，这个论争主要是围绕中等职业教育发展的方向、内容和方法而展开的。我们知道，美国职业教育发展的逻辑是初等职业教育发展在前，随后则是在南北战争后以赠地学院为主体的高等职业教育的发展。中等职业教育在 1917 年《史密斯-休斯法案》颁布以前，尚无联邦政策的支持，除了麻省、伊利诺伊州等少数州出台了政策，其他基本上处在自发的状态。除了在学校总数中比例极少的专门性的中等职业学校向劳动力市场输出中等层次的技术工人外，占据中学比例最大的公立中学基本上仍然延续着 19 世纪初期的传统，即以向学院和大学输出合格毕业生为目的。据美国城市教育史学家戴维·泰亚克的研究，“在 1900 年之前，只有一小部分学生进入公立中学学习；而且在这一部分学生中，实际上也只有相当少的一部分学生能够毕业……在 1900 年，只有 94 883 人从公立中学毕业，这个人数在整个 17 岁人口中只占 6.4%”①。公立中学的这种状况导致“商人和工人常常反对中学教育”②。

1906 年，麻省工业与教育委员会发表公立学校调查报告。报告指出，麻省的公立中学教育质量存在严重问题。从公立学校中辍学的青少年成千上万，他们文化知识有限，又没有工厂所需要的技能，因此只能从事较为低级的工作，生活无望。报告称，受访的青少年普遍认为，辍学的原因并非迫于家庭增加收入的压力，而是学校课程内容枯燥乏味，毫无用途。报告的结论是，学校没有能够为青少年提供足够的“工业智慧”，因此呼吁中等学校由“文化”教育转向职业教育。这个报告迅速引起了全国各行各业对中等教育改革的热情。美国制造商协会、商务部、美国劳工联合会、农场主组织、社区工作者、教育研

① 参见泰亚克《一种最佳体制——美国城市教育史》，赵立玮译，上海人民出版社，2009。

② 参见泰亚克《一种最佳体制——美国城市教育史》，赵立玮译，上海人民出版社，2009。

究者、学校管理者、普通教师和家长都被卷入其中，从而形成了声势浩大的中等职业教育改革运动。[①]

尽管职业教育赢得了舆论的全力支持，但关于职业教育的发展方向问题，支持者中存在着深刻分歧：一方是雇主和代表雇主利益的城市管理者与教育管理专家（督学），史学界称之为“管理进步派”；一方是工人、教师和代表工人与教师利益的教育学者，史学界称之为“民主派”。[②] 尽管就某些细节，在每一方的内部也存在争论，但在职业教育制度的根本性质问题上，内部观点是一致的。管理进步派主张在现行的公立学校制度之外，平行设立公立的中等职业学校，即实行“双元制”；民主派反对双元制，主张“统一”，即改造现行的公立学校制度，使之承担升学和就业的双重功能。斯内登和杜威关于职业教育的著名争论就是在这个语境中展开的。

二、论争的焦点

斯内登是加利福尼亚州人，1892 年于圣·文森特学院获得理学硕士学位，1901 年从哥伦比亚大学教师学院获得艺术硕士学位，1909—1916 年担任麻省教育专员，1916—1935 年担任哥伦比亚大学教师学院的教育社会学教授。

杜威是佛蒙特州人，1884 年于约翰斯·霍普金斯大学获得哲学博士学位，1884—1904 年先后在密歇根大学和芝加哥大学担任哲学教授，1905—1939 年在哥伦比亚大学哲学系担任教授并在教师学院教授教育哲学课程。其教育哲学的代表作《民主主义与教育》与柏拉图的《理

① 参见罗伯特·威斯布鲁克《杜威与美国民主》，王红欣译，北京大学出版社，2010。

② 参见付雪凌《20 世纪美国职业教育思想的沿革》，《职业技术教育》2008 年第 1 期。

想国》、卢梭的《爱弥儿》被誉为教育史上的三座里程碑。

（一）在理解民主与效率关系上的论争

斯内登与杜威关于职业教育的论争，其深层理据在于他们对民主与效率的关系的认识存在严重分歧。在斯内登看来，美国现存的公立学校系统是不民主的，因为它只是满足了极少一部分学生升入学院和大学的需要，而忽视了绝大多数倾向于从事实际工作而非学术研究的学生的兴趣和利益，以至于这些被忽视的学生没有机会为将来的工作尽早地和更好地做准备。因此，对斯内登而言，职业教育的民主意味着区别对待不同禀赋和兴趣的学生，分别对之实行符合其禀赋和兴趣的教育。在这个意义上，民主的就意味着是最有“效率”的。这种效率体现在使具有理论禀赋和兴趣的学生能够集中精力进行学术训练，从而更好地满足学院和大学的要求；而对于绝大多数具有从事实际工作倾向的学生而言，省却学习“枯燥乏味”“无用”的学术性课程的烦恼，则可以专心进行直接的职业训练，这容易提高其未来在就业市场上的竞争力。很明显，在斯内登的设想中，这种基于区分性原则的“民主”和“效率”是内在一致的。

在杜威那里，民主被理解为一种共同体的生活方式。这种生活方式并不建立在区分性而是建立在联合性或合作性原则的基础上。基于合作性原则的民主，本质上是一种由异质成员构成的具有共同利益和兴趣的、成员之间能够自由沟通并与其他共同体自由沟通、协作的团体。按照某种单一兴趣和利益，而把学生划分为相对隔离和封闭的群体，在杜威看来是一种对社会现行阶级结构的复制。这种基于区分性原则的“民主”，实质是阶级社会在当前的隐蔽延续：把社会的未来成员分成一部分注定成为领导者和知识精英的人，这些人可以接受学术教育；另一部分将注定成为社会底层的劳动者，这些人必须接受职业训练。这样两部分人由于缺少共同生活和学习的机会，因此势必不能理解彼此的工作、爱好、兴趣和理想，这便为社会未来的阶级对立和冲突埋下了隐患。①

同时，在杜威看来，基于区分性原则之上的虚假民主，并不能带来真正的教育效率。真正的社会效率，并不是以教育所培养的人在多大程度上符合雇主阶级的利益需要而加以判断的。这种效率是雇主的效率，是技术和贸易的效率，而不是学生和工人理智、自由和生长的“效率”。杜威坚持认为，真正的效率不应该建立在对个人自由生长的压制、限制基础之上，教育的目的是帮助学生实现其潜力和理智的最大限度的生长。

斯内登攻击杜威无视社会的现实需要，主张社会发展相对于个人生长的重要性。他称之为“社会效率”。杜威回应说：“社会效率”不应被理解为“是对个体活动的外在产品质量和数量的测量”，“在更为真实和更为宽泛的意义上，社会效率意味着增加个人能力，以分享社会交往中的一切价值的理解和感受”②。

斯内登和杜威对民主与效率的不同理解，决定了他们对待现行公立学校制度的不同态度，也决定了他们对职业教育课程的意见分歧。

（二）在对待现行公立学校制度上的论争

与斯内登一样，杜威对现行公立学校制度也持有批评态度：“直到最近，学校教育满足的只是一个阶层的人的需要，即那些因为知识本身而对知识感兴趣的人，如教师、学者和研究人员。对于从事手工劳动的人来说，训练是必要的这个思想仍然是如此新颖，以至于学校仅仅开始承认控制物质生活资料的能力确实也是知识。直到前不久，学校仍忽略了数量最多，并且整个世界都要依靠他们提供必需品的那一

① 参见罗伯特·威斯布鲁克《杜威与美国民主》，王红欣译，北京大学出版社，2010。

② Jo Ann Boydston, *The Middle Works of John Dewey*, Vol. 6-7 (Carbondale: Southern Illinois University Press, 1978), p. 432.

些人。”[①] 但是，在如何对待现行公立学校制度的问题上，两人再一次背道而驰。

斯内登主张，为了保证职业教育的效率，有必要在现行公立学校系统之外，设立一个以继续学校为主要机构的职业学校系统，使两者分别归于不同的管理部门加以控制和指导。对于现行公立学校制度来说，它可以通过把职业课程从学校课程体系中分离出去而增加学术训练课程的方式来提高学术训练的效率。[②] 在伊利诺伊州，在儿童14岁时进行分流，使不适合或不愿意接受学术训练的学生到职业学校中接受定向的技能训练，以便在17岁毕业时可以满足特定工作岗位的要求。杜威从两个方面批评斯内登的主张：第一，杜威认为，在现行公立学校系统之外，另设一平行的职业学校系统，不仅是在资源上的浪费，同时还有损儿童的利益。在杜威看来，普通教育和职业教育的分离将会对在所谓职业学校中学习的儿童们的真正利益造成严重损害。[③] 从德国二元制的职业教育体系的经验中，杜威深信，由银行家和制造商们独立掌控而排斥教育家参与的职业教育体系，尽管他们声称将要对儿童们进行全面的教育，包括公民学和科学方面的教育，在实践中将不可避免地走向狭隘。第二，杜威认为，斯内登设想的继续性职业教育，实际上是一种治标不治本的办法：“在儿童14岁离校时，我们当然需要为他们做些什么，而且比我们现在以兼职上学的方式更为充分的和系统的方式为他们做些事情。但是根本的是改变教育体制，否则，这些儿童便不会在14岁时大量离开学校。而且这么做以后，即使他们在14岁时离开学校，他们也将具备一种工业的理智和效率，而这完全超出

---

① Jo Ann Boydston, *The Middle Works of John Dewey*, Vol. 8(Carbondale: Southern Illinois University Press, 1979), p. 400.

② See David Snedden, "Vocational education," *New Republic*, No. 3(1915).

③ See Jo Ann Boydston, *The Middle Works of John Dewey*, Vol. 6-7(Carbondale: Southern Illinois University Press, 1978).

了当前 14 岁儿童通过学校教育所获得的能力。”①

（三）在设计职业教育课程上的论争

在斯内登看来，有必要根据现行的工商业的工作类型设计学校的职业教育课程，这些课程包括技术和贸易的许多领域，如关于农业的、家政的、商业的、工业的，等等。他举例麻省职业学校课程的目的在于保证青少年能够集中大部分精力学习他所选择的工作，当然也会学习文化课程，以为其选择上普通高中做准备，但这类课程在课程体系中的比重是很小的。②

斯内登的职业教育课程显然是建立在文化和职业的对立观念之上的，究其根本来说，它是传统的身心二元论哲学在教育中的反映。杜威认为，在学校教育中盛行的工业训练和文化教育的对立，破坏了人的身心和谐、自由的发展。因此，他既反对传统的静听式的文化教育，又反对整日忙碌不停但缺乏创造性、主动性思维的工业训练。

杜威主张用有助于锻炼儿童手眼脑协调、行知统一的“作业”作为职业教育的课程，这种课程将既是文化的，也是工业训练的。1896—1904 年，杜威曾在芝加哥大学主持了一项学校教育实验。在实验学校中，教师们为不同年龄的学生们安排了丰富多样的“工作”。在完成这些工作的过程中，学生收获了文化知识，学会了运用知识和经验解决各种实际问题，也认识了社会工作的意义和价值，培养了批判性的和建设性的公民精神。通过“工作”，人们在一种非正式的但更普遍深刻的方式下，将学校生活以社会为基础组织起来，进而把学校与现存社会的生活统一起来，从而打破了横亘在学校与社会之间的壁垒，使学校从修道院变为民主社会的实验室和智慧生产与创造的基地。

---

① See Jo Ann Boydston, *The Middle Works of John Dewey*, Vol. 6-7 (Carbondale: Southern Illinois University Press, 1978).

② See David Snedden, “Vocational education,” *New Republic*, No. 3 (1915).

三、论争的结果

很难说，在这样一场论争中，孰胜孰败。双方都不是“一个人在战斗”，在其观点的背后是不同利益集团的竞争。尽管从理论上和理想上，杜威的民主主义职业教育思想，无论是在当时还是其后，都得到了很多支持、赞誉，但是他的主张还是被现实以各种方式扭曲甚至抛弃。1917 年颁布的《史密斯-休斯法案》，吸收了双方的观点。法案采纳了斯内登等社会效率派关于成立专门的职业教育管理机构（即联邦和州的职业教育委员会），开办提供农业、工业、商业和家政等教育的职业学校的主张，也采纳了杜威等民主派关于在现行公立学校中设立职业科，把传统的专为升学服务的中学改革成为兼具升学和就业职能的综合中学。不过，在综合中学中，职业课程和文化课程仍是分离的。美国教育学者珍妮·奥克斯和马丁·利普顿研究指出：“1924 年，社会学家罗伯特和海伦·林德在研究印第安纳州的芒西高中时，发现了 12 种不同的学习计划。在这 12 个计划中，只有一个开设了大学预备课程。其他计划包括一门综合研究课和音乐、艺术专业课程，以及一系列与实践的教学传统紧密相关的计划，如速记、电工、机械制图、印刷、机械修理、手工制作和家政等。”① 这个故事令人伤感，它表明杜威的职业教育理想即使在理论上是最具有说服力的，但现实在以各种形式抵制它。

参考文献

[1] 奥克斯，利普顿. 教学与社会变革（第二版）[M]. 程亮，丰

① 奥克斯、利普顿：《教学与社会变革》，程亮等译，华东师范大学出版社，2008，第 114 页。

继平，等译，上海：华东师范大学出版社，2008.

[2] 付雪凌. 20世纪美国职业教育思想的沿革 [J]. 职业技术教育，2008 (1)：89-93.

[3] 泰亚克. 一种最佳体制——美国城市教育史 [M]. 赵立玮，译. 上海：上海人民出版社，2010.

[4] 威斯布鲁克. 杜威与美国民主 [M]. 王红欣，译. 北京：北京大学出版社，2010.

[5] BOYDSTON A. The middle works of John Dewey[M]. Vol. 6-7. Carbondale:Southern Illinois University Press,1978.

[6] BOYDSTON A. The middle works of John Dewey[M]. Vol. 8. Carbondale:Southern Illinois University Press,1979.

[7] SNEDDEN D. Vocational education[J]. New Republic,1915(3):40-42.

意识形态冲突与
美国公共教育

第二章 20世纪中期公共教育中的意识形态冲突

20世纪上半叶美国黑人争取教育平等权利的历程*

祝　贺　张斌贤

种族问题始终是美国教育史上的重要问题之一，1896—1954年的种族隔离加剧了问题的严重性。1896年，联邦最高法院对“普莱西诉弗格森案”（*Plessy v. Ferguson*）进行判决，赋予种族隔离以合法性地位，直到1954年布朗案的判决才宣布种族隔离违宪。在种族隔离合法的半个世纪里，黑人并没有停止对平等的教育权利的追求，其活动瓦解了普莱西案的宪法基础，为布朗案的产生与胜利奠定了基础。

一、杜波依斯与全国有色人种协进会的产生

（一）杜波依斯对布克·华盛顿的挑战

在种族隔离时代，黑人领域盛行布克·华盛顿（Booker T. Washington，1856—1915）的妥协主义观点。华盛顿认为，贫困、愚昧、无知、犯罪是黑人问题的症结所在，希望通过职业技术教育使黑人获得基本的生存技能、积累财富，同时获得富有同情心的白人的理解与支持，进而改善黑白种族之间的关系。然而，历史并没有按照这

* 本文原载《社会科学战线》2013年第5期。祝贺，华东师范大学教育学部副教授；张斌贤，北京师范大学教育历史与文化研究院教授，研究方向为西方教育思想史、西方大学史。

一设想发展，黑人和白人之间的关系继续恶化，他们相互不信任甚至敌视。19 世纪末 20 世纪初，白人对黑人的私刑和暴力登峰造极，白人知识分子通过各种方式证明黑人种族的劣等性，黑白种族之间的冲突不断。黑人史学家雷福德·洛根指出，19 世纪的最后 10 年和 20 世纪初叶是美国黑人社会地位的最低点。① 20 世纪 30 年代初，大部分黑人对自己“二等公民”的身份听之任之、逆来顺受，② 但也有少部分黑人知识分子开始怀疑和反思华盛顿的主张，认为这种妥协思想是黑人遭受歧视与压迫、缺乏政治影响力和沦为“二等公民”的根源所在，其中具有代表性的是 W. E. B. 杜波依斯（William Edward Burghardt Du Bois，1868—1963）。

杜波依斯生于马萨诸塞州一个自由黑人家庭，是第一个获得哈佛大学哲学博士学位的黑人。他拒绝了布克·华盛顿提供的塔斯基吉大学数学教席，而是受聘于威尔伯福斯学院，教授古典学科。后来，杜波依斯又依次受聘于宾夕法尼亚大学和亚特兰大大学。1900 年之前，美国 90％的黑人生活在南方。1915—1930 年，150 万的黑人迁离南方，大多数迁到东北部、中西部，少数到达偏远西部。“大迁徙”改变了黑人在全美国的地区分布。1900 年，南方的黑人占全国黑人总数的 89.7％，1930 年这一比例下降到 78.8％。与之相对，1900—1930 年，全国黑人城市人口比例由 22.7％ 上升至 43.7％，而北部和西部的黑人城市人口比例则由 70.4％ 上升到 88.1％。这一时期，黑人问题从南方问题上升为全国性问题，由农村问题变成突出的城市问题。③

---

① 参见张聚国《杜波依斯与布克·华盛顿解决黑人问题方案的比较》，《南开学报》2000 年第 3 期。

② See Ware Leland B, “Setting the Stage for Brown: the Development and Implementation of the NAACP's School Desegregation Campaign, 1930-1950,” *Mercer Law Review* 52, (2000-2001).

③ 参见张聚国《杜波依斯对解决美国黑人问题道路的探索》，《史学月刊》2000 年第 4 期。

在亚特兰大大学期间，杜波依斯对黑人问题进行深入研究，出版了一系列关于黑人问题的研究著作，揭露了南方黑人恶劣的生存条件及其受到的不公正待遇，逐渐走到了华盛顿观点的对立面。1903 年，杜波依斯出版了《黑人的灵魂》（*The Soul of Black Folk*）一书，在“布克·T. 华盛顿先生以及其他”一章中，公开反对华盛顿的妥协路线。他认为，华盛顿的劳动教育强调黑人应当集中精力从职业技术教育中获得社会财富和白人的认同，放弃至少暂时放弃追求政治权利、社会平等及高等教育，造成的结果是黑人被剥夺了选举权，接受高等教育的机会和资助越来越少，在社会生活各方面备受歧视。这使黑人虽然摆脱了法律上的奴隶身份，但仍然处于“二等公民”的地位。在亚特兰大国际棉花博览会上，华盛顿的发言是在黑人民主权利上一次完全的妥协、彻底的投降。他的妥协政策为自己赢得了名誉，成为“南方自从杰斐逊·戴维斯以来最为著名的人，拥有了大批追随者”，却出卖了黑人的平等权利。技能培训虽然对黑人意义重大，但只注重追求眼前的物质利益使其忽视了人生更高的目标，阻碍其进一步发展。杜波伊斯对黑人中普遍存在的无知和愚昧深感焦虑和痛惜，认为只有黑人精英才能给这个种族带来希望。他们应该接受高等教育，学习古典学科、人文、社会及自然学科等最有价值的知识，成为拯救黑人种族的领袖。①

杜波依斯认为黑人不仅应该接受高等教育，而且应该更积极地争取社会权利，这一观点为他赢得了强硬派的支持。从 1905 年开始，杜波依斯等主张抵抗、不愿妥协的黑人发起了“尼亚加拉运动”，每年举行会议讨论美国日趋严重的种族问题，寻求解决这些问题的途径并发表宣言，表明立场和观点，阐述斗争主张。

---

① 韦恩·厄本、瓦格纳：《美国教育：一部历史档案》，周晟、谢爱磊译，中国人民大学出版社，2009，第 213—215 页。

（二）全国有色人种协进会的产生

1908 年，林肯总统的家乡——伊利诺伊州斯普林菲尔德市爆发了一场种族暴乱，白人的暴行引起了黑人和民权人士的反抗。1909 年，黑人和白人的激进分子在纽约召开会议，对这次暴乱进行探讨以促进黑人的政治权利斗争，杜波依斯受邀参加会议。会上成立了“全国黑人委员会”，后来改名为“全国有色人种协进会”（National Association for the Advancement of Colored People，NAACP），目标是对抗白人在全国范围内日益加剧的种族暴行，确保“所有人在政治、教育、社会和经济方面享有同等的权利，消除种族仇恨和种族歧视”。他们将黑人的选举权等政治平等权利放在首位，积极争取包括教育平等权利在内的其他公民权。[①] 杜波依斯当选为协进会理事会理事，并且受聘担任协进会宣传与研究部主任。NAACP 还创办了宣传刊物《危机》（*The Crisis*），作为其发表观点、传播思想的阵地。

全国有色人种协进会刚成立时，没有过多涉及教育领域，但杜波依斯已经意识到教育中的不公平问题。20 世纪 20 年代，他在《危机》上发表了一系列社论文章，指出黑人学校与白人学校在教育经费方面存在着巨大差距。例如，当时联邦政府试图通过一项对教育进行联邦资助的法案，杜波依斯指出这会增加黑人教育和白人教育间的经费差异，如果通过了这个法案并由当地政府执行，只能使白人变成更加极端的种族主义者。他认为：“摆在 NAACP 面前的下一步任务是一个长远的行动——保障黑人儿童在全国学校中的公平。教育基金的投放公然无视宪法……以及州法律……歧视有色人种儿童，使他们处于无知状态……肯定有方法将他们的案件诉讼至州法院和联邦法院。”[②]

---

① Elliott M. Rudwick, *W. E. B. Du Bois : Propagandist of the Negro Protest* (Philadelphia: University of Pennsylvania Press, 1968), p. 97.

② Mark V. Tushnet, *The NAACP's Legal Strategy against Segregation Education, 1925-1950* (Chapel Hill: The University of North Carolina Press, 1987), p. 6.

起初，NAACP 的建立者认为黑人的斗争在经济问题上的立场过于温和，忽视了公民权利和政治权利。NAACP 虽然代表一些原告进行了案件诉讼，但法律诉讼并不是其主要工作范围。1922 年，查尔斯·加兰（Charles Garland）捐资 80 万美元建立基金以支持激进事业，其管理者是包括 NAACP 的执行秘书詹姆斯·约翰逊（James Weldon Johnson）在内的一群自由主义活动家。1929 年，约翰逊等人组建了“黑人工作委员会”（Committee on Negro Work），着重解决美国的黑人问题。委员会建议基金会拨款支持 NAACP 进行大规模的法律斗争，为南方的黑人争取宪法权利。[①] 加兰基金同意后，NAACP 很快建立了一个法律调整委员会，将工作范围界定为借助法律途径挑战种族隔离和种族歧视，敦促政府解决民权问题，并且开展宣传活动，使广大民众认识到种族问题的严重性。[②]

二、全国有色人种协进会争取教育平等的策略

（一）教育平等问题进入 NAACP 视野

1930 年 3 月，为了获得更多资助，NAACP 向加兰基金委员会提交了报告，详细说明将如何用资助所得争取黑人的平等权利。报告指出，将用这笔基金挑战“学校资金的不公平分配、禁止黑人参加陪审团、居住区隔离、剥夺公民权利及抵制公民自由”。在教育方面，“由于二元的学校系统开支过高变得不合时宜，因此需要加速废除种族隔离的学校”。NAACP 将“支持老南方 7 个州为黑人学校争取平等教育

---

① See Ware Leland B, “Setting the Stage for Brown: the Development and Implementation of the NAACP's School Desegregation Campaign, 1930-1950,” *Mercer Law Review* 52, (2000-2001).

② Mark V. Tushnet, *The NAACP's Legal Strategy against Segregation Education, 1925-1950* (Chapel Hill: The University of North Carolina Press, 1987), pp. 1-3.

经费的诉讼案件”，期望通过努力使“无论南方还是北方，都将把注意力集中在公共学校基金分配中的恶意歧视上面”。加兰基金委员会经过一系列讨论，最终同意了 NAACP 的申请，资助 10 万美元集中力量与“黑人所面临的具体障碍”进行斗争。其中第一项具体内容就是要解决“学校基金分配中的不平等”①。

在提交给加兰基金的报告中，NAACP 认为这场斗争要由“一位颇有才干的律师勾画出蓝图”，他“学习过至少一年法律，指导过起诉书和法庭要点摘录的起草，并且会协调整个诉讼过程”。NAACP 最后选定了一位年轻的犹太律师内森·马戈尔德（Nathan Margold），他是费利克斯·法兰克福特任教哈佛时的得意门生。他为 NAACP 起草了《马戈尔德报告》（“Margold Report”），其中一半内容都是分析教育中的种族隔离。② 这份报告分析了普莱西案确定的“隔离但平等”的宪法基础，为 NAACP 挑战教育中的种族不平等提供了两种可行的策略：一是直接挑战“隔离但平等”原则，因为隔离本身就是奴役和歧视的标志，隔离制度之下根本不可能存在平等；二是暂时认可“隔离但平等”的说法，利用相关法律先例坚持严格解释“平等”，迫使各州耗费巨资将黑人的教育提升至与白人相等的水平，进而使教育中的种族隔离成为一种极不经济的政策，最终迫使白人要求废除种族隔离。马戈尔德认为，可以从老南方的公立学校入手，因为那里的种族歧视最严重，黑人和白人的学校之间根本没有任何平等可言。③ NAACP 的内部也有不同意见，认为如果从种族主义极为顽固的老南方开始废除种族

---

① Mark V. Tushnet, *The NAACP's Legal Strategy against Segregation Education, 1925-1950* (Chapel Hill: The University of North Carolina Press, 1987), pp. 13-15.

② Mark V. Tushnet, *The NAACP's Legal Strategy against Segregation Education, 1925-1950* (Chapel Hill: The University of North Carolina Press, 1987), p. 20.

③ 任东来、胡晓进：《在宪政的舞台上——美国最高法院的历史轨迹》，中国法制出版社，2007，第 290—291 页。

隔离，不仅收效甚微，而且可能引起其他负面效应，因此要从南方以外的地区如宾夕法尼亚州或美国西南部等开始。①

20 世纪 30 年代的经济危机使 NAACP 挑战教育平等问题的步伐变缓，股票下跌使加兰基金的财产价值受损。另外，加兰基金将大部分资金借给 NAACP 等许多非营利机构，而这些组织在经济大萧条时期运营艰难，无力偿还贷款，导致加兰基金出现资金短缺，无力支持 NAACP 的活动。1933 年，马戈尔德被任命为美国内政部助理律师，离开了 NAACP，使这一时间缺少了法律诉讼的领导者。②

（二）休斯敦与教育“均等化策略”

接替马戈尔德工作的是霍华德大学的法学教授查尔斯·汉密尔顿·休斯敦（Charles Hamilton Houston），他是 NAACP 较早的成员之一。在加入 NAACP 之前，休斯敦为 NAACP 和加兰基金委员会准备了一份备忘录，其中对“均等化策略”进行了构想。由于经费缩减，联合委员会将斗争范围缩小至教育和公共交通中的种族隔离。在为这一长期的法律诉讼制订计划时，休斯敦进一步缩小目标。他认为，在资源有限的条件下，必须精心选择诉讼目标以引起大众兴趣，使案件所涉及地区的黑人民众受到鼓舞并继续斗争。休斯敦称：“在只有 1 万美金资助的情况下，在全国范围内就种族歧视的两个方面进行有效的斗争越来越难了。孤立的案件没什么深远的意义，除非案件涉及的当事人和社区相信，进行持久斗争的动力用之不竭，因此需要集中力

① Mark V. Tushnet, *The NAACP's Legal Strategy against Segregation Education, 1925-1950* (Chapel Hill: The University of North Carolina Press, 1987), p. 26.

② Mark V. Tushnet, *The NAACP's Legal Strategy against Segregation Education, 1925-1950* (Chapel Hill: The University of North Carolina Press, 1987), pp. 16-17.

量。”① 休斯敦的备忘录提供了两种建议：第一种是将所有精力都集中在教育案件上，第二种是将经费平均分配到教育案件和公共交通案件的诉讼中。休斯敦认为，争取教育领域的平等更为重要，因为这样会得到黑人学生的支持，从而事半功倍。1935 年，他指出了关注教育领域的法律诉讼的原因：“教育为生活中的竞争做准备，如果没有接受良好的教育，就会阻碍个人参与竞争的能力。”在黑人律师协会（Negro Bar Association）的大会上，他进一步指出：“黑人在教育经费方面不如白人，因此在工作方面也处于劣势地位。”劣等的教育使黑人青年很难英勇无畏、积极地捍卫自己的权利。② 他推荐双管齐下的斗争方法，一方面反对学校基金的不平等分配，另一方面反对教师工资中的差别对待。休斯敦希望通过这些法律诉讼鼓舞各地区为权利而战，同时形成一套法庭诉讼模式，使各地区可以据此自愿进行诉讼。③

休斯敦还修改了《马戈尔德报告》，发展出了“均等化策略”（Equalization Strategy）。休斯敦认为，马戈尔德的法律分析虽然非常充分，但联邦最高法院似乎还没有准备推翻普莱西案的判决，因此在时机成熟时可以采用马戈尔德的方法，当前适合在普莱西案判决的范围内进行诉讼。“均等化策略”的前提是维持真正“隔离但平等”的教育体系的费用过高，各州都无法负担，不得不放弃教育中的种族隔离。休斯敦本着先易后难的原则，希望从南北边界州的研究生教育和专业

---

① See Ware Leland B, “Setting the Stage for Brown: the Development and Implementation of the NAACP's School Desegregation Campaign, 1930-1950,” *Mercer Law Review* 52, (2000-2001); Genna Rae Mcneil, *Groundwork : Charles Hamilton Houston and the Struggle for Civil Rights* (Philadelphia: University of Pennsylvania Press, 1984), p. 3.

② Mark V. Tushnet, *The NAACP's Legal Strategy against Segregation Education, 1925-1950* (Chapel Hill: The University of North Carolina Press, 1987), p. 34.

③ See Ware Leland B, “Setting the Stage for Brown: the Development and Implementation of the NAACP's School Desegregation Campaign, 1930-1950,” *Mercer Law Review* 52, (2000-2001).

教育入手解决种族隔离问题。在这一指导思想下，休斯敦开始在全国范围内寻找案件。

在休斯敦任教期间，他将有“黑人哈佛”之称的霍华德大学法学院转变为培养黑人民权律师的摇篮，许多毕业生在美国南部从事律师职业。在他们的帮助下，首先进入NAACP视野的是来自马里兰大学的案件。马里兰大学曾经接收黑人学生，但从20世纪20年代开始，马里兰州通过立法，规定学校实行种族隔离，并且为黑人学生提供的设施质量远远落后于白人。1935年，黑人唐纳德·盖恩斯·默里（Donald Gaines Murray）申请到马里兰大学法学院读书，但由于种族原因遭到拒绝。休斯敦将这一事件报告给NAACP和加兰基金委员会，委员会决定资助默里起诉马里兰大学，授权休斯敦立即处理这一案件。休斯敦对马里兰大学提起了民事诉讼，并且和他的学生瑟古德·马歇尔（Thurgood Marshall）一起为默里辩护。经过激烈的法庭辩论之后，休斯敦在总结陈词中强调，没有任何州的法律禁止黑人学生进入公共基金支持的教育机构；普莱西案要求各州为黑白两种族学生提供平等的教育机会，而马里兰州没有做到，因此违反了其宪法责任。法官的判决认为马里兰大学有义务为黑人和白人提供同等的教育机会，因此强制命令马里兰大学允许默里入学。但马里兰大学提起上诉，其辩护律师列出了三点反对意见：第一，这所学校是一个私人实体，不是一个政府机构，所以并不需要遵循第十四条修正案。第二，即使大学是政府的一部分，州也已经为黑人学生专门建立了一所黑人法学院。第三，州已经建立了一项奖学金为黑人学生提供研究生教育的机会，黑人学生可以用这笔钱到其他州上学。然而，这三点反对意见不攻自破：马里兰大学与马里兰农业学院合并，变成了一个州属机构；新建的法学院在各项设施上都无法和马里兰大学相比，因此不构成平等；当默里的请求被拒绝时，资助黑人到外州上学的奖学金还没有建立，而且奖金总额不足以满足众多申请者的需要，同时这笔奖金并不包括在外州上法学院的全部学费。因此，上诉法院维持原判，要求马里兰大学允许默里入学。这一案件的胜利极大地鼓舞了 NAACP 及黑人民众争取平等教育权利的信心，其他州的律师纷纷向法院提起类似诉讼，而黑人学生急于提升自己的教育机会，情愿冒险充当案件的原告。

其后，NAACP 又取得了盖恩斯诉密苏里大学案的胜利。劳埃德·盖恩斯（Lloyd Gaines）是密苏里州林肯大学 1935 年的毕业生，他申请到密苏里大学法学院就读，但遭到拒绝。NAACP 代表盖恩斯向初审法院提起诉讼，但法院支持密苏里大学一方。盖恩斯的案子最终上诉到联邦最高法院。法院认为，每个州在提供平等的教育机会方面都有独立的宪法责任，同时认为平等保护的权利是“个人权利”，密苏里州必须在本州范围内保障盖恩斯享受与白人平等的接受法学教育的权利。由于密苏里州没有为黑人单独建立法学院，因此授权盖恩斯进入密苏里大学法学院就读。此案的胜诉代表了 NAACP 的一个重大胜利，意味着马里兰州法院在默里案中的推理思路被联邦最高法院接受，盖恩斯案作为一个有约束力的判例可以适用于全国范围。休斯敦的“均等化策略”为黑人反对公共学校中种族隔离的斗争奠定了坚实的基础。

三、争取平等教育权利策略的转变

1936 年，休斯敦邀请他的学生马歇尔加入 NAACP，自己卸任了 NAACP 的大部分职务，仅作为马歇尔的顾问。在马歇尔的建议下，NAACP 于 1939 年建立了下属的法律实体，即法律辩护和教育基金会（Legal Defense and Educational Fund，Inc，LDF），由马歇尔出任首席律师，以实施法律诉讼和教育活动。

（一）研究生教育领域争取平等教育权利的努力

20 世纪 40 年代，LDF 的工作重点是为黑人教师争取平等的工资，以及废除边境州研究生教育的种族隔离。在马歇尔等人的努力下，南方黑人教师的工资有了较大幅度的增长，1945—1946 年，基本达到了白人教师工资的 65%。① 美国卷入第二次世界大战之后，NAACP 投入了大量的精力关注军队中的种族歧视，并且帮助黑人在社会生活的各个领域，如公共交通、居住区、选举权、就业等方面争取平等权利，取得了一系列重要的胜利。第二次世界大战后，大批退伍军人重返大学校园，NAACP 意识到整个社会对高等教育的需求急剧上升，因此重新关注研究生教育中的黑人教育权利问题。在马歇尔的指挥下，LDF 努力通过案件诉讼为黑人进入州立教育机构扫清障碍。从某种意义上而言，LDF 对研究生教育中种族隔离的挑战是对默里案和盖恩斯案的继续，但是有不少创新之处，其中一项进展是诉讼程序的缩短。1937 年，美国颁布了《司法条例》（*Judiciary Act*），规定对美国宪法提出挑战的案件首先在联邦地区法院由 3 名法官同时审理，其中一名法官来自本地区的联邦上诉法院，两名法官来自联邦地区法院。如果对审理意见不服，可以直接上诉至联邦最高法院。这样就减少了上诉步骤，加速了 LDF 处理案件的进程。另一个战略性的进展是马歇尔开始运用教育及其他专家的证词，小心谨慎地聚焦于教育过程的复杂性来说明强制的种族隔离对黑人学生产生了严重的心理危害。马歇尔用专家的证词证实，虽然黑人和白人的教育在物质层面做到了平等，但在种族隔离的社会环境下，教育过程中许多错综复杂的因素仍然无法实现。由于大部分案件涉及法学院的准入问题，因此主审的法官能够通过个人经验了解专家所指的技术概念。这不仅证明了普莱西案的前提有缺点，而且证明了即使各州能够建立设施完全平等的、二元的教育系统，也无法实现第十四条修正案所承诺的平等。这一时期，NAACP 取得了“斯威特案”（*Sweatt v. Painter*）和“麦克劳林案”（*McLaurin v.*

① Mark V. Tushnet, *The NAACP's Legal Strategy against Segregation Education, 1925-1950* (Chapel Hill: The University of North Carolina Press, 1987), p. 108.

Oklahoma State Regents for Higher Education）的胜利，标志着从早期追求教育设施平等到20世纪50年代直接挑战种族隔离制度的转变。这些案件认为种族隔离制度对黑人造成的损失是平等的设施所无法补救的。一旦法庭将目光转向了这些证据，离承认“种族隔离之下不存在平等”就不远了。

在斯威特案中，黑人斯威特申请到得克萨斯大学法学院读书，因肤色问题而遭到拒绝。马歇尔代表斯威特向得克萨斯州的初审法院提出诉讼，初审法院判决得克萨斯大学在6个月内建成一所黑人法学院。法院认为，新的黑人法学院与得克萨斯大学法学院“在本质上是平等的”。但马歇尔等律师没有就此罢休，他们就此案进行上诉，并且运用专家证词进行辩护，认为在公共学校中实行种族隔离制度是没有科学依据的；学生之间的互动在学习过程中起到了至关重要的作用，而种族隔离阻碍了这种作用的发挥。最终，此案上诉至联邦最高法院。麦克劳林案大同小异。68岁的黑人教师麦克劳林申请到俄克拉荷马大学攻读教育学博士学位，这所大学于一年之后接收了他，但他无论在教室、图书馆，还是咖啡厅，都必须坐在隔离的座位上。NAACP代表麦克劳林提起诉讼，此案也上诉至联邦最高法院。在斯威特案中，最高法院发现新建的法学院在质与量上都无法和得克萨斯大学相比，而在麦克劳林案中，虽然麦克劳林获准进入俄克拉荷马大学，但进行座位隔离的做法抑制和损害了麦克劳林的学习效果，影响了他与其他学生的互动，最终影响了他的专业学习。联邦最高法院于1950年6月同时宣布了这两个案件的审理结果，做出了有利于黑人的判决。在这两个案件中，虽然最高法院并没有直接说明废除种族隔离制度的合宪法性，但已经彻底瓦解了普莱西案的基础。教育平等已经不仅仅限于教育设施的平等，还包括学生之间平等、无障碍的交流。种族隔离制度阻碍了黑人与白人学生之间的交流，进而阻碍了黑人学生的发展。

（二）争取教育平等策略的转变

休斯敦的均等化策略，加之20世纪三四十年代美国国内政治形势严峻、公立中小学内设施不平等的问题出现，直到20世纪40年代末，NAACP才逐渐关注公立中小学中种族隔离和不平等问题。

第二次世界大战之后，美国的种族关系出现了微妙的变化。美国南北方经济和社会的一体化强化了南方对北方经济的依赖，也逐渐削弱了南方团结一致抵制种族变革的行为，从而加大了南方种族关系变革的可能性。与此同时，黑人政治权力迅速发展，黑人政治团体发展壮大，北方的黑人选票在总统选举中发挥着重要的作用，使民主、共和两党竞相出台有利于黑人民权的政策，以拉拢黑人选票。黑人不仅获得了更多的经济机会，参与到第二次世界大战后发展更快的经济当中，而且更积极地争取民主权利。第二次世界大战和美苏冷战迫使白人反思国内种族隔离制度的合理性，从而为黑白种族关系的变革提供了可能性。此外，自由派白人对黑人越来越多的声援为美国国内种族关系的变革及黑人争取平等权利的斗争营造了良好的舆论环境，如杜鲁门总统当政时期出台的总统咨文呼吁从多个方面保护黑人的合法权利。

马歇尔认为，这一时期仅为黑人在种族隔离的中小学里争取到平等的设施和待遇是不够的，[①] 而对种族隔离制度本身进行攻击的胜诉概率比较大。1950年，NAACP为处理种族隔离案件的律师和法律顾问召开了会议，决定在案件诉讼中追求“没有种族隔离基础上的教育”，这就意味着“均等化原则”最终让路于对种族隔离的直接挑战。

20世纪中叶，有关中小学种族隔离的案件大量出现，截至1950年秋天，仅堪萨斯一个州就出现了11件起诉黑白种族公立中小学内教育

① John Hope Franklin and Alfred Moss, *From Slavery to Freedom : a History of Negro Americans* (New York: Knopf, 1987), p. 608.

设施不平等的案例。全美国至少有 11 000 个种族隔离的学区，大部分位于南方。这些涉及黑白种族之间教育条件差异的案件只能在当地起诉和审理。在法律程序上，这些案件只能具体问题具体分析，即使打赢了官司，其结果也不能普遍化，而且 LDF 没有足够的人力和物力处理大量的诉讼案件。由于 NAACP 不仅在研究生教育领域取得了“斯威特案”和“麦克劳林案”的胜利，而且在 38 个争取黑人其他领域民权的诉讼案件中打赢了 34 个，极大地增强了黑人的信心。① 另外，黑人尤其重视黑人儿童能否获得与白人儿童同等的教育机会，因此马歇尔说服 NAACP 的赞助者们支持对中小学教育的种族隔离制度的直接攻击。② 在这些原因的作用下，来自中小学的种族隔离案件突然间占据了 20 世纪 50 年代美国种族问题的中心，NAACP 也在这一时期直接将矛头指向了种族隔离制度本身。

20 世纪上半叶，黑人为争取教育平等权利，主要通过 NAACP 做出了不懈的努力，为布朗案的出现奠定了基础。正如审判布朗案的首席大法官厄尔·沃伦（Earl Warren）在布朗案判决 20 年之后说：“多年来，各式各样的判决结果在逐渐侵蚀着作为标准的普莱西案；它们仅仅是蚕食，没有正面对其进行挑战。如果稍微回顾一下历史就会发现，从盖恩斯案、斯威特案到一部分洲际贸易的案件，‘隔离但平等’的原则在不断受到侵蚀，只有隔离本身被忽略。无论从是非曲直的、逻辑的、中立的和实践的任何一个角度来讲，这个案件应该怎样审判是很清楚的，唯一的问题就是如何得到这样一个结论。”③

---

① Diane Telgen, *Defining Moments : Brown v. Board of Education* (Detroit, MI: Omnigraphics, Inc. , 2005), pp. 35-36.

② Mark V. Tushnet, *The NAACP's Legal Strategy against Segregation Education , 1925-1950* (Chapel Hill: The University of North Carolina Press, 1987), pp. 106-107.

③ Richard Kluger, *Simple Justice : the History of Brown v. Board of Education and Black America's Struggle for Equality* (New York: Oxford University Press, 1978), p. 678.

参考文献

［1］厄本，瓦格纳. 美国教育：一部历史档案［M］. 周晟，谢爱磊，译. 北京：中国人民大学出版社，2009.

［2］任东来，胡晓进. 在宪政的舞台上——美国最高法院的历史轨迹［M］. 北京：中国法制出版社，2007.

［3］张聚国. 杜波依斯与布克・华盛顿解决黑人问题方案的比较［J］. 南开学报，2000（3）：67-74.

［4］张聚国. 杜波依斯对解决美国黑人问题道路的探索［J］. 史学月刊，2000（4）：93-101.

［6］FRANKLIN J H，MOSS A A. From slavery to freedom：a history of negro Americans［M］. New York：Knopf，1987.

［7］KLUGER R. Simple justice：the history of Brown v. Board of Education and black America's struggle for equality［M］. New York：Oxford University Press，1978.

［8］MCNEIL G. Groundwork：Charles Hamilton Houston and the struggle for civil rights［M］. Philadelphia：University of Pennsylvania Press，1984.

［9］RUDWICK E M，HARLAN L. W. E. B. Du Bois：propagandist of the negro protest［M］. Philadelphia：University of Pennsylvania Press，1968.

［10］TELGEN D. Defining moments：Brown v. Board of Education［M］. Detroit，MI：Omnigraphics，Inc. ，2005.

［11］TUSHNET M V. The NAACP's legal strategy against segregation education，1925-1950［M］. Chapel Hill：The University of North Carolina Press，1987.

［12］WARE L B. Setting the stage for Brown：the development and implementation of the NAACP's school desegregation campaign，1930-1950［J］. Mercer Law Review，2001（52）：631-673.

美国利益集团与教育立法*

——以 ESEA 法案（1965）为例

傅　林

利益集团（Interest Groups）是影响美国教育改革的重要力量，按照戴维·杜鲁门（David Truman）在《政府过程》（*The Governmental Process*）一书中的解释，“利益集团是一个持有共同态度并向社会其他集团或组织提出某种要求的团体”。集团成员为了共同的利益或目标而积极行动，力求对公共政策造成影响。利益集团多为非政府组织。① 本文以美国 1965 年《初等与中等教育法》为例，考察利益集团的形成原因、类型、活动方式及影响教育立法的方式和特征，并且对其局限性等进行分析，以使我们更加清晰地看到美国利益集团在教育立法中所起的作用，以及美国宪治社会教育决策的基本特点，加深我们对当今美国教育改革的认识。

一、利益集团的成因和类型

（一）成因

利益集团是美国政治体制的产物。权力的相互制衡是美国宪治社

* 本文原载《北京大学教育评论》2006 年第 2 期；《美国教育改革中的利益集团》，《比较教育研究》2006 年第 3 期。傅林，四川师范大学教育科学学院教授。

① David Bicknell Truman, *The governmental process*(N. Y. :Knopf, 1971), p. 33.

会的基本特点之一，在教育领域，它不仅表现为教育权力在行政、立法、司法部门间横向分散，联邦与州之间纵向分割，不同党派间相互监督、制衡，还表现为不同背景、不同利益诉求的公民集结成各种利益集团，积极地通过各种方式表达自己对教育改革的意见，对有关部门、机构施加压力，参与教育决策。他们认为这是他们应该享有的权利，也是在履行自己的社会责任，是任何一个负责任的公民所应有的表现。美国历史学家施莱辛格（Arthur M. Schlesinger）把美国称为“参与者之邦”（A Nation of Joiners），意即在这个国家几乎人人都参与着某种活动，都是某个团体组织的成员。在传统意义上，教育是各州的事务，而美国人却从来没有把它看作州政府的职责，更没有把它看作联邦政府的职责。他们认为教育事务不能完全由政府操纵和包办，政府应该是一个有限政府，权力过大的无限政府只能是民主参与的威胁，并且实际上政府也没有这个力量事无巨细去管理一切。在美国人的意识中，全体公民都应该是独立的，每个人首先应该是他（她）自身的统治者，美国人根据宪政原则实验性地创建了一个与国家统治型（State-governed）社会相对立的自治型（Self-governing）社会。[①] 这是利益集团在美国形成的首要原因。

其次，利益集团的产生也与美国人长期以来形成的集团意识有关。早期移民初来北美大陆时，展现在他们面前的是一片荒芜之地，可谓满目凄凉，一望无际的大西洋将他们与文明世界分割开来。在这种情形下，仅仅依靠个人的力量是很难生存下去的，现实使他们不得不自动组织到一起，形成团体，此乃结社精神的源流。同时，他们还有个人主义的思想，相信自己的力量，注重个人的成就，“自助者天助”（God helps those who help themselves）是他们信奉的人生哲学，他们

---

① 文森特·奥斯特罗姆：《美国联邦主义》，王建勋译，生活·读书·新知三联书店，2003，第3页。

相信自己能够自我管理，不需要政府君王或其他什么人告诉他们应该怎样生活，但是个人的力量毕竟是有限的，个人目标的实现常常需要与他人合作，于是个人主义与结社的精神就自然而然地融合在一起，形成美国人特有的一种集团意识（groupism），为了实现某些共同的目标和愿望，一群人自愿结成团体，采取一致的行动，从而形成了远远大于个人力量的群体力量。美国人的这种集团意识使他们结成了众多的表达教育利益的社团。一旦社团成立后，个人的力量就聚集成了集体力量，个人的声音就汇聚成了一种群体的呼声，各种教育利益的诉求借此有效地表达出来并推动教育改革。

（二）类型

利益集团的类型是多种多样的，因为人们的利益诉求是形形色色的，既有政治的、经济的，也有文化、宗教方面的利益集团。利益集团的成员构成也是复杂的，既有单一型的（成员属于同一职业、种族、阶级、宗教信仰），也有复合型的（成员来自不同的阶层、种族，从事不同的职业，有着不同的宗教信仰）。美国的利益集团数量十分惊人，据一项全国性的调查，60%以上的成年人至少都参加了一个社团。[①] 而影响教育的利益集团，据巴特勒（Gregory S. Butler）的统计，多达182个。[②] 这些协会、组织名目繁多，概而言之，大体上可分为以下几种类型：

1. 职业协会

在美国，对教育极具影响力的职业协会当属教师职业协会，其会员主要由学校教师、校长、行政人员、学校主管、教育学教授等组成，其中规模最大的是“全国教育协会”（National Education Association）和“美国教师联合会”（American Federation of Teachers）。“全国教育

---

① 李道揆：《美国的利益集团》，《美国研究参考资料》1988年第5期。

② See Gregory S. Butler and James D. Slack, *U. S. Educational Policy Interest Groups: Institutional Profiles* (New York: Greenwood Press, 1994).

协会”无论是规模还是影响力，都远在其他协会之上。该协会创建于 1857 年，1918 年时仅有 1 万名会员，1996 年会员已达 200 万人，号称“世界上最大的职业组织”①。“美国教师联合会”建立时间也较早，于 1916 年成立，但无论在规模、资金来源及影响力方面，都比全国教育协会略逊一筹。此外，还有在美国高等教育界颇有影响的“美国教育理事会”（American Council on Education)、美国教师专业发展标准认证方面的权威组织“全国教师教育认定委员会”（亦称“全国师范院校资格审鉴委员会”）（National Council for Accreditation of Teacher Education）等。

2. 种族社团

美国的黑人、印第安人、犹太人、亚裔人、西班牙裔人等在美国社会生活中由于都受到不同程度的歧视，特别是黑人长期遭受种族隔离的不公平待遇，因而结成了许多种族社团，争取他们应有的平等权利（其中也包括教育方面的平等权利)，比较著名的有“全国有色人种促进会”（NAACP)、“种族平等大会”（CORE)、“南方基督教联盟”（SCLC）等。特别是“全国有色人种促进会”，在推进学校废除种族隔离制度方面进行了卓有成效的工作。

3. 企业集团及基金会

一些资产雄厚的企业集团，如福特、卡内基、通用电器等也在教育领域大量投资，直接或间接地影响着教育改革，尤其是企业发起成立的大型基金会在这方面发挥的作用是非常大的，如卡内基基金会、福特基金会等。

4. 宗教团体

宗教团体是基于共同的宗教信仰而建立起来的，但它们所关心的

① Ronald J. Hrebenar, *Interest Group Politics in America* (N. Y.: New York, 1997), p. 307; See James D. Koerner, *Who Controls American Education?* (Boston: Beacon Press, 1968).

不仅仅是宗教事务，还关心教育问题，如“全国教会委员会”（The National Council of Churches）等都不同程度地涉足了教育领域。

5. 其他组织

影响教育改革的还有其他一些团体和组织：（1）课程改革集团（Curriculum Reform Groups），如“物理科学学科委员会”（Physical Science Study Committee，PSSC）、“生物科学课程研究”（Biological Sciences Curriculum Study，BSCS）、“化学教育教材研究”（Chemistry Educational Materials Study，CEMS）等。（2）公民顾问团（Citizens Advisory Groups），如“全国校务委员会协会”（The National School Boards Association）、“全国家长教师大会”（The National Congress of Parents and Teachers）、“全国公民委员会”（The National Citizens Commission）等。（3）鉴定协会（Accrediting Association），如“全国教师教育认定委员会”等。

（4）家长与教师协会（Association of Parents and Teachers）。家长是与学校有着特殊利益关系的群体，他们为了保持与学校、教师有更多的沟通和联系，组建了“家长教师联谊会”（Parent-Teacher Association），直接参与学校的决策。

二、利益集团对ESEA制定和实施的影响

1965年美国颁布的《初等与中等教育法》（*The Elementary and Secondary Education Act*，ESEA）是美国教育史上的重要立法。该法案的主要内容是为城市贫民、乡村贫穷地区的儿童提供资助，改善他们的受教育状况。同时，法案还规定受到联邦资助的学区必须废止学校种族隔离制度。该法案颁布后至今又产生了若干修正案，它们对改善贫穷儿童的受教育状况、消除学校中的种族歧视、帮助处境不利的学生获得更大的学习进步起了至关重要的作用，因而被认为是一部使

20世纪60年代以后的美国教育发生了显著变化、改变了当代美国教育进程的法案。由于《初等与中等教育法》涉及当时美国面临的两个重大社会问题——贫困和种族歧视，因而在其制定和实施过程中党派之争、种族利益之争，以及其他各种力量之间的较量和冲突表现得十分明显，是利益集团影响教育立法的典型例证。

（一）酝酿

过去出版的著作和论文多论及该法案的立法指导思想、内容等，对此法案的出台背景涉及甚少。① 《初等与中等教育法》（ESEA）与1964年的《经济机会法》（EOA）一样，同属于20世纪60年代美国"反贫困之战"（War on Poverty）中的重要立法，而这场"反贫困之战"的兴起与社会学家的研究有密切关系。20世纪40年代中后期，瑞典经济学家冈纳·麦尔登（Gunnar Myrdal）著有《美国的两难境地：黑人问题与现代民主》（*An American Dilemma: the Negro problem and Modern Democracy*）一书，提出了"贫困圈"概念，即把黑人的穷困看作一系列互为因果关系的因素组成的循环圈，穷人受的教育很

---

① 从国内的情况看，有相当多的著作与论文述及和研究《初等与中等教育法》，王天一等：《外国教育史》，人民教育出版社，1985，第97页；滕大春：《外国教育通史》，山东教育出版社，1994，第98页；迟恩莲、曲恒昌：《中外教育改革的指导思想与对策》，北京师范大学出版社，1996，第45页；陈孝彬：《外国教育管理史》，人民教育出版社，1996，第317页等探讨了该法案的立法指导思想、法案的主旨内容（重点介绍的内容是法案"第一条"，即 Title I）、联邦的专项拨款等，内容均较简约。在美国，各种教育立法颁布若干年后就须修正并重新获得授权，近些年国内学者所撰论文关注的焦点是该法案的修正案，如研究1993年美国联邦政府在《初等与中等教育法》基础上制定的《美国中小学改进法》（*Improving American Schools Act of 1993*）（钟清：《美制定中小学改进法》，《课程·教材·教法》1994年第6期）、2001年出台的《不让一个儿童落后法》（*No Child Left Behind Act*）（赵中建：《从教育蓝图到教育立法——美国〈不让一个儿童落后法〉评述》，《教育发展研究》2002年第2期）。另有学者从教育财政的角度，分析了《初等与中等教育法》（1965）出台后美国联邦在中小学教育经费投入上的变化，借以探讨二战后美国义务教育的普及与保障过程（"完善农村义务教育财政保障机制"课题组：《美国二战后至1971年义务教育普及与保障过程》，《经济研究参考》2005年第46期）。

少，这会影响他的就业机会，找不到工作或找不到报酬较高的工作就会导致他没有好的住房条件、医疗保健和饮食，还会影响到下一代人受教育。如此而形成了一个恶性循环圈，站在这个圈上任何一点的人都可能开始他的贫困循环。随着该书的出版发行，“贫困圈”的概念渐渐在美国流行开来。另一位美国的社会学家迈克尔·哈里顿（Michael Harrington）从文化的视角分析了美国的贫困问题，在其极具影响力的作品《另一个美国：美国的贫困》（*The Other America : poverty in the United States*）中揭示了美国繁荣背后一个令人惊讶的事实——大量贫困人口的存在。他把穷人叫作“另一种美国人”，这是一群被隔离在主流文化之外、生活在另一种贫穷文化世界中的人。哈里顿观察到随着现代科学技术的进步，贫困非但不易消除，反而加深了。这是因为各种职业对劳动者文化程度的要求越来越高，穷人由于仍然没有条件接受更多的教育，离职业的技术要求越来越远，要实现社会地位的升迁越来越难。更为严重的是穷人的处境使他们的子女也难以接受到良好的教育和工作培训，因而贫困从一代人传向了下一代人，周而复始，他们一代又一代始终在“贫困圈”上循环着，科技进步的结果竟然是促使贫困文化进一步加深。这种贫穷的怪圈造就了以酗酒、犯罪、冷酷等为特征的“贫困文化”模式，而社会对这种贫困文化采取的是蔑视、冷漠的态度。哈里顿认为，只有让这些穷人受到更多的教育，获得必要的技能，才能改变他们的生活环境，打破贫困循环圈。《另一个美国：美国的贫困》被誉为具有创见性的美国贫困问题研究成果。

1962 年，哈里顿的“贫困文化理论”一问世就引起了肯尼迪政府的注意，肯尼迪总统阅读了此书，酝酿提出一个大型的联邦反贫困、反失业计划，他立即把这一想法告诉了“（总统）经济顾问委员会”（the Council of Economic Advisers）主席瓦尔特·赫勒（Walter Heller）。1963 年 10 月，赫勒开始起草相关计划，不久就提交了一份备忘录，要求制订一系列计划帮助穷人避免陷入“贫困文化”怪圈，以抗公立中学的向心力，私立文实学校式微便成为趋势。

据统计，1880—1890年，美国公立中学数量达2526所，学生人数达202 963人，而文实学校数量仅1632所，在校学生94 391人。至此，公立中学第一次超过文实学校，成为美国中等教育的主要类型，而且这一趋势还在加快。到1900年，美国公立中学数量达到6005所，学生数量519 251人，[①] 分别是10年前的2.38倍和2.56倍。文实学校虽也从1890年的1632所增至1900年的1978所，入学人数也从94 931人增至110 727人，但增长率仅为16%，比公立中学要逊色得多。另外，从入学人数占总人数的比例中也可以发现，文实学校在1890—1900年其实是走向衰落的。1890年，全美每百万人口中进入私立文实学校的人数为1516人，而到1900年这一数值降至1443人，在中学入学人数剧增的环境下竟然还减少了73人。而进入公立中学的人数则从1890年每百万人口中的3241人增至1900年的6832人（见表1-3-1）。[②]

表1-3-1　1890—1900年美国中等教育机构招生对比表　（单位：人）

中学类型	1890年	1900年	每百万人口中该类型中学的招生人数	
			1890年	1900年
私立文实学校	94931	110727	1576	1443
公立中学	203000	520000	3241	6832

① William T. Harris, "Recent Growth of Public High Schools in the United States as Affecting the Attendance of Colleges " (National Educational Association, Journal of Proceedings and Addresses of the Fortieth Annual Meeting, held at Detroit, Michigan, July 8-12, 1901), p. 176；乔尔·斯普林：《美国学校——教育传统与变革》，史静寰等译，人民教育出版社，2010，第325页。两处数据稍有偏差，但不影响论证。

② William T. Harris, "Recent Growth of Public High Schools in the United States as Affecting the Attendance of Colleges " (National Educational Association, Journal of Proceedings and Addresses of the Fortieth Annual Meeting, held at Detroit, Michigan, July 8-12, 1901), p. 176.

续表

中学类型	1890 年	1900 年	每百万人口中该类型中学的招生人数	
			1890 年	1900 年
预备班和特殊机构	69109	89193	1115	1174
总计	367040	719920	5872	9449

资料来源：William T. Harris,"Recent Growth of Public High Schools in the United States as Affecting the Attendance of Colleges"（National Educational Association, Journal of Proceedings and Addresses of the Fortieth Annual Meeting, held at Detroit, Michigan, July 8-12, 1901）, p. 178.

由此，随着教育的公共属性的明确，公立中学逐渐发展成为美国中等教育的中坚力量。在此之后，两类中学相对地位的变化还将持续下去。到了 20 世纪初，公立中学在数量、规模、师资等方面已远远超过文实学校。也正是从内战后到 20 世纪初这段时间，生源匮乏的大学和学院看到了公立中学在培养生源方面的潜力，开始考虑公立中学承担大学预备职能的可能性，并且最终引发了困扰不断的公立中学与大学的关系问题。公立中学、大学和学院的功能都将在这场对二者关系的讨论中被重新定义，美国教育体系的衔接机制也将由此形成并确立下来。

第二章　衔接关系的正式确立：公立中学衔接职能的合法化

截至内战前，公立中学已经在全美各地发展起来，但各地的发展并不均衡。在美国东部与中西部地区、大城市和乡村之间，公立中学的规模、形态、课程、师资力量差异悬殊，这种不平衡性进而导致公立中学在不同地区承担着不同的角色和职能。总体来看，多数公立中学依旧以满足社会的实用需求为主。直到 1874 年密歇根州卡拉马祖案判决，公立中学作为衔接机构理应提供古典课程的观念才首次以州最高法院的判决形式确立下来。这在某种程度上表明，之前仅是松散关联的公立中学与大学之间具备了某种制度性的衔接的正当性。

第一节　19 世纪 70 年代美国大学对衔接问题的初步探索

1828 年《耶鲁报告》的出台已经很清晰地表达了老牌精英大学对 19 世纪初期美国社会出现的实用需求的立场。对古典传统、道德虔信、心智训练的坚守，以及对实用知识的排斥，决定了 19 世纪上半叶美国大学和学院的生源并不好。[①] 到内战前，多数大学只有不到 100 名学

---

① 哥伦比亚大学校长巴纳德在 1870 年的校长报告中用数据呈现了 1840—1870 年美国大学生数与全美适龄青年的配比从 1∶1549 下降到 1∶2546。See Columbia University, *Annual Report of the President of Columbia College*(New York: D. Van Nostrand, Publisher, 1870), p. 58.

生、4—5 位教师，只要学生能够掌握一定的拉丁语、希腊语和数学知识，便可进入大学。[①] 而能够进入大学的多是上层子弟，尤其是对古典文化传统感兴趣的那批特权阶层子弟，当然也包括像巴克敏斯特那样靠着“美德和才能”跻身大学并最终改变命运的极少数中产阶级自然贵族。普通大众对虔信和古典并不感兴趣，他们更需要对现实生活有实际用处的知识。大学自身事实上并没有严格的准入标准，多数大学和学院都采纳一种非正式的面试对申请者进行考核，“考核多是一种由校长或教员对申请者进行的口头面试”，入学标准常常得不到严格执行。比如，虽然耶鲁大学在招生章程上明确规定申请入学者应至少达到 14 岁，但事实上在登记在册的学籍卡中有几位学生在十一二三岁时已经进入耶鲁学习，[②] 前文提到的巴克敏斯特就在 13 岁时进入了哈佛大学。由此，早期大学实际上并没有严格的准入制度和规则，在各种问题的处理上也常常具有很大的弹性。那么，早期大学的生源究竟从哪里来？它与预备学校之间有着怎样的关系？

一、19 世纪 70 年代之前美国大学的入学路径

总体来看，19 世纪 70 年代之前，美国中学与大学之间多半处于一种将连未连的松散状态。除了新英格兰地区的一些中学与当地大学联系紧密之外，多数大学和中学几乎没有直接的联系。学生是否上大学和通过什么方式上大学都是个人的私事，作为一种公共讨论和政府扶持的衔接机制也远未形成。除了文实学校这种主要的大学预备机构，当时的青少年还可以通过其他几种方式获得大学预备教育。

---

① Edwin Cornelius Broome, *A Historical and Critical Discussion of College Admission Requirements*(New York:Columbia University,1902),p. 34.

② Edwin Cornelius Broome, *A Historical and Critical Discussion of College Admission Requirements*(New York:Columbia University,1902),p. 37.

第一种是通过私人教师，类似于学徒的方式，由当地教区的一名牧师私下教授学生少量的拉丁语、希腊语和数学等大学预备知识，或者学生到牧师家里跟着牧师生活和学习1—2年。这种方式在19世纪早期美国北方地区较为普遍，而在南方的富裕家庭里比较常见的方式是聘请一位私人教师住在家里，专门教授大学预备知识。

第二种形式是学生到当地的私立走读制学校（private day school）学习，走读制学校多是私立的文法学校。学校一般会提供学术型和实用型两种教育，一方面为大学预备教育提供尽可能广泛的古典知识，另一方面满足不断增长的实用需求。学术教育主要教授拉丁语、希腊语、逻辑、修辞、英语语法、数学、自然哲学、天文学等，实用教育包括记账、测量、航海、地理等。这种私立文法学校并非长期固定的机构，它的教师多刚从大学毕业，在找到更好的、更受尊敬的职业，获得更高的社会地位之前，将创办学校作为人生的中转站。①

第三种是前文提到的具有公共属性的拉丁文法学校。这种在17世纪靠法律强制性建立的学校主要教授拉丁语、希腊语和数学，虽也为进入大学做准备，但这类学校的主要目的在于为地方培养宗教和市政领袖。独立战争后，为了削减开支及公众的实用转向，多数拉丁文法学校都关闭了，连被称为拉丁文法学校摇篮的波士顿，到1824年也仅剩下7座城镇在继续维系拉丁文法学校。②

---

① See Robert Freeman Butts and Lawrence A. Cremin, *A History of Education* (New York: Henry Holt and Company, 1953), pp. 124-126; Robert Middlekauff, *Ancients and Axioms: Secondary Education in Eighteenth-Century New England* (New Haven: Yale University Press, 1963), p. 151; Carl Bridenbaugh, *The Colonial Craftsman* (New York: Dover Publications, Inc., 1950), pp. 167-168.

② See Emit D. Grizzell, *Origin and Development of the High School in New England Before 1865* (New York: Macmillan Company, 1923), p. 29; Robert Middlekauff, *Ancients and Axioms: Secondary Education in Eighteenth-Century New England* (New Haven: Yale University Press, 1963), pp. 128-137.

除了以上方式之外，美国还有一些大学和学院通过建立自己的预科部来培养生源。预科部的起源与前文提到的中学与大学之间还未形成制度化衔接有关。中学很少有为大学提供预备教育的意识，而且它们常将大学和学院作为生源的竞争对手。因为对早期大学来讲，私人捐赠和公共拨款其实是很有限的，学费是大学收入的重要来源之一，因而招生规模与大学的财政能力直接相关。大学之间，甚至大学与文实学校之间竞争生源的情况时有发生。① 一些大学常常不允许外面的机构为其培养生源，它们将附近的中学命名为预备学校或生源校，或者干脆在大学内部直接建立预科部，提供大学预备知识，一方面免于与其他预备机构竞争生源和经费，另一方面也能直接按照自己的需求培养生源。

除了新罕布什尔州、马萨诸塞州、罗得岛、康涅狄格州、新泽西州之外，各州都有大学在供养和扶持自己的预科部，它们“是大学的‘生源地’……那些从乡村学校毕业的学生在成为大学一年级新生前花1—3年时间在这里做准备”。预科部只有一个目标，就是为大学提供稳定的、满意的生源。“在哈佛大学旁边就有一所文法学校，它培养年轻的学者，教授学术性知识，直到学生经过判定认为已足够成熟，便可进入哈佛大学”。在新泽西州的普林斯顿也有“一所附属于大学的文法学校，它作为大学的保育所，同样处于大学校长的管辖之内”。纽约的哥伦比亚大学同样如此。②

这些预科部在很大程度上就是以大学或学院为模板建立的，它们

① Harold S. Wechsler, *The Qualified Student* (New York: John Wiley & Sons, 1977), pp. 6-7.

② Edwin Cornelius Broome, *A Historical and Critical Discussion of College Admission Requirements* (New York: Columbia University, 1902), p. 37.

与大学和学院之间的区别只是程度上的，而非类型上的。[①] 事实上，大学通过设立预科部培养生源是一种自降身份的表现，它导致大学将本应用于研究高深知识的时间和精力用于承担低一级教育机构的职责。除此之外，花费在预科部的时间、精力和资金事实上也让大学倍感压力。19 世纪 70 年代之后，多数大学都千方百计地想要摆脱预科部。再者，预科部的设置事实上也让大学与低一级中等教育机构的界限变得模糊不清，使二者的关系变得更加复杂，大学（预科部）与中学抢生源就是最好的例证。

二、19 世纪 70 年代美国大学的入学要求

"如果美国大学一直保持得像我们在 19 世纪初看到的那样，预备学校也一直是殖民时代以来的拉丁文法学校，那么美国中、高等教育的衔接可能永远不会引发任何困难。简而言之，大学入学要求将不会成为一个复杂的问题。"[②] 这是哥伦比亚大学教师学院的布鲁姆在 1903 年对美国大学入学要求进行研究时发出的感慨，但显然改变已经发生。第一章第一节提到，1636—1800 年，大学入学科目只是从拉丁语、希腊语扩展到了算术，并且《耶鲁报告》明确表达了大学无须为实用需求做出改变的立场。但 1800—1870 年，迫于不断高涨的社会诉求，美国大学还是将一些新科目纳入进来。其间共有 8 门新科目进入大学入学要求中，分别是地理、英语语法、代数、几何、古代史、自然地理、英文写作、美国史（见表 1-1-3 和表 2-1-1）。

---

① Edwin Cornelius Broome, *A Historical and Critical Discussion of College Admission Requirements*(New York: Columbia University, 1902), p. 36.

② Edwin Cornelius Broome, *A Historical and Critical Discussion of College Admission Requirements*(New York: Columbia University, 1902), p. 71.

表 2-1-1　1870 年美国主要大学文科学位申请者入学要求对比表

大学/学院	拉丁语	希腊语	数学	历史、地理	英语
哈佛大学	维吉尔全部作品、恺撒全部作品、西塞罗节选作品（11 部）；写作	费尔顿（Felton）的作品或《远征记》（*Anabasis*）全文及荷马（3 部）；文法与写作	算术，包括十进制算法；代数，掌握到二次方程；平面几何	古希腊与古罗马史；古代与当代地理、自然地理的基本要素	英语阅读
耶鲁大学	维吉尔《埃涅伊德》《农事诗》（*Bucolics*）和《牧歌集》（*Georgics*），西塞罗演说辞（7 部），塞勒斯特《朱古达战争》（*Jugurthine War*）或恺撒（4 部）；文法与写作	费尔顿或与其相当的作家作品，《远征记》（3 部）或《远征记》（最后 4 部）或《伊利亚特》（*Iliad*）（4 部）	算术，包括十进制算法；代数，掌握到方程式；几何，普莱费尔（Playfair）（2 部）	地理	英语语法
普林斯顿大学	维吉尔作品（6 部）及《田园诗》（*Eclogues*）、西塞罗演说辞（6 部）、恺撒作品（5 部），塞勒斯特《朱古达战争》；文法与写作	费尔顿或比利翁（Bullion）的作品、《远征记》（3 部）；文法与写作	算术；代数，掌握到方程式；几何（1 部）	地理；古代与当代史	英语语法；拼字、标点、停顿及简单的英语写作

续表

大学/学院	拉丁语	希腊语	数学	历史、地理	英语
哥伦比亚大学	维吉尔《埃涅伊德》（6部）、西塞罗演说辞（6部）、恺撒全部作品；文法与写作	卢西安（Lucian）作品选集、《远征记》（3部）、《伊利亚特》（2部）；文法与写作	算术；代数，掌握到简单的方程式；几何，勒让德（Legendre）（4部）	地理；古代与当代史	英语语法
密歇根大学	维吉尔《埃涅伊德》（6部）、西塞罗演说辞（6部）、恺撒作品（4部）；文法与写作	《远征记》（3部）；文法与写作	算术；代数，掌握到方程式；几何，勒让德（4部）	古希腊与古罗马史、美国独立战争前的历史；古代与当代地理、自然地理	英语语法
康奈尔大学	维吉尔《埃涅伊德》、西塞罗演说辞（6部）、恺撒全部作品；文法与写作	荷马（2部）、《远征记》（3部）或费尔顿的希腊语作品	算术；代数，掌握到方程式；平面几何	古罗马与古希腊史；地理	英语语法

资料来源：Edwin Cornelius Broome, *A Historical and Critical Discussion of College Admission Requirements*(New York: Columbia University, 1902), p. 53.

从表 2-1-1 来看，各所大学在希腊语、拉丁语、数学、历史和地理等学科对获得文科学士学位（Bachelor of Arts）有一定重要性这一点上基本达成共识。但新学科的纳入并不意味着古典科目地位的下降或重要性的降低；相反，1800—1870 年，美国大学对古典语言的重视程度和要求在逐步提升，不仅对原先要求的西塞罗、维吉尔的作品提出了具体要求，还增加了许多新作品。比如，1807 年，在哈佛大学首先将《戴泽尔文选》（*Dalzel's Collectanea Graeca Minora*）作为入学要求后，1811 年，哥伦比亚大学也将《戴泽尔文选》纳入入学要求；之后，1817 年耶鲁大学、1819 年普林斯顿大学也相继这样要求。1827 年，哥伦比亚大学规定弗里德里希·雅各布斯（Friedrich Jacobs）的希腊语作品取代安德鲁·戴泽尔（Andrew Dalzel）的作品被列入大学入学要求；之后，1829 年耶鲁大学、1832 年普林斯顿大学也相继出台了这一规定。色诺芬（Xenophon）的两部作品《远征记》《居鲁士的教育》（*Cyropadia*）于 1811 年被选入哥伦比亚大学，他的作品《阿格西劳斯传》（*Agesilaus*）又于 1819 年被选入普林斯顿大学。哥伦比亚大学于 1811 年将《伊利亚特》中的两部列入入学要求，到 1821 年增加到 3 部。1848 年，哥伦比亚大学和耶鲁大学将《远征记》的 3 部列入入学必读书目。同时，哥伦比亚大学取消了色诺芬的作品。1860 年，哈佛大学将荷马的 3 部作品列入必读书目。另外，在过去两个世纪一直占据重要地位的希腊语圣约到 1865 年已经不再作为入学必修。①

相较于希腊语，拉丁语的变化则没有那么频繁和复杂。1800 年，美国大学对拉丁语的要求只限定在西塞罗、维吉尔、塞勒斯特和恺撒等的作品中。到 1870 年，对这些作品的要求只在数量上有所起伏，在范围上并没有多少变化，只是用恺撒和西塞罗的部分作品代替了塞勒斯特的作品，因为后者的哲学意味过于浓厚且文风诡诞，不太适合中学生。

另外从表 2-2-1 可以看出，哈佛大学对古典科目的要求最高。在希腊语方面，哈佛要求掌握费尔顿的希腊语作品或色诺芬的《远征记》全文②，以及荷马《伊利亚特》中的前 3 部，而密歇根大学只要求掌握《远征记》中的 3 部。在拉丁语方面，哈佛大学要求掌握维吉尔和恺撒

---

① Edwin Cornelius Broome, *A Historical and Critical Discussion of College Admission Requirements* (New York: Columbia University, 1902), p. 46.

② 1870 年，申请进入哈佛大学的学生需要阅读希腊文《远征记》全文 325 页，而耶鲁大学要求申请者阅读 270—280 页，普林斯顿大学要求申请者阅读 280 页。

的全部作品和西塞罗的 11 部作品，而多数大学只要求掌握维吉尔和恺撒作品中的五六部。再如，耶鲁大学要求申请者掌握地理学科的相关知识，而对历史不作要求，但哈佛大学强调古希腊-罗马史。在数学方面，哈佛大学要求申请者掌握到二次方程，而哥伦比亚大学只要求学生掌握简单的方程式。① 相比于哈佛大学严苛、全面的入学需求，其他大学的入学需求更宽松一些。普林斯顿大学最早将英文写作纳入大学入学要求，而密歇根大学对古典学科的要求最低，尤其是希腊语，这所学校更感兴趣的是一些新科目如美国史和自然地理。1871 年，哈佛大学也将自然地理纳入入学要求，体现了大学开始接纳现代科目的趋势。1876 年，哈佛大学将物理作为大学入学要求，改变了 1825 年以来仅在课本上对化学、自然史、自然哲学轻描淡写的局面。到了 19 世纪的最后 25 年，哈佛大学要求每一位学生都要学习一些科学知识。②

将表 2-2-1 与表 1-1-4 进行对比可以发现，19 世纪的前 70 年，美国大学的入学要求已经发生了明显变化。早期大学的中世纪传统、单一程度、课程的同质性在逐渐减弱，取而代之的是多样化和异质性。首先，对古典的拉丁语、希腊语和数学在量的规定上越来越多，也越来越详细和具体。其次，古典作品的范围扩大，在选择对象增多的同时给予申请者一定的选择空间。最后，大学入学科目翻倍，从之前的只有拉丁语、希腊语和数学扩展到历史、地理、英语等，但入学科目的翻倍并没有减弱大学对古典科目的重视程度，相反对古典科目的要求和规定更加全面和具体。而且，新增的历史多关注的是古希腊-罗马史，

---

① John Seiler Brubacher and Willis Rudy, *Higher Education in Transition : A History of American Colleges and Universities* (New Brunswick: Transaction Publishers, 1997), pp. 12, 245-246; University of Wisconsin, *Catalogue of the Officers and Students of the University of Wisconsin , for the Academic Year , 1876-1877* (Madison: Democrat Printing Company, 1876), pp. 53-54.

② Edwin Cornelius Broome, *A Historical and Critical Discussion of College Admission Requirements* (New York: Columbia University, 1902), pp. 48-52.

英语学科更关注英语语法，而非写作和阅读。可见，即使新的科目被纳入进来，也并非完全趋向现代和实用。这在某种程度上表明，截至19世纪70年代，美国大学依旧在某种程度上维系着对古典精深学问的探索。

另外，从表格中也可以发现，到19世纪70年代，美国大学虽在对入学科目的要求上达成了一致意见，但在具体的量、属性（古代史还是美国史、英语语法还是写作、古代地理还是当代地理等）的规定上标准不一。各所大学虽然给予了申请者一定的选择空间，但选择范围的扩大事实上意味着多样性的增加和一致性的减弱。这种多样性在根本上源于美国大学在19世纪后半叶依旧是一种隔绝的、自足的姿态，缺乏相互之间的交流和统一。每所大学在自己所在的地区都有一套自己的入学标准，每所大学、每位教授都自由行事。一些实力较弱的大学急于招到生源，常常降低入学标准，而那些声名显赫的大学往往坚守古典教育的高标准，并且在很多情况下，各所大学的入学标准落实在实践中又是另外一回事。所有这些无疑将难题抛给了中学。那些仅为特定大学服务的预备学校相对轻松一些，它有充裕的时间和精力去满足这一所大学的各种要求，而那些宣称同时为多所大学服务的中学则需在古典语言、历史、地理，以及不同难度的数学方程式上忙于奔走，因为无论为哪所大学做准备，都是不小的挑战，这些学校往往需要开设许多预备课程来满足不同学生的需要。这给学校造成了很大困扰，因为学校要花费时间、精力和资金在许多不常开设的课程上。这其中最困难的是公立中学，尽管打算升入大学的学生极少，公立中学还是要为学生提供古典课程，有时甚至要为每一个打算升入大学的学生单独开设一整套预备课程。波士顿英语中学的校长弗朗西斯·沃特豪斯（Francis Waterhouse）深感头痛，他曾建议所有中学都按照哈佛大学的标准为大学做准备，认为只要大学申请者能够通过哈佛大学的入学考试，其他任何大学的考试都不在话下。但显然除了哈佛大学，不会有其他大学同意这一建议。①

三、拓展大学入学途径的初步尝试：平行课程计划

虽然古典科目在大学入学要求中的地位依旧不可撼动，但新学科的加入表明大学已经开始意识到变革的必要性。1847 年哈佛大学劳伦斯科学院（Lawrence Scientific School）和耶鲁大学谢菲尔德科学院（Sheffield Scientific School）的建立，以及 1873 年普林斯顿大学约翰·格林科学院（John C. Green School of Science）的建立可以在一定程度上证明大学的转变。继纽约州的联合学院于 19 世纪 20 年代首先开设平行科学课程之后，从 19 世纪中期开始，布朗大学、哈佛大学劳伦斯科学院、耶鲁大学谢菲尔德科学院、达特茅斯学院、罗切斯特大学、密歇根大学、哥伦比亚大学、康奈尔大学、普林斯顿大学等相继提出一种平行课程计划（Parallel Courses Program）（见表 2-1-2），为那些想进入大学却难以满足文科学位对古典课程提出的高要求的学生提供申请哲学学士（Bachelor of Philosophy）和科学学士（Bachelor of Science）的机会。

表 2-1-2　美国大学平行课程计划进程表

大学/学院	日期（年）	学位
布朗大学	1851	哲学学士
哈佛大学（劳伦斯科学院）	1851	科学学士
耶鲁大学（谢菲尔德科学院）	1852	哲学学士
达特茅斯学院	1852	科学学士

① Francis Waterhouse, "Methods of Determining the Qualifications of Candidates for Admission to College," *School and College* 1, (Nov. 1892): 533-534.

续表

大学/学院	日期（年）	学位
罗切斯特大学	1852	科学学士
密歇根大学	1853	科学学士
哥伦比亚大学	1864	哲学学士
阿默斯特学院	1872	哲学学士、科学学士
康奈尔大学	1868	科学学士
普林斯顿大学	1873	科学学士

资料来源：Edwin Cornelius Broome, *A Historical and Critical Discussion of College Admission Requirements*(New York: Columbia University, 1902), p. 77.

与传统文科学士注重古典科目不同，科学学位和哲学学位的申请者在满足相关科目预备知识的基础上可以适当降低对古典科目的要求。以科学学位为例，想进入哈佛大学劳伦斯科学院的学生可以用法语或德语代替希腊语，同时稍微降低对拉丁语的要求。1871 年，哈佛大学又允许学生学习额外的数学来代替部分希腊语和拉丁语。① 希腊语的缺席和拉丁语要求的降低为那些想上大学却受限于薄弱的古典知识基础的学生提供了进入大学的门径。受制于地方需求，地方社区往往对古典课程不感兴趣而更多关注现代科目，当局较少要求当地公立中学聘请希腊语和拉丁语教师。比如，在威斯康星州和密歇根州的一些地区，公立中学虽努力在为大学入学要求做准备，但在资源有限、外行董事会控制的中学，希腊语并不受待见。那些有雄心的学生经常不得不到更远的地区，在私立文实学校中学习古典课程。平行课程的出现和大学入学标准的扩展似乎为这些学生进入大学打开了大门，他们可以通

① Harvard College, *Annual Report of the President and Treasurer of Harvard College, 1871-1872*(Cambridge: Harvard University Press, 1872-1873), pp. 19, 50.

过公立中学中的科学、哲学课程为进入大学做准备。事实上，19 世纪 70 年代之前很少有学生利用这一机会，“学习古典语言的风尚使得只有那些对科学课程极为倾心的人才会采纳这种方式”①。由此可见，直到 19 世纪 70 年代，那种认为学习了古典科目才能上大学的观念还是根深蒂固的。

平行学位的出现虽在一定程度上降低了对古典语言的依赖性，但实际上并未减轻中学的压力，反而对中学提出了更多的挑战。因为每所大学都会设置自己的现代课程，使大学的入学科目变得更加复杂和多样，中学不仅要为不同的大学入学要求做准备，还要为不同的学位计划做准备，这无疑加重了中学的负担。马萨诸塞州安多弗文实学校校长塞西尔·班克罗夫特（Cecil Bancroft）曾抱怨：“适应大学，意味着和大学的事情一样多；适应科学院，意味着更复杂、更多样化的事情。”② 但班克罗夫特同时也承认，学生应该拥有和接受传统古典课程一样接受科学课程的权利。

由此，更多学位的设置和平行课程的开设确实将中学与大学之间的距离拉近了，但同时也增加了中学为大学做准备的难度。大学依旧只是有限的开放，中学也依旧在为多样化的入学要求做出努力。公立中学常常一方面陷入是否该为大学做准备的矛盾中，另一方面又在实践中不由自主地期待与大学发生一些联系。

① Harvard College, *Annual Report of the President and Treasurer of Harvard College, 1871-1872* (Cambridge: University Press, 1872-1873), p. 54.

② Cecil F. P. Bancroft, "The Service Rendered by the Secondary School" (American Institute of Instruction, Sixty-Second Annual Meeting of the American Institute of Instruction, Lectures, Discussions, and Proceedings, Bethlehem, N. H., July 6-9, 1891), pp. 66-67.

第二节 公立中学与大学的界限及其身份、职能的讨论

截至19世纪70年代，美国公立中学虽然同时提供英语课程和古典课程，但种种迹象表明，公立中学并未将大学预备教育作为其主要职责，或者说公立中学未能很好地完成其宣称的教授古典课程的任务。哈佛大学校长查尔斯·埃利奥特曾明确指出这一问题："中学维系希腊语课程要花费一笔不菲的支出，只为了使仅有的那百分之二三的学生受益"①，但"即使所有的大学都将希腊语作为入学要求……那些进入公立中学的男孩和女孩也依旧对希腊语不感兴趣，他们不想学习那些"②。埃利奥特发现，到"1884年，将男、女生人数加起来计算，马萨诸塞州的公立中学中平均每100位学生里只有1位能够进入大学"③。然而，马萨诸塞州并非特例，威斯康星州密尔沃基中学（Milwaukee high school）1868—1880年共招收了2186名学生，其中只有16名最终进入大学。据估计，整个威斯康星州1所公立中学平均每年只有1名学生进入大学。④ 这种情况的出现一方面源于公立中学往往在为大学做准备方面表现出某种抵抗情绪，另一方面也与公立中学自身的发展不平衡及中学和大学的界限没有得到明确界定有关。内战之后，当对公立中学的诉求变得更多、更高时，公立中学并未做好准备去应对。

---

① Harvard College, *Annual Report of the President and Treasurer of Harvard College, 1873-1874* (Cambridge: University Press, 1875), p. 10.

② Harvard College, *Annual Report of the President and Treasurer of Harvard College, 1873-1874* (Cambridge: University Press, 1875), pp. 9-10.

③ Charles W. Eliot, "Present Relations of Mass. High School to Mass. College," *Journal of Education* 21, (Jan. 1885): 19.

④ George W. Peckham, "President Bascom and the High School," *Wisconsin Journal of Education* 11, (Jul. 1881): 302-303.

一、公立中学发展的不平衡性

公立中学最先出现于工商业贸易发达的东北部城市波士顿，但波士顿英语中学并不能代表美国公立中学的全部。在一个极具内部异质性和多样性的国家，公立中学也天然地带有非同质性。波士顿英语中学仅展现了公立中学最先建立的东北部城市的教育面貌，除此之外，拥有高规格公立中学的还有辛辛那提、圣路易斯、旧金山、波特兰等一些古典教育基础较为薄弱的城市。这些城市的中学校舍几乎是市镇中最宏伟的建筑之一。如辛辛那提的伍德沃德中学坐落于典雅精致的都铎式建筑中，哥特式的铁艺围墙将学校围在中间，拱墩之上极具装饰性的小塔尖封顶搭配着丰富多样的花色窗棂，显得格外有气质。学校内部有两个实验室、一个演讲厅、一个图书馆及多个装修考究的教室。[①] 但这些并不代表公立中学在所有城市都得到了同等程度的发展。事实上，在多数城镇，公立中学的发展极为有限。它们不是由城市重新择址建立或毗邻公立学校而建，而是在既有的公立学校或文法学校的基础上新增加一个或几个年级，或者由学区内的一些学校合并而成。

在康涅狄格州和伊利诺伊州，只有不到15%的公立中学有自己的独立校舍，[②] 密歇根州的许多公立中学仅是在初级学校的基础上增加几个小班或一两间教室，而且没有确定的证据表明早期伊利诺伊州的免费公立中学是四年制的。在这些学校，初等教育、中等教育、师范教育之间的区分是很模糊的，学校往往不确定自己的角色定位到底是什

---

① David B. Tyack, *Turning Points in American Educational History* (Waltham: Blaisdell Publishing Company, 1967), p. 355.

② Theodore R. Sizer, *Secondary Schools at the Turn of the Century* (New Haven, Conn.: Yale University Press, 1964), p. 261.

么。公立中学的教师常常要讲授从初等学校到中学的所有课程，[①] 更有些中学教师是直接从低年级拉过来的，他们的授课内容“更适合 8 岁的小学生而非中学生”[②]。基于此，艾默尔·布朗认为，20 世纪“之前的半个世纪典型的趋势是公立学校向上延拓至公立中学”[③]，这一观点也得到了后世研究者的论证[④]。

不同形态的公立中学对不同城市、不同群体的意义必然不同。那些在大城市中拥有独立校舍的公立中学目标明确，就是要满足城市中不断发展壮大的中产阶级的实用需求，同时维系城市的公共秩序和道德规范。然而，那些在公立学校之上建立的公立中学，常常迷失在不同理想和志向之间，校长和教员们常常不确定他们在有限的资源条件下能做些什么，甚至不知道为大学做准备和为现实生活做准备分别意味着什么。最终，这种公立中学将那些想学习古典语言而不论其是否打算上大学的学生都招纳进来，那些教授古典课程的教师则将古典知识作为其寻求社会地位的手段，他们知道只有古典课程才能彰显他们的学术水平，继而才有机会转去大学任教。最终，这些发展较为迟缓的公立中学反而先被古典课程占领，开始为大学做准备，即使它们的古典教育基础极其薄弱。

---

① Paul E. Belting, "The Development of the Free Public High School in Illinois to 1860," *Journal of Illinois State Historical Society* 11, No. 4 (Jan. 1919): 170.

② Theodore R. Sizer, *Secondary Schools at the Turn of the Century* (New Haven, Conn.: Yale University Press, 1964), p. 261.

③ Elmer Ellsworth Brown, *The Making of Our Middle Schools* (New York, London, and Bombay: Longmans, Green, and Co., 1902), p. 321.

④ See Theodore R. Sizer, *Secondary Schools at the Turn of the Century* (New Haven, Conn.: Yale University Press, 1964), p. 261.

二、中学与大学界限的不明晰

截至19世纪70年代，许多城市和市镇虽已建立公立中学，但并没有一个预定的假设说公立中学就要满足大学对生源不断增长的需求。那些大城市中的公立中学多志不在此，而小城镇中的公立中学又实力有限。因此，有人认为此时的公立中学仅在名称或意图上是中等教育的。1873年，美国教育委员会对公立中学的发展表示担忧："虽然少数公立中学水准较高，能为大学或科学院提供优质的预备教育，但一些有经验的教师发现，无论学生的目标是进入大学、科学院还是商业领域，大部分公立中学的教育质量或教授程度都不能满足这些需求。许多公立中学在做初等学校要做的事。"① 1874年《国家》（*the Nation*）杂志中的一篇社论同意教育委员会的观点，认为无数的公立中学声称要提供优质的大学预备教育，但很少付诸实践。②

面对各种批判，一些公立中学试图通过更改学校名称来提升形象和地位，乔治镇学院（Georgetown College）、卡尔顿学院（Carleton College）和阿肯色学院（Arkansas College）等就是如此得名的。③ 靠披着"学院的外衣"实施障眼法显然不能使中学成为真正的学院或大学，对提升中学的质量也毫无助益。大卫·泰耶克（David B. Tuack）曾辛辣地讽刺美国乡村地区的公立中学不过是附设于初等学校之上的高年级的尊称而已，就好像19世纪学院（college）一词通常指代志存

---

① Bureau of Education, Commissioner of Education, *Report of the Commissioner of Education for the Year 1873* (Washington, D. C.: Government Printing Office, 1874), p. xlix.

② Editorial, "Schools and Scholarship," *The Nation* 19, (Oct. 1874): 215.

③ Bureau of Education, Commissioner of Education, *Report of the Commissioner of Education for the Year 1873* (Washington, D. C.: Government Printing Office, 1874), pp. 586-639.

高远却成就低下的中学一样。[①]

公立中学通过更改名称维系形象和地位的做法在很大程度上表明19世纪70年代美国中学与大学的关系还比较混乱，界限还不清晰，没有严格的标准将各级各类教育明显区分开。1872年，美国教育委员会也提到，“我们的小学与中学之间、中学与大学之间的界限并不是非常清晰”[②]。不仅公立中学与大学界限不清，作为大学主要预备机构的文实学校同样如此。由于发展不均衡，有些文实学校提供的教育与邻近街区的公立初等学校差不多，而有些文实学校提供的教育可能比附近的学院还要高深。查尔斯·哈曼德（Charles Hammond）发现，19世纪70年代，马萨诸塞州的埃克赛特文实学校已经可以提供几十种科学课程，并且能提供高深的古典知识，相当于当时许多大学的水平，甚至超过当时的一些大学。[③]

这种混乱绝不单是中学一方导致的，大学一方也难辞其咎。之所以这样说，是因为19世纪70年代及之前很长一段时间，美国很多大学（尤其是中部和西部地区）承担了本应由中学承担的任务，将大学预备教育控制在自己手中，而非交给中学。1873年，堪萨斯大学通过正常的中等预备学校才招收了77名新生，而从其附属的预科部招收了150名新生。明尼苏达大学同样如此，它从自己的预科部招收了232名新生，远远高于来自中等预备学校的44名。俄勒冈州的太平洋大学（Pacific University）从自己的预科部招收了100人，从预备中学才招

---

① David B. Tyack, *Turning Points in American Educational History* (Waltham: Blaisdell Publishing Company, 1967), p. 354.

② Bureau of Education, Commissioner of Education, *Report of the Commissioner of Education for the Year 1872*, (Washington, D. C.: Government Printing Office, 1873), p. XXXIV.

③ Charles Hammond, "Discussion" (National Educational Association, The Addresses and Journal of Proceedings of the National Educational Association, session of the year 1873, held at Elmira, New York, 1873), p. 43.

收了 5 人。在纽约城市大学 1878 年所招收的 925 名新生中，有 592 名来自大学自己的预科部。在宾夕法尼亚州的西部大学（Western University of Pennsylvania）1878 年招收的 195 名新生中，有 142 名来自大学自己的预科部。纳什维尔大学（University of Nashville）有 179 名新生来自大学自己的预备计划，49 名来自大学预备学校。[①] 有人讽刺此时的大学不过是拥有附属专业学院的较好的文实学校而已，科伊（E. W. Coy）更曾公开嘲讽说，“college”一词包含了“从二流的文法学校直到大学的所有机构，如果我们的教育体系还有什么地方比较混乱，那肯定是所谓的高等教育”[②]。

大学之所以严重依赖预科部，与我们一直提到的中学与大学之间还未形成制度化的关系有关。中学和大学各自拥有自己的传统和惯例，一方面，中学很少有为大学提供预备教育的意识；另一方面，大学也从不愿意放低姿态与中学接触。中学即使为大学提供预备教育，也仅仅是与大学松散的关联，并未有制度上和思想上的准备和设计，二者之间很少交流和沟通，而且更多时候大学和中学互相将对方作为生源的竞争对手。因为前面讲到大学的招生规模直接决定了清偿能力的大小，故大学多不愿意将预备教育交给低一级机构。

公立中学通过更改名称提升形象、大学通过预科部承担预备教育职能的现象表明，到 19 世纪 70 年代，美国中学与大学的衔接关系还未完全确立，二者分别在各自的认知中维系着自己作为“终结性教育”的定位。在对方入侵自己的领域时，双方又各有应对，相互不满又需

---

① Marc A. VanOverbeke, *Climbing the Ladder : The Evolving Relationship between Secondary and Higher Education and the Standardization of American Schooling , 1870-1910* (Madison: University of Wisconsin-Madison, 2005), pp. 21-23. 相比之下，新英格兰地区的大学与中学之间的界限要更明确一些。1878 年，在新英格兰地区的大学的 4200 位大学生中，只有 370 位来自大学预科部。

② E. W. Coy, "Discussion" (National Educational Association. Journal of Proceedings and Addresses, session of the year 1894, held at Asbury Park, New Jersey, 1894), p. 752.

要彼此关照，相互竞争又需要彼此依赖，是这一时期美国中学与大学关系的真实写照。要解决这一问题，就需要对一些根本性问题进行澄清：中等教育到底应该在哪里终结，高等的或专业的大学教育又应该从哪里开始？如何区分中学与大学的界限和职责，并且将其在一个统一的教育体系内联结起来？对这些问题的回答将构成19世纪70年之后美国教育领域最重要的命题。意识到这些棘手的问题，普林斯顿大学校长詹姆斯·麦考什（James McCosh）站了出来，他并不建议大学过于依赖其附属的预科部，他看到的是建立一整套公立中学体系对提升美国大学地位、增强中学与大学联系所带来的无尽好处。

三、大学对公立中学能否作为预备机构的讨论

1873年8月，在纽约召开的全美教育协会年会上，普林斯顿大学校长詹姆斯·麦考什提出了长久以来困扰美国大学与中学的关系问题："美国大学目前需要克服的最大困难在于，全美各州对预备学校的迫切需求与现有的那些打算为大学培养生源的文实学校存在诸多不足"① 之间的矛盾。"我们的年轻人如何从低一级机构向更高的平台攀登呢？每个人都听过这样的故事——某人建了一座精致的房子，有两层高，每一层都足够宽敞，但这个人忘记了在两层之间架楼梯。在我看来，我们许多州都犯了类似的错误。我们需要一套中间学校（intermediate schools）体系使全美那些有能力的年轻人进入大学接受教育。"②

---

① James McCosh,"Upper Schools"(National Educational Association, The Addresses and Journal of Proceedings of the National Educational Association, session of the year 1873, held at Elmira, New York, 1873), p. 22.

② James McCosh,"Upper Schools"(National Educational Association, The Addresses and Journal of Proceedings of the National Educational Association, session of the year 1873, held at Elmira, New York, 1873), p. 23.

麦考什极力推荐建立一套强大的中等教育体系，以与大学更好的衔接：“当下美国教育面临的最大需求是审慎合理地分布中等学校，培养那些从初等学校毕业的、以后有可能进入更好的大学的优秀青少年。”① 他分析说，德国的中等教育体制虽好，却不适合美国。英国的公立中学也是极好的，但只为少数人服务，主要针对贵族和上层子弟，并非真正“为了公众”（for the public），爱尔兰也同样如此。而美国的教育状况似乎更令人绝望，麦考什说自己经常收到各地父母的来信，控诉他们那里方圆百里都没有一所能够培养他们的孩子进入学院或教给他们高深知识的学校，“大部分地区，甚至在一些最先进的州，不仅没有一所为中下层子弟提供高深知识的公立中学，甚至连一所像样的文实学校都没有”。这种教育环境使“大量有天赋的孩子被埋没，他们本能够在文学、科学、政治、宗教等高品质的生活轨道上有所作为，却被迫倾其一生从事体力劳动。我认为，中学是每个国家培养人才的主要途径，它从初等学校中挑选最具潜能的孩子并将他们送至学院或高品质的生活轨道。在那里，学生能够通过某些途径使自己出类拔萃并对他的国家有所贡献”②。麦考什对美国中等教育的现状做了鞭辟入里的分析，在解决办法上，他虽认可通过文实学校填补对中等教育的迫切需求与现实之间的鸿沟，但这种学校可能是比较分散的、不均衡的，极易导致一些地区发展过剩或扎堆竞争，而另一些地区则家徒四壁、一无所有。因而，麦考什提出另一种建议——将联邦《莫雷尔赠

① James McCosh,“Upper Schools”(National Educational Association, The Addresses and Journal of Proceedings of the National Educational Association, session of the year 1873, held at Elmira, New York, 1873), p. 23.

② James McCosh,“Upper Schools”(National Educational Association, The Addresses and Journal of Proceedings of the National Educational Association, session of the year 1873, held at Elmira, New York, 1873), p. 31.

地学院法案》（*Morrill Land Grant College Act*，简称《赠地法案》）[①]拨付的部分资金和各州及城市的公共资金联合起来，用于建立一套强有力的公立中学体系。与直接为大学拨款相比，麦考什认为建立由公共税收支持的公立中学体系能够为高等教育做出更大的贡献——“与直接捐钱给大学相比，用公共资金扶持公立中学将更有利于帮助大学”[②]，因为“事实上，大学不得不面临的最大困境在于，随着大学标准的不断提升，能够为其培养生源的中学太少了”，“大部分地区……没有一所名副其实的公立中学或文实学校，导致学院仅靠着较低的学术水平维系生存，时刻处于一种岌岌可危的状态”。[③]

来自宾夕法尼亚公立学校的校长詹姆斯·维克沙姆（James Wickersham）对麦考什的建议表示赞赏。他的建议更加激进，认为“最好增加公立中学的数量，减少文实学校或习明纳（seminar），就像马萨诸塞州所做的那样，每个城镇都建立一所公立中学，提供古典的、数学的、科学的教育。我们宾夕法尼亚现在就这样做，如果其他州也行动起来，我们就可以取消古老的文实学校”[④]。维克沙姆的这一观点遭到马萨诸塞州一所文实学校校长哈曼德的反对，他认为公立中学属

---

① 《莫雷尔赠地学院法案》于1862年由美国参议员贾斯汀·莫雷尔（Justin Smith Morrill）推动实施，要求联邦政府提供土地用于创办赠地大学，并且允许大学将土地变卖，用卖地之资作为学校经费。在该法案的推动下，美国兴建和改造了一批大学，其中一些日后发展成了世界著名的大学，如康奈尔大学、加州大学等。

② James McCosh, “Upper Schools” (National Educational Association, The Addresses and Journal of Proceedings of the National Educational Association, session of the year 1873, held at Elmira, New York, 1873), p. 34.

③ James McCosh, “Upper Schools” (National Educational Association, The Addresses and Journal of Proceedings of the National Educational Association, session of the year 1873, held at Elmira, New York, 1873), pp. 29-30, 35.

④ James Wickersham, “Discussion” (National Educational Association, The Addresses and Journal of Proceedings of the National Educational Association, session of the year 1873, held at Elmira, New York, 1873), p. 37.

于大众教育，虽可以作为大学的补充，但它的初衷并不在于为大学培养生源，因而不能像文实学校那样专门以大学预备教育为目的，“如果每个人都进入学院，那么社会将变成什么样子？人活在世上是为了谋个营生，做份工作，履行天命。天命就是除了某些人之外，并不是所有人都能进入学院”①。

哈佛大学校长查尔斯·埃利奥特对麦考什的建议做了最长的回应。在他看来，公众将不会支持由公共财政支持的公立中学作为大学预备学校，“由地方税收支持的公立中学，不适合为大学做准备”②。19 世纪 70 年代，哈佛大学从所谓的公立中等教育机构中招纳的生源数量虽达其招生总数的 40%—45%，但贡献最大的其实是波士顿拉丁文法学校和坎布里奇中学这两所学校。前者一直以来都是少数人的专利，而后者更是由霍普金斯家族捐赠。从严格意义上讲，它们并非真正的“公立中学”。除去这两所中学，哈佛大学从其他公立中学招纳的生源不到其生源总数的 15%。由此，埃利奥特认为大学的生源还是应该主要由文实学校或其他私立中学来培养，这不仅是哈佛大学的现状，也是其他许多大学的现状。“我们捐赠文实学校，并非要取代公立中学，而是要补充它们的功能”③。公立中学的首要使命是“为学生提供英语、数学，以及极少的古典知识，直到他们 17 岁。在这里，只有很小比例的

---

① Charles Hammond, “Discussion” (National Educational Association, The Addresses and Journal of Proceedings of the National Educational Association, session of the year 1873, held at Elmira, New York, 1873), pp. 42-43.

② Charles W. Eliot, “Discussion” (National Educational Association, The Addresses and Journal of Proceedings of the National Educational Association, session of the year 1873, held at Elmira, New York, 1873), p. 44.

③ Charles W. Eliot, “Discussion” (National Educational Association, The Addresses and Journal of Proceedings of the National Educational Association, session of the year 1873, held at Elmira, New York, 1873), p. 44.

学生可以进入学院。而在文实学校中几乎所有人都会进入学院”①。“与为大学做准备相比，公立中学有不同的功能，为小部分学生进入大学做准备阻碍了它为更重要的法定功能（指为生活做准备）尽责”②。这一观点在埃利奥特刚刚接任哈佛大学校长之职时也公开表达过。1869年，为了提升劳伦斯科学院的学术标准，刚上任不久的埃利奥特便向波士顿公共学校的督学提出要求，建议波士顿的拉丁文法学校同时提供古典的、科学的高阶教育为大学做准备，而波士顿英语中学则最好发挥“它的固有功能”，为那些不打算接受高等教育的学生提供某些一般性训练。埃利奥特认为，为大学做准备的中等教育机构和不为大学做准备的中等教育机构之间存在根本区别，前者主要指文实学校、捐赠学校等一些私立中学，后者主要指公立中学。那些公立中学的学生只需学习一门外语和一些物理、化学知识，将学习拉丁语的学生和不学习拉丁语的学生放在一起是荒谬的，“两种中学之间的秉性和精神气质是不同的……不适合混在一起……每种学校应该专注于自己的学生群体”③。

在1873年的会议中，埃利奥特接着指出了马萨诸塞州民众对使用公共经费支持少数家庭子弟学习高深学问的不满：“马萨诸塞州的教训是什么？就是它的中学无法满足大学需求。”“技工、锻工、织工抱怨说：‘为什么我们要为律师和牧师的儿子接受专业教育支付薪资呢？社会并未给我的儿子提供锻造或织布工艺的教育，为什么却为律师的儿

---

① Charles W. Eliot, "Discussion" (National Educational Association, The Addresses and Journal of Proceedings of the National Educational Association, session of the year 1873, held at Elmira, New York, 1873), p. 44.

② Charles W. Eliot, "Preparatory Schools," *Wisconsin Journal of Education* 6, (Mar. 1876): 101.

③ Hugh Hawkins, *Between Harvard and America: The Educational Leadership of Charles W. Eliot* (New York: Oxford University Press, 1972), pp. 225, 227.

子提供了他职业所需的知识呢?’”[①] 由此来看，公立中学根本不适合作为大学预备机构，因为最终能上大学的毕竟是少数人。如果将公共经费用于扶持公立中学的大学预备功能，将使公立中学最终沦为“少数人的机构”。埃利奥特坚决反对麦考什提出的联邦、州和地方政府为公立中学提供支持的建议，认为政府的支持将“削弱我们的士气，同时削弱我们自由的基础。它介入了我们的天命——一个独立的、自食其力的自由种族的繁衍。我希望不会有赞成政府支持公立中学作为大学预备机构的声音出自这个协会”[②]。从以上来看，埃利奥特是在保证公立中学的公共性，使其免于沦为少数人的特权机构。实际上，埃利奥特更关注的是“让那些试图建立‘真正的大学’的人们关注捐赠型的私立中学”[③]，而这背后是对哈佛大学自身利益的考量。

作为新英格兰地区历史最悠久的大学之一，哈佛大学在过去几十年里与预备学校及背后的慈善家族往来密切，它的许多生源来自波士顿拉丁文法学校、埃克赛特文实学校、安多弗文实学校、坎布里奇中学等。凭借着与哈佛大学的亲密关系，这些预备学校在 19 世纪的大部分时间都将自己视为哈佛的“老伙计”，源源不断地为哈佛输送着生源。内战后，在诸多大学（尤其是中西部大学）因缺乏生源而无以为继，不得不依靠大学预科部培养生源时，哈佛大学的生源却一直保持稳定（见表 1-1-1）。

麦考什的发言从两个方面威胁到了哈佛大学的利益：首先，由公

---

① Charles W. Eliot,“Discussion”(National Educational Association,The Addresses and Journal of Proceedings of the National Educational Association,session of the year 1873,held at Elmira,New York,1873),p. 44.

② Charles W. Eliot,“Discussion”(National Educational Association,The Addresses and Journal of Proceedings of the National Educational Association,session of the year 1873,held at Elmira,New York,1873),p. 44.

③ Hugh Hawkins,*Between Harvard and America : The Educational Leadership of Charles W. Eliot*(New York:Oxford University Press,1972),p. 228.

共税收扶持的公立中学的推广将对哈佛大学的生源校形成竞争压力；其次，公立中学大学预备功能的强化将使那些因缺乏生源而无以为继的大学和学院重获生机，对哈佛的优势地位产生某种威胁。因而埃利奥特对此持坚决反对态度。

在公立中学无法承担大学预备功能这一点上，俄亥俄州的塔潘（E. T. Tappan）与埃利奥特立场一致。塔潘坦言，俄亥俄州三分之二的大学生源来自大学预科部，只有不到十分之一的学生来自公立中学，公立中学“很少教授古典知识，它们也不打算这样做，它们志不在此”[①]。

面对质疑，麦考什也做出了回应，认为埃利奥特说“商人拒绝出钱为牧师和律师的儿子提供教育。而我们说的是，你们出钱办的学校，你们自己的孩子可以进去。我们想要的是那种这个国家的穷人子弟能够在几英里[②]内学习，使其能够向上流动至最高地位的学校”[③]。这确实是在为中下层子弟发声，但不要以为麦考什就是站在“为了穷人向上流动”“为了公众”的立场，他试图解决的是那些没有预备学校的大学和学院该如何生存的问题，以及威胁到他校长之职的普林斯顿大学生源下降的危机。

事实上，在接任校长之位后不久，麦考什就意识到普林斯顿正深处生源危机中。1872 年普林斯顿大学的招生数量稍有下降，麦考什就被严重警告了。他给董事会的解释是“我们在中部各州缺乏生源校……在新英格兰地区，大学的生源多来自州或市镇支持的中学和私人捐赠的学校，而在新泽西、宾夕法尼亚、马里兰、特拉华等州，我

① E. T. Tappan, “Discussion” (National Educational Association, The Addresses and Journal of Proceedings of the National Educational Association, session of the year 1873, held at Elmira, New York, 1873), p. 37.

② 1 英里＝1. 609 344 千米。

③ James McCosh, “Discussion” (National Educational Association, The Addresses and Journal of Proceedings of the National Educational Association, session of the year 1873, held at Elmira, New York, 1873), p. 49.

们没有这种学校”[1]。中部各州的那些想送其子弟进入普林斯顿大学的父母通常需要先将其子弟送进著名的安多弗文实学校、埃克赛特文实学校等新英格兰地区的预备学校。而在那里，普林斯顿显然处于劣势，因为“除了哈佛大学，孩子在那里听不到任何有关其他大学和学院的信息……这样，与其他大学相比，哈佛大学占尽优势。想让学生坚持己见不受周围环境的影响难如登天，他们十有八九会改变主意选择哈佛，而将其家族的宗教信仰抛诸脑后”[2]。对麦考什而言，没有什么比建立一套大学预备机构更重要、更迫切的了。在无法立即找到生源校或建立自己的预备学校之前，麦考什急于将希望寄托在内战后迅速崛起的公立中学上。他的演讲引发了当时美国教育领域的热烈讨论，而在各种观点背后，事实上是一种对公立中学的职能的探讨，即公立中学是应该作为大学预备机构与大学有效衔接，还是应该成为终结性教育机构继续为学生的实用生活做准备？抑或两者兼备？关于这一问题，将在一场关于公共税收是否能够用于开办教授古典科目的公立中学以与大学有效衔接的诉讼案——卡拉马祖案中得到解答。

第三节　公立中学作为大学预备机构的合法性：卡拉马祖案及其意义

1817 年，在密歇根还未作为一个独立的州加入美国时，密歇根地区已经颁布法令要求建立学术大统殿或密歇根尼亚大学（Catholepistemiad

---

① James McCosh, *MS Report to Board of Trustees*, *12 February 1880*, Cited in Thomas Jefferson Wertenbaker, *Princeton*, *1746-1896* (Princeton, NJ: Princeton University Press, 1973), pp. 313-314.

② James McCosh, *MS Report to Board of Trustees*, *12 February 1880*, Cited in Thomas Jefferson Wertenbaker, *Princeton*, *1746-1896* (Princeton, NJ: Princeton University Press, 1973), pp. 313-314.

or University of Michigania），并且赋予大学建立文实学校、中小学、图书馆、博物馆、艺术馆、植物园、实验室等具有实际效用的文化科学机构的特权。待《1821年法令》（*Code of 1821*）重新对密歇根尼亚大学的权利做出调整后，法令依旧保留了大学建立附属的学院、文实学校和中小学的权力。[①] 1837年，密歇根正式加入美国版图，密歇根尼亚大学更名为密歇根大学，州立法依旧授权大学建立中等教育性质的大学分支机构，用来连接州内的公立初等学校和密歇根大学。这样一套涵盖初等、中等和高等教育机构的教育体系在密歇根州建立起来，中学虽作为大学预备机构而存在，但只是附属于大学的分支而已。

将公立中学作为一条联系公立初等学校和州立大学的纽带的想法，最先由密歇根州的督学艾拉·梅休（Ira Mayhew）提出来。1849年，梅休建议在该州的联合学校（Union schools）中建立公立中学，以推动该州公立学校运动[②]更加有效地开展，同时更好地辅助大学，为大学培养生源，进而在密歇根州建立一整套紧密衔接的公共教育体系。但是，因在公立中学是否可以使用公共税收这一问题上未达成一致意见，建立公立中学的设想未能实现。直到1858年，卡拉马祖联合学校建立中学部并正式招生，一场关于公立中学的经费、课程和目标的论辩——卡拉马祖案就此拉开序幕。

一、卡拉马祖联合中学的建立及引发的争议

1853年，德怀特·梅（Dwight May）继任卡拉马祖第一学区学区

---

① See "Charles E. Stuart and others v. School District No. 1 of the Village of Kalamazoo and others," in *Michigan Supreme Court Reports Series* (Detroit: Richmond, Backus & CO., Printers and Binders, 1883), pp. 70-84.

② 1837年，密歇根州颁布《1837年初等学校法》(*Primary School Law of 1837*)，密歇根州的公立学校运动正式开始。

长。上任之后，梅不遗余力地推进学区内联合学校的建立，但因选址问题而终未成功。1855 年，州立法的更新赋予了学区董事会在选民未达成一致意见的情况下拥有选址的权利，使联合学校问题出现转机。1857 年初，在选民仍未能就联合学校校址达成一致意见的情况下，卡拉马祖学区监事会决定使用 6500 美元购买 5 英亩①土地用于建立联合学校。次年 12 月 6 日，联合学校建成，分为 4 个部门，即初等学校、中间学校、文法学校和中学，中学部位于学校的第三层。②

卡拉马祖联合学校试图用公共税收维系中学部，这与当时美国其他州的公立中学无甚区别。但联合学校中的公立中学除了教授现代科目外，更重视拉丁语、希腊语、高等数学、自然哲学等古典科目，并且将公立中学明确地作为连接公立初等学校与州立大学的纽带，这在当时是前所未有的。在全美很多地区，尽管公立中学声称会教授古典学科，但其实际上就是一种为了实用生活而建的中等教育机构。而在卡拉马祖学区，公立中学则被明确地赋予了衔接职能，作为正式的大学预备机构而存在。在关于公立中学的公共资助问题仍争议不断、未能达成一致意见时，卡拉马祖公立中学却一直作为大学预备机构在招生和运转，这招致了查尔斯·斯图亚特（Charles E. Stuart）、西奥多·谢尔顿（Theodore P. Sheldon）和亨利·布利斯（Henry Brees）等地方名士的不满。1873 年，他们联名将卡拉马祖第一学区告上法庭，关于公立中学的各种争议焦点被一一指出，一场关于公立中学是否可以使用公共税收、是否能教授古典科目为大学做准备的论争就此开始。

---

① 1 英亩＝4046.86 平方米。

② "Narrative History of the Public Schools of Kalamazoo," in *Triennial Exhibit of the Public Schools of Kalamazoo, for the Years 1874-75; 75-76; 76-77, Containing a History of the Schools: Report of the Superintendent, Revised Courses of Study, Laws of Organization, and Rules and Regulations* (Kalamazoo, Mich.: Board of Education, 1877), pp. 3-6.

二、控辩双方的论争与州最高法院的判决

斯图亚特等人的主要控诉依据：第一，卡拉马祖联合中学的合法性问题。1850年州宪法对使用公共税收开办初等学校以上的学校做出明确规定，要在学区儿童达到一定数量且通过公众投票表决的前提下方可建立中学。第二，联合中学教授拉丁语、希腊语等古典科目的合法性问题。州及地方法律已明确规定，由公共税收资助的学校需经过学区内选民的投票表决才能建立，并且只能教授与英语相关的科目，① 但卡拉马祖学区在未进行公投的情况下建立了中学并教授非英语科目。第三，"一项建立多级学校（graded school）和中学的立法"的合宪性问题。即便该立法合宪，也不能应用到卡拉马祖学区，因为联合中学并不是建立在纳税人公投的基础上。第四，卡拉马祖教育董事会没有雇佣督学的合法权利。②

对于以上控诉，学区董事会做出了相应辩护：第一，州法律赋予学区董事会将学校分段、分级并教授有利于学生发展的任何科目的权力。而且，对学校进行分级和建立中学部只是为了更有效地安置不断增多的入学儿童。第二，州法律并未指定学校应该教授哪些科目，以

---

① 1859年2月14日，密歇根州颁布专项法律对各学区做出如下规定：其一，学区的管理权由乡村董事会移交至6人组的教育董事会。其二，教育董事会有权对学区内的学校进行分类和分级并建立中学。其三，在学区选民投票授权的前提下，学区有权决定学校的入学资格、学费，有权依据需要规定学习科目和教材。其四，学区内的选民有权通过税收资助学校，免费向当地青少年教授英语等相关科目。另外，州宪法第三章第四条及卡拉马祖村的章程仅授权董事会在年度会议投票通过的前提下才能聘用英语教师、收取学费，但卡拉马祖学区在未进行投票的情况下建立了中学并教授非英语科目。See "An Act to Establish Graded and High Schools," in *The Compiled Laws of the State of Michigan: Compiled and Arranged under an Act of the Legislature*, Vol. 1, ed. James S. Dewey (Lansing, Mich.: W. S. George & Co., State Printers and Binders, 1872), pp. 1228-1229.

② Archie P. Nevins, "The Kalamazoo Case," *Michigan History* 44, (Mar. 1960): 98.

及科目之下应具体教授哪些内容。因此，卡拉马祖第一学区董事会对学校进行了分级，授权中学部教授古典知识，规定毕业生通过免试进入大学是完全合法的。第三，因为学区董事会没有征收学费的权力，因此必须由公共税收来扶持。第四，关于聘用督学的问题，1850 年州宪法赋予董事会聘用人员及支付费用的权力，那么聘用权力自然包括支付所聘人员薪资的权力。最后，董事会引用詹姆斯·坎贝尔（James V. Campbell）法官于 1871 年在安娜堡市（Ann Arbor）的演讲结束陈词，认为公立中学作为密歇根公共教育体系的重要组成部分，可以填补初等学校和大学之间的缝隙，在承担实用职能的同时为大学注入活力。①

1874 年 2 月 9 日，查尔斯·布朗（Charles R. Brown）法官代表巡回法庭对案件做出判决：首先，联合学校是一个多级学校，中学部设在其中而非在多级学校之外另外建立独立的公立中学。其次，1850 年州宪法规定了卡拉马祖第一学区由乡村董事会和主席管辖，1859 年专项法规定成立 6 人组的教育董事会，负责管理联合学校。因而，由教育董事会决定学校的分级和课程是合理的。再次，卡拉马祖第一学区于 1855 年通过了购买一处联合学校校址的决议，1856 年通过了建址决定，1858 年建成联合学校并投入使用，程序合法。最后，卡拉马祖第一学区主要开办了中学部、文法学校、中间学校、初等学校等，这些学校免费向当地居民子女开放，非本地居民则需要交纳一定的学费，符合相关法令。基于上述事实，布朗法官宣布，密歇根州的各项法令都赋予卡拉马祖学区教育董事会使用税收建立公立中学和聘用督学的

① See James V. Campbell, *Exercise at the Inauguration of Present Angel and the Laying of the Corner Stone of University Hall* (Ann Arbor: Courier Steam Printing House, 1871).

权力。①

然而，原告一方对巡回法庭的判决并不满意，随后便将此案上诉至密歇根州最高法院，要求最高法院就使用公共税收开办中学并教授古典科目的问题重新做出论证和澄清。经过长达 5 个月的听证和审理，1874 年 7 月 21 日，密歇根州最高法院的大法官们最终一致投票决定维持原判，支持卡拉马祖联合学校使用公共税收扶持中学部的做法。最高法院的大法官托马斯·库里（Thomas M. Cooley）执笔撰写并宣读判决词。

库里首先对卡拉马祖第一学区的合法身份和权利予以肯定，认为该学区是一个正规合法的组织，因而其在州法律许可范围内制定相关政策具有合法性。在此基础上，卡拉马祖第一学区有权对管辖范围内的学校进行规范和重组，有权向公众征税开办中学部。随后，库里回溯了密歇根州自 1817 年以来颁布的各项教育法规和政策，发现只要学区内选民同意缴税，州宪法、法律、规章等都未限制过学区内学校所授知识的级别或层次，或者限制过学校所授科目的属性。②

对于原告认为卡拉马祖第一学区中学部教授了英语之外的古典科目的控诉，最高法院回溯了《1827 年法案》（*Law of 1827*），指出该法案赋予初等学校和文法学校正当性，文法学校就意味着可以教授古典科目及其他高级学问。另外，密歇根地区《1835 年宪法》也明确指出要建立始于初等学校、止于大学的完善的教育体系。法案虽并未对建立中间学校做出具体说明，但也并未限制学区建立中间学校、设置层

① See *Thirty-Seventh Annual Report of Superintendent of Public Instruction of The State of Michigan with Accompanying Documents, for the Year 1873*（Lansing: W. S. George & CO., State Printers and Binders, 1874）, pp. 406-407.

② "Charles E. Stuart and others v. School District No. 1 of the Village of Kalamazoo and others," in *Michigan Supreme Court Reports Series*（Detroit: Richmond, Backus & CO., Printers and Binders, 1883）, pp. 70-84.

级和决定所教知识层次的权利。随后，密歇根州州长推荐了督学约翰·皮尔斯（John D. Pierce）为该州设计一套完整的普通教育体系。皮尔斯建议由大学开设分支机构，作为预备学校来连接初等学校和大学，为后续完善的教育体制的建立奠定了基础。1850 年，在密歇根州制宪会议中，关于免费学校需使用英语进行教学的建议[①]事实上误导了公众，认为学校只能教授英语及相关学科。这一建议在当时也遭到督学皮尔斯及大法官查尔斯·惠普尔（Charles W. Whipple）的反对。基于以上，密歇根州的人民是希望接受大学教育的，只是由于未对大学预备学校和分支机构做出具体规定，因而青少年只能通过公立初等学校、私立学校或出国等途径为大学做准备。密歇根州鲜有专门为大学做准备的私立学校，而出国接受教育又成本极高，因而公众希望在学区的公立学校的基础上建立公立中学的想法就不足为奇了。基于以上，原告认为"立法中所使用的公立学校或初等学校一词具有确切意义，普通学区仅限于开设这一类学校。立法权力部门征税资助开办初等学校，不能开办教授更高层次知识的学校"[②]是不能成立的。

最后，库里认为"从 1817 年起……本州关于免费学校的总方针一直是尽力为本州所有儿童提供教育，如果他们愿意的话，还可以提供古典教育"[③]，"古典教育要素应该为州内所有儿童共享"[④]。

---

① See John Swegles, Jr., *Journal of the Constitutional Convention of the State of Michigan* (Lansing: R. W. Ingals, State Printer, 1850).

② "Charles E. Stuart and others v. School District No. 1 of the Village of Kalamazoo and others," in *Michigan Supreme Court Reports Series* (Detroit: Richmond, Backus & CO., Printers and Binders, 1883), p. 84.

③ "Charles E. Stuart and others v. School District No. 1 of the Village of Kalamazoo and others," in *Michigan Supreme Court Reports Series* (Detroit: Richmond, Backus & CO., Printers and Binders, 1883), p. 84.

④ Daniel Calhoun (ed.), *The Educating of Americans: A Documentary History* (Boston: Houghton Mifflin, 1969), pp. 303-304.

三、公立中学作为大学预备机构的合法性的获得

从表面上看，卡拉马祖案是一起意在驳斥将税款用于资助中学和支付督学薪资的学校教育税控诉案，但事实上案件背后隐藏着广泛且深刻的制度性意义。通过司法途径对公立中学的合法地位做出判定，认为公立中学是美国公共教育体系的法定组成部分，使用公共税收扶持中学是合宪的，并且作为连接初等学校与大学的纽带，古典科目理应成为公立中学的主要教学内容。这就从司法层面对公立中学的衔接职能进行了确认。

后来，这一判决被称为“美国中学的大宪章”（the Magna Charta of the American high school），伴随该案出现的经常是“确立公共资金开办中学的合法性”“公立中学发展的里程碑”“为其他州开办公共税收扶持的中学提供了先例”等评价。教育史学家卡伯莱甚至将该判决与马萨诸塞州的《1827 年法案》相提并论，认为二者在美国公立中学发展史上具有里程碑式的意义。① 马萨诸塞州《1827 年法案》一方面要求人口达到规定数量的城镇必须建立公立中学，另一方面要求公立中学在达到一定标准后必须开设古典课程。正是在这一点上，卡伯莱将卡拉马祖案与其置于同一地位。在此之后，公立中学确实迅速发展起来。当然，我们不能妄言卡拉马祖案就必然与 19 世纪 70 年代之后公立中学的迅速增加存在一一对应的因果联系，但至少卡拉马祖案是可以作为多因一果中的其中一因。密歇根州公共教育督学年度报告显示，

---

① Ellwood Patterson Cubberley, *Public Education in the United States : A Study and Interpretation of American Educational History* (Boston: Houghton Mifflin Company, 1934), pp. 263-264.

1869—1870 学年，密歇根州拥有分级学校 246 所；[①] 1879—1880 学年，该州分级学校已达到 389 所。[②] 虽未将公立中学单列出来进行计算，但该州中等教育事业的发展可见一斑。到 1899—1900 学年，密歇根州已经建起 294 所公立中学，注册学生达到 28 811 人，位列全美第七。[③]

卡拉马祖案判决在某种程度上对坎贝尔法官于 1871 年在安娜堡市的演讲中指出的中学对弥补初等学校和大学之间的鸿沟方面的功能进行了论证。该案之后，在公众中逐渐达成某种共识，即利用公共税收扶持中学是正当合理的，并且公立中学理应作为连接初等学校与大学的纽带，主要教授古典科目。另外，在卡拉马祖案判决之后，其他各州的多起公立中学诉讼案都援引或参考了密歇根州最高法院的判决。1865—1893 年，伊利诺伊州、密苏里州、肯塔基州、密西西比州、堪萨斯州等关涉公立中学合法性问题的 9 例案件中有 8 例与卡拉马祖案判决一致，其中有 2 例[④]还直接援引了卡拉马祖案。这就意味着在密歇根及其他认可这一观点的州使用公共税收扶持公立中学是合法的，公立中学要担负曾经拉丁文法学校和私立大学预备学校所承担的古典教育任务。1876 年之后，许多公立中学开始提供拉丁语课程。随之而来的

---

① *Thirty-Fourth Annual Report of the Superintendent of Public Instruction of the State of Michigan with Accompanying Documents for the Year 1870*(Lansing:W. S. George & CO. ,State Printers and Binders,1871),pp. 182,185.

② *Forty-Fourth Annual Report of the Superintendent of Public Instruction of the State of Michigan with Accompanying Documents for the Year 1880*(Lansing:W. S. George & CO. ,State Printers and Binders,1881),pp. 33,158-159.

③ *Annual Report of the Commissioner of Education for the Year 1899-1900*,Vol. 2 (Washington,D. C. :Government Printing Office,1901),p. 2161.

④ 分别是 1881 年伊利诺伊州的“鲍威尔等诉教育董事会”案(William H. Powell v. The Board of Education)、1893 年堪萨斯州的“托皮卡市教育董事会诉威尔奇”案(Board of Education of the City of Topeka v. R. B. Welch)。See B. Jeannette Burrell and R. H. Eckelberry, “The High-School Question before the Courts in the Post-Civil-War Period,” *The School Review* 42,No. 4(Apr. 1934):263.

是这些州对中学与大学之间界限的明晰和功能的澄清，以及对建立一套涵盖公立初等学校—公立中学—大学的完整公共教育体系的期待。

然而，不要以为卡拉马祖案判决会即刻在全美掀起改善中学与大学关系的热潮，也不要以为公立中学会即刻摒弃“中学之后，教育即终结”的观念，完全转移到大学预备教育中来。事实上，东北部和西部的一些大城市的公立中学即使教授一些古典课程、承担某种大学预备功能，但其依旧将重点放在为社会实用需求做准备上，因为最终能够顺利进入大学的只有极少数学生，而且多进入的是大学中的科学院，[①] 如劳伦斯科学院、谢菲尔德科学院、约翰·格林科学院等，这些科学院对古典课程的要求较低。哈佛大学、耶鲁大学、普林斯顿大学其实依旧靠着与文实学校、文法学校或预备学校亲密无间的盟友关系招纳生源。此时，查尔斯·埃利奥特依旧认为公立初等学校是“直接、普遍有益的”，理应获得公共经费支持，而中学则完全不同，免费中学是通过获得不合理的公共支持来为少数阶层服务。在埃利奥特看来，公立中学一旦开始为大学做准备，就有沦为“少数人的机构”的危险。19 世纪 70 年代，与埃利奥特站在统一战线的还有一些中学代表和教师群体。1873 年，在讨论公立中学作为连接纽带为大学服务时，密尔沃基的中学委员会坚持认为，中学应该更好地回应初衷，为学生适应未来活跃的商业生活做准备。无独有偶，威斯康星教师协会（Wisconsin Teachers Association）在《威斯康星教育杂志》（*Wisconsin Journal of Education*）上也明确表示：“公立中学……如果将主要工作指向大学或学院，它就搞错了自己的功能，也损害了自身的利益。”[②]

尽管反对之声此起彼伏，19 世纪七八十年代公立中学作为连接纽

---

① Alexander James Inglis, *The Rise of the High School in Massachusetts* (New York: Teachers College, 1911), pp. 15-18, 35, 99-100.

② Merle Curti and Vernon Carstensen, *The University of Wisconsin: A History, 1848-1925*, Vol. 1 (Madison: University of Wisconsin Press, 1949), pp. 490-491.

带的观念还是被越来越多的人所接受。密歇根州、艾奥瓦州、威斯康星州相继通过了课程调整法令，要求公立中学更好地为大学服务。随后，公立中学的大学预备职能将在大学多样化的入学要求中被不断强化和放大。因为七八十年代之后美国大学不仅要求公立中学教授古典知识，还要求中学提供比以往更优质的、卓越的预备教育；要求公立中学随时留心大学入学要求的新变化，武装学生，早做准备；要求中学全身心地投入到衔接功能和为大学做准备上来，因为大学已不再满足于之前地区性学院的身份和地位，它们要转型成为全国性大学，在全美甚至全世界产生广泛而持久的影响。

第三章 衔接关系的调整和巩固：大学对中高关系的多元探索

19 世纪 70 年代之前，多数大学和学院都是地方导向的，它们服务于地区内的小范围，提供的入学机会也比较有限。[①] 70 年代之后，随着战后重建的开展，工业化、城市化进程的推进，尤其是交通运输业的发展，美国各州和地区之间的联系明显增多。与此同时，美国开始与外界，尤其是欧洲接轨。欧洲先进的科学技术和高精尖的制造能力令美国欣羡不已，而欧洲（特别是德国）高水平大学的发展更是让美国大学望其项背。如何从地方性学院走向全国性大学，进而与欧洲大学比肩，成为 19 世纪 70 年代后美国大学考虑的主要问题。

要有所作为，美国大学必须先完成以下几项工作：首先，大学需要改变自身的观念，从之前仅服务于地方需求转移到对全国性需求的关注；其次，美国大学要提升自己在全美的影响力，确立自己在教育体系中的“巅峰”位置，并且将这种形象和观念渗透至各级各类学校中，尤其明确与中学的界限；最后，大学需将生源范围扩大至本州以外的其他各州，一方面扩大自己在全国的影响，另一方面为高水平大学的建设寻找稳定的、持续的、优质的生源。为此，大学必须做出全面的设计和规划，在学科建构、生源拓展、课程设计、招生方式等各

---

① Harold S. Wechsler, *The Qualified Student* (New York: John Wiley & Sons, 1977), p. 5.

个方面有所行动。这一切将从大学自身的定位和转型开始，而定位的变化与转型的发生必然意味着中学与大学关系的新的调整和变化。

第一节　大学的现代化转型与中高关系的重新审视

大学自身定位的变化和转型的发生在很大程度上是外界环境导致的。当国家市场开始逐渐形成，之前以地方社区为核心的生活和发展模式逐渐被取代，之前主要服务于地方需求的大学为了更好地发展下去就要进行自我的重新定位，正如查尔斯·埃利奥特在就职演说中所讲的，“大学必须及时适应人们的品性的变化，后者是其赖以生存的基础……在这个瞬息万变的国度，大学和社会之间的关系总体上比社区之间的相互关系要更加易变和迅速”①。

一、大学的现代化转型：从地方性学院到全国性大学

随着内战后工业化、城市化的发展和移民的增加，美国开始从传统农业社会向工业社会转型。伴随工业化和城市化而来的是交通运输业的发展和全国性市场的形成。19 世纪七八十年代，“国家”（Nation）已经成为一个非常重要的概念，国家企业、国家市场成为当时的流行语。共和早期组织和管理公众生活的亲密社区已逐渐被城市、工厂、公司和市场取代，文化和教育机构也未能幸免。这一时期，美国的许多经济和文化机构逐渐从地方机构转向全国市场。从这一点来看，大学

---

① Charles W. Eliot, “Inaugural Address as President of Harvard College,” in *Educational Reform: Essays and Addresses* (New York: The Century Co., 1898), pp. 34-35.

似乎与其他经济和文化机构没什么两样。[①] 地方需求虽依旧在教育领域发挥着余温，但随着越来越多的学生从一地区到另一地区求学，不断增长的统一化和标准化诉求要求大学必须走出地区性学院的定位，放眼全国，关注全国性需求。国内方面，工业化、城市化的推进对知识增长提出了新的、更高的要求，越来越多的声音要求大学服务于社会公众；国外方面，欧洲尤其是德国大学的科学研究能力和学术自由魅力令美国艳羡不已。这些都要求美国大学必须拓宽眼界，拥有更大的格局和更高的视野。事实上，美国大学也意识到在一个更广阔、世俗化和联系密切的大环境中，仅仅依靠地方根基已经不足以维系和保全它们长久以来在探究高深学问方面的主导地位。尤其是老牌精英大学如哈佛大学、普林斯顿大学，州立大学如密歇根大学、威斯康星大学等，[②] 它们想要在整个国家连成一片时继续引领潮流，吸引全美甚至全世界的关注，它们想成为全国性调查研究中心，[③] 招募来自全美各地的优秀教授和生源，在更广阔的环境中产生持久的、广泛的影响力。要达成上述这些目标，它们必须从各个方面调整和改变自我。正如埃利

① See Robert Wiebe, *The Search for Order, 1877-1920* (New York: Hill and Wang, 1966), pp. 111-132; Thomas L. Haskell, *The Emergence of Professional Social Science* (Urbana: University of Illinois Press, 1977), pp. 24-27.

② 这一时期向全国性大学转变的大学主要有三类：第一类是美国最古老、最顶尖的精英大学，主要有哈佛大学、耶鲁大学、普林斯顿大学、宾夕法尼亚大学、哥伦比亚大学等。第二类是中西部的州立大学，主要有密歇根大学、威斯康星大学、伊利诺伊大学、明尼苏达大学、加利福尼亚大学等。第三类是 19 世纪后期靠私人基金会建立起来的康奈尔大学、约翰斯·霍普金斯大学、斯坦福大学、芝加哥大学、麻省理工学院等。在某种程度上，我们可以将其称为研究型大学。除此之外，多数大学、师范学校及地方性学院直到 20 世纪 20 年代依旧服务于地方的文化和经济需求，在地方拥有深厚的根基。

③ See Robert Wiebe, *The Search for Order, 1877-1920* (New York: Hill and Wang, 1966), pp. 111-132; Thomas L. Haskell, *The Emergence of Professional Social Science* (Urbana: University of Illinois Press, 1977), pp. 24-27; Frederick Rudolph, *The American College and University: A History* (New York: Vintage, 1962), pp. 177-200.

奥特所言，“当美国中学逐渐发展起来，提升至与德国的文科中学一样的水平时，我们就开始期待美国的学院能够学习德国的大学，与其齐肩”①。

从 19 世纪后期起，这些致力于走向全国的大学开始增加研究生项目，扩展专业学院，建立科学院、实验室、图书馆，引进新的学科。自然科学（物理、化学、生物等）、社会科学、经济学、现代语言等在这一时期进入大学，与原有的古典和现代学科并存，它们或相互独立或重新组合，使大学内部的知识结构发生了巨大改变。随之而来的是对古典学科和现代实用学科平等地位的探讨，以及教学和研究方式的转变。之前以文本阐释、文法记忆和背诵为主的教学已无法满足大学走向全国市场的需求，以科学、实验、推理、调查、研究为主的研究和学习方式开始逐渐成为主流。另外，一种通过理性的、系统的科学调查和研究解决社会问题、促进社会进步的观念开始进入大学，② 进而关于大学应该开展科学研究和从事社会服务的观念与之前探究高深知识、关注心智训练的观念开始并存于大学中。大学自身则试图在古典与科学、古典与现代、古典与实用之间做出调和，寻求某种折中的途径。在这之前，大学需要先审视以上所有变化对它而言意味着什么。

---

① Charles W. Eliot,“Inaugural Address as President of Harvard College,” in *Educational Reform : Essays and Addresses*(New York:The Century Co. ,1898),pp. 8-9.

② See Alexandra Oleson and John Voss,*The Organization of Knowledge in Modern America , 1860-1920* (Baltimore: The Jon Hopkins University Press, 1979), pp. 19-29; Thomas Haskell,*The Emergence of Professional Social Science : The American Social Science Association and the Nineteenth-Century Crisis of Authority* (Urbana: University of Illinois Press,1977),pp. 192,235-236;Burton Bledstein,*The Culture of Professionalism : The Middle Class and the Development of Higher Education in America* (New York: Norton,1976), p. 127.

二、大学作为教育体系的“巅峰”：中学与大学关系的重新审视

当大学意识到自己要为高深知识的存续和发展做出努力、要为精深的科学研究提供智力支持、要为更多的专业性岗位提供人力资源时，美国大学便明确了自己的位置，即大学是作为教育系统中最高一级的教育和研究机构而存在的。这种定位需要大学至少在三个方面做出努力：第一，大学需要摆脱预科部，将更多的精力用于高深知识的探究和科学研究的开展。第二，大学需要低一级教育机构为其培养优质生源，提前开发学生在高深知识和科学探索方面的智识和能力。第三，大学需要明确与中学的界限，确立自己在教育体系中的至高地位。这三点最终不约而同地指向了低一级学校。威斯康星大学的卡朋特教授（S. H. Carpenter）承认：“我们高等教育机构将在很大程度上决定中学的特质”，并且“我们高等教育机构的成功也决定性地依赖于低一级学校为我们提供稳定的生源”。① 密歇根大学代理校长亨利·弗雷泽（Henry Frieze）也意识到，“一所名副其实的大学要在美国生存下去，就必须建立在预备学校或文实学校较高的学术水平之上”②。弗雷泽的继任者安吉尔同样也认为“大学的繁荣依赖于低一级学校”③。

中西部大学附属预科部的开设虽然为大学提供了满意的生源，但它的缺点在于耗费了大学的资源、人力和时间，最终只培养了中等教

① Marc A. VanOverbeke, *Climbing the Ladder: The Evolving Relationship between Secondary and Higher Education and the Standardization of American Schooling, 1870-1910* (Madison: University of Wisconsin-Madison, 2005), p. 26.

② Henry S. Frieze, "President's Annual Report," in *Thirty-fourth Annual Report of the Superintendent of Public Instruction of the State of Michigan with Accompanying Documents: for the Year 1870* (Lansing: W. S. George & Co., 1871), p. 207.

③ University of Michigan, *The President's Report to the Board of Regents for the Year Ending June 30, 1874* (Ann Arbor: University of Michigan, 1874), p. 6.

育水平的预科生，而那些服务于预科部的教授其实是本应致力于高深学问和科学研究的。一些中学校长抱怨大学预科部承担了本属于中学的职责，对中学形成了不正当竞争，使中学在为大学做准备时常常显得被动和无助。一些大学教员也意识到，预科教育不应成为现代美国大学的组成部分，它只会消耗资源和人力。1878 年，在新英格兰地区的 4200 名大学生中，只有 370 名来自大学预科部。而在中西部及南部各州，一半及以上的大学生都在预科部学习大学预备课程。①

前文已经提到，在 1873 年的全美教育协会上，麦考什提出利用《赠地法案》的拨款建立一套公立中学体系，专门为大学培养生源。他之所以没有推荐文实学校的原因在于文实学校在美国发展得极不均衡，无法在广阔的地域范围内承担预备机构的责任。查尔斯·埃利奥特的分庭抗礼则是由于他认为公立中学与私立中学本质不一、目标不一，不应将大学预备教育和实用教育混为一谈。在他看来，只有少量的公立中学能够满足哈佛大学的入学要求，“在美国大部分地区，让一个男孩通过当地的公立中学进入大学几乎是不可能的……那些想让自己的孩子进入大学的父母通常在孩子还年幼时就送他们到离家较远的文实学校去接受优质的大学预备教育”②。然而，在随后的 10 年，当公立中学在全美各州逐渐发展起来并逐渐将大学预备教育和实用教育结合起来，具备了某种大学预备功能，而私立文实学校并未在数量上和生源上满足全国性大学对优质生源的需求时，埃利奥特开始意识到，私立预备学校不可能为哈佛大学及那些想发展成为全国性大学的学院提供所有生源。要想成为具有广泛影响力的全国性大学，继续在教育领域

① Bureau of Education, Commissioner of Education, *Report of the Commissioner of Education for the Year 1878* (Washington, D. C.: Government Printing Office, 1879), pp. lxxx-lxxxi, xc, 515-547.

② Harvard College, *Annual Report of the President and Treasurer of Harvard College, 1874-1875* (Cambridge: University Press, 1876), p. 11.

占据优势地位，哈佛大学必须跳出文实学校和预备学校的舒适圈，在全国招纳生源。而且，埃利奥特不得不承认公立中学的公共性和广泛性，以及从一开始就对实用和现代科目情有独钟的特质使其在寻找全国性生源中具备了无可比拟的优势，尽管它并不总是能够提供优质的、严苛的、高标准的大学预备教育。

在意识到中等教育对哈佛大学招收全国生源的重要性后，埃利奥特开始更加积极地关注低一级学校，尤其是公立中学。他曾多次参加马萨诸塞州古典中学教师协会（Massachusetts Classical and High School Teachers' Association）的年会并发表演讲，讨论美国中学的相关事宜，并且于 1885 年加入新英格兰地区大学与预备学校联合会（the New England Association of College and Preparatory Schools），共同商讨公立中学与大学的衔接问题。他与波士顿女子拉丁学校（Boston Girl's Latin School）和波士顿女子中学（Girl's High School）的校长约翰·泰特罗尔（John Tetlow）① 交好，两人也时常讨论公立中学的发展与变革事宜。他于 1876 年首次将中学教师与哈佛大学教员集中在一起开会，讨论中学与大学的关系问题。1882 年，他发表演讲提议建立国家和州层面的政府机制，为马萨诸塞州提供更好的免费中等教育，使教育体系内部的各级教育紧密联系起来，为不同需求的学生提供从初等到高等的连贯教育。② 1884 年，他再次提到教育阶梯和教育机会的均等问题，但这次他一转之前对公立中学的态度：

> 公立中学为那些无法支付私立学校或文实学校学费的学生提

① 埃利奥特十分欣赏泰特罗尔的为人并与其交好。二人通信频繁，时常就美国的教育问题，尤其是中等教育问题进行探讨。泰特罗尔随后成为埃利奥特领导的十人委员会的成员之一，后文还会具体讲到。

② Hugh Hawkins, *Between Harvard and America: The Educational Leadership of Charles W. Eliot* (New York: Oxford University Press, 1972), pp. 229-230.

供了唯一的大学预备教育，但很遗憾，从公立中学进入大学的学生数如此之少……公立中学与大学连接的断裂和阻塞是一种不幸，每一位教育领域的朋友想必都希望做出补救。①

在此，埃利奥特建议公立中学能够联合起来，与大学形成紧密的联系，同时要求大学拓展入学要求，为公立中学的学生进入大学提供机会。1885 年《教育杂志》（*Journal of Education*）指出了埃利奥特对公立中学态度的转变，“他已经改变了态度，从严厉的批判态度转变为对公立中学与大学之间的关系深感兴趣”②。在埃利奥特声称公立中学无法满足大学需求的 10 年后，哈佛大学追随中西部大学的脚步，开始从公立中学招纳生源。③ 但埃利奥特深知，即使卡拉马祖案已经得到判决，一些公立中学依旧志不在此。“1884 年，将男、女生人数加起来计算，马萨诸塞州的公立中学平均每 100 名学生里只有 1 名能够进入大学。”④ 密尔沃基公立中学 1868—1880 年共招收了 2186 名学生，其中只有 16 名最终进入大学。密尔沃基并非特例，据估计，整个威斯康星州一所公立中学平均每年只有一名学生进入大学。⑤

大学的发展仰赖于优质和广泛的生源，当它们意识到公立中学最适合作为生源预备机构时，却发现公立中学并没有为它们提供优质生源。19 世纪 80 年代末，大学开始致力于拓展公立中学的使命，使其转

① Hugh Hawkins, *Between Harvard and America: The Educational Leadership of Charles W. Eliot* (New York: Oxford University Press, 1972), p. 230.

② "Preparation for College," *Journal of Education* 22, (Oct. 15 1885): 256.

③ Hugh Hawkins, *Between Harvard and America: The Educational Leadership of Charles W. Eliot* (New York: Oxford University Press, 1972), pp. 228-231.

④ Charles W. Eliot, "Present Relations of Mass. High School to Mass. College," *Journal of Education* 21, (Jan. 1885): 19.

⑤ George W. Peckham, "President Bascom and the High School," *Wisconsin Journal of Education* 11, (Jul. 1881): 302-303.

移工作重心。大学主要通过两种方式使公立中学为其服务：其一，大学试图改变公立中学的风气，强调大学而非中学作为教育体系最高一级教育机构的“巅峰”地位。其二，大学要求中学提升中学的学术标准和质量。

明确上述思想后，大学很快便着手工作了。1873 年麦考什呼吁投入更多时间和精力建立中学与大学之间的“阶梯”的演讲促成了中间学校委员会（The Committee of Intermediate Schools）的形成。该委员会旨在调查全美的中学和大学，使二者能够紧密联系。在 1874 年的报告中，委员会直接指出，中学教师有责任和义务鼓励学生进入大学继续深造，目前两种教育之间的沟通和交流是极其糟糕的，问题不在于大学，而在于“那些认为完成大学交付的教育任务就降低了他们的地位和身份的中学教师和管理者，他们因希望自己的学校居于教育体系的‘巅峰’而排斥任何地位身份或职责高于他们的机构。在这种情形之下，他们让自己变得荒唐可笑”。报告接着指出，公立中学在一种对危机的幻想中用更换名称来代替现实，但“改变称谓不会改变事实……这是在纵容一种盲目的自尊，它会使学生受到伤害”。① 委员会认为，“年轻人极易在无意识中将观念吸收和内化，如果中学课程已经提前安排好，并且经常在其中探讨中学课程就是教育的终结，那么在中学毕业后，学生就会即刻找到某种特定的职业，这一潮流很快便确立下来”②。“中学之后，教育即终结”的观念限制了学生寻求体面、高贵的职业，走向丰裕的、有作为的人生的机会，而大学几乎没有机会

---

① Geo P. Heys and Committee, “Intermediate (or Upper) Schools” (National Educational Association, The Addresses and Journal of Proceedings of the National Educational Association, session of the year 1874, held at Detroit, Michigan, 1874), p. 14.

② Geo P. Heys and Committee, “Intermediate (or Upper) Schools” (National Educational Association, The Addresses and Journal of Proceedings of the National Educational Association, session of the year 1874, held at Detroit, Michigan, 1874), p. 13.

从竞争对手那里招募到优秀的学生。

在这一问题上，威斯康星大学校长约翰·巴斯科姆（John Bascom）认为，如果公立中学能够尊重大学及广泛的自由学科知识，就能在公立中学中注入一种珍视高深学问的精神，必须“拥有对更广阔的知识视野和更慷慨的奉献精神的热情”才能把中学生吸引到大学的知识宝库中。[①] 换言之，就是要将自由学科和高深学问植入公立中学，使后者意识到在中学之上还有更加精深的知识值得学习。在这一问题上，大学需要先摆脱预科部，将大学第一年甚至第二年的工作交给中学来做。这样，中等教育将集中于本属于它的职责，而大学也将从中受益良多，因为它无须再将时间和精力花费在预科部，可以全身心地投入到对高深知识的探索中。

与巴斯科姆殊途同归，麦考什认为，要建立强大的大学，就要减少大学和中学之间的相互猜忌和桀骜不驯。他建议将鼓励更多中学生进入大学与增强中学实力结合起来。在麦考什看来，如果中学能够提供古典的希腊语课程，就能成功地激励学生进入大学继续学习高深知识，进而使中学的所有课程呈现向上延展的态势。

麦考什告诫他的同事们要鼓励公立中学为其培养生源：“大学应该意识到，如果它们想要生存和繁荣，就不得不鼓励那些能为它们提供生源的教育机构。”[②] 除了麦考什，密苏里大学校长同样认为，“如果不

---

① University of Wisconsin, *Annual Report of the Board of Regents of the University of Wisconsin for the Fiscal Year Ending September 30, 1880* (Madison, WI: David Atwood, State Printer, 1880), p. 31.

② James McCosh, "Upper Schools" (National Educational Association, The Addresses and Journal of Proceedings of the National Educational Association, session of the year 1873, held at Elmira, New York, 1873), pp. 22-23.

先提升我们的预备学校的实力”，就不可能提升大学的标准和学术能力。[①] 1871 年，安吉尔在入职密歇根大学时也强调，“如果现在我们要提升大学的水平，就必须首先提升大学预备教育的水平……接受比他们现在所接受的教育更加高深的学生”[②]。他曾建议将目前大学一年级甚至二年级的教学任务交给中学来做，提升中学的标准和质量。

总体来看，在试图从地方学院转型为全国性大学的过程中，多数大学最终意识到，公立中学具备天然优势，虽其志不在此，但各所大学依旧决定联合公立中学，一方面提升中学的质量和实力，另一方面明确中学之上的大学在教育体系中的至高地位，以及中学为大学提供生源的必要性。与此同时，很多大学发现，不断提升大学入学标准或许可以同时达成以上两种目的。公立中学会对大学提出的挑战做出反馈，但前提是大学需要在入学要求和标准的设置上更灵活、更变通。

三、现代学科与心智训练的统一：1870—1900 年大学入学要求的新变化

19 世纪的最后 30 年，随着大学开始走向全国性市场，大学入学要求也发生了一些新变化。1870 年，美国大学的主要入学科目是拉丁语、希腊语、数学、历史、地理、英语等，之后 30 年新增了现代语言、英语文学与写作、社会科学、自然科学等。

---

① Daniel Read, "Discussion in Recent Growth of Public High Schools in the United States as Affecting the Attendance of Colleges" (National Educational Association, The Addresses and Journal of Proceedings of the National Educational Association, session of the year 1873, held at Elmira, New York, 1873), p. 38.

② James B. Angell, "Inaugural Address," in *Thirty-Fifth Annual Report of the Superintendent of Public Instruction of the State of Michigan with Accompanying Documents, for the Year 1871* (Lansing: W. S. George & Co., 1872), p. 213.

在现代语言方面，虽然 1779 年哥伦比亚大学就将法语纳入大学的课程计划，但直到 1875 年哈佛大学才明确将法语、德语作为大学入学要求，规定所有申请入学者必须具备现代语言基础，“能够翻译简单的法语散文或德语散文……掌握基本的德语可以抵消申请者在翻译中的不足”①。1885 年，耶鲁大学要求申请者具备一定的法语基础。1891 年，哥伦比亚大学也提出类似要求。两年后，普林斯顿大学也对现代语言做出要求。

除了法语和德语，作为母语的英语在 19 世纪 70 年代之前并未受到太多重视，多数大学仅关注英语语法（见表 2-1-1）。之所以只关注语法，一方面是因为英语在实际使用中缺乏一套通用的标准，导致人们在拼写、发音、写作过程中比较随意，为英语教学带来困难；另一方面则是因为英语语法有利于更好地理解拉丁文法和希腊文法。而且长期以来，在文人学士那里，古典语言教育几乎已经成为“文化”的同义语，花费心力在英语上被认为是浪费精力。② 直到 1870 年，掌握基本的英语写作知识才被作为大学入学要求提出来，普林斯顿大学最早要求申请者进行简短的英文写作，而之后的 15 年，在推进英语学科的发展上普林斯顿毫无进展。哈佛大学 1874 年要求申请者具备一定的英语写作能力，密歇根大学 1878 年对申请者提出这一要求，哥伦比亚大学和康奈尔大学于 1882 年提出类似要求，相对保守的耶鲁大学直到 1894 年才将英语写作纳入大学入学要求。在此之前，1743 年耶鲁大学图书馆曾将莎士比亚（William Shakespeare）的著作列为“聊以消遣的

---

① *The Harvard University Catalogue , 1874-1875* (Cambridge: Press of John Wilson & Son, 1874), p. 40.

② Edwin Cornelius Broome, *A Historical and Critical Discussion of College Admission Requirements* (New York: Columbia University, 1902), pp. 56-57.

读物”①。另外，从19世纪70年代中期起，大学常要求申请者在入学考核中回答一些与英语相关的问题，如英语文学的写作形式、文体结构等。例如，1874年哈佛大学英语科目要求“每一位申请者都要写一篇英语短文，拼写、标点、语法、表达方式不得有误；要求申请者阅读一些名家著作，参考范围为莎士比亚的《暴风雨》（*the Tempest*）、《尤里乌斯·恺撒》（*Julius Casar*）、《威尼斯商人》（*the Merchant of Venice*），奥利弗·戈德史密斯（Oliver Goldsmith）的《威克菲尔德的牧师》（*Vicar of Wakefield*），沃特·斯科特（Walter Scott）的《艾凡赫》（*Ivanhoe*）和《最后一个游吟诗人的歌》（*Lay of the Last Minstrel*）”②。1878年，密歇根大学仿照哈佛大学也列出了一些必读经典，如莎士比亚的《尤里乌斯·恺撒》和《暴风雨》、斯科特的《清教徒》（*Old Mortality*）或《肯纳尔沃斯堡》（*Kenilworth*）、查尔斯·狄更斯（Charles John Huffam Dickens）的《圣诞颂歌》（*A Christmas Carol*）等。英语科目作为大学入学要求的具体变迁过程是1819年普林斯顿大学将英语语法作为入学要求，1870年普林斯顿大学将英语写作作为入学要求，1873年密歇根大学将英语修辞法作为入学要求，1874年哈佛大学将英语文学作为入学要求。1897年，全美432所大学或学院中有80所将英语文学作为入学要求。③

除了现代语言之外，自然科学也在1870年之后被列入大学入学要求。哈佛大学和密歇根大学于1870年最先将自然地理作为入学要求。但是，不要以为一开始自然科学就能达到实验科学的阶段。事实上，

---

① John C. Schwab, “The Yale College Curriculum, 1701-1901,” *Educational Review* 22, (1901): 1-17.

② Edwin Cornelius Broome, *A Historical and Critical Discussion of College Admission Requirements* (New York: Columbia University, 1902), pp. 57-58.

③ Edwin Cornelius Broome, *A Historical and Critical Discussion of College Admission Requirements* (New York: Columbia University, 1902), pp. 56-58.

最初大学对自然科学的要求仅停留在描述性阶段。1873 年，锡拉丘兹学院（Syracuse College）最早将自然哲学列入大学入学要求，随后 1876 年哈佛大学要求文科学士的申请者要通过植物学基础、物理与化学基础、物理与天文学基础的考核，1877 年康奈尔大学将生理学纳入入学要求，1890 年密歇根大学将自然哲学和植物学纳入。这里有必要再次提到 1847 年建立的哈佛大学劳伦斯科学院和耶鲁大学谢菲尔德科学院，以及 1873 年建立的普林斯顿大学约翰·格林科学院，它们虽在更早之前就将物理、化学等自然科学课程引入大学，但它们的入学要求依旧是古典的。比如，直到 1888 年，格林科学院的入学要求依旧是恺撒和西塞罗的几部著作；谢菲尔德科学院则直到 1895 年才第一次将自然科学作为入学要求，在此之前，恺撒和维吉尔的著作一直是谢菲尔德科学院的主要入学要求。① 这并不难理解，一种对于心智训练的普遍观念已经深入人心，通过古典知识的熏陶而养成的心智足以应对所有学科，当然也包括自然科学。一直以来，预备学校因忙于应对大学在古典语言方面提出的多样化要求，根本没有时间和精力去探讨基础科学应该教授哪些知识，以及如何教授的问题。这种情况也被查尔斯·埃利奥特看在眼里，1887 年，他在公开场合指出预备学校中的科学教育工作其实是一团糟。对于中学教授科学知识的方法，埃利奥特更加不满："在中学，珍贵的实验科学知识还未被引进。科学学科就好像历史或语法知识一样，主要以记忆为主。大学科学系科的教授们在强烈抗议将科学知识作为入学要求所带来的坏处而非赞扬其益处。"② 面对此种情况，1887 年，哈佛大学率先做出调整，要求"科学课程中关于力学、声学、光学、热力、电力等的实验性课程不得少于 40 种，

---

① Edwin Cornelius Broome, *A Historical and Critical Discussion of College Admission Requirements*(New York: Columbia University, 1902), p. 60.

② *Annual Reports of the President and Treasurer of Harvard College, 1886-1887* (Cambridge, Mass: Published by the University, 1888), pp. 9-11.

学生必须亲自动手实验”[①]。随后，这一规定被很多大学采纳。

然而，不要以为大学强调现代语言和自然科学就必然会减少对古典课程的关注，事实上，1870—1900 年，大学对古典语言的要求依旧在提高（见表 3-1-1）。到 1897 年，在 432 所教授古典科目的大学与学院中，402 所大学对拉丁语提出要求，318 所大学对希腊语提出要求，而只有 60 所大学对现代语言有所要求。[②] 与此同时，一些新的古典作家被纳入进来。1870 年，大学比较关注的拉丁语作家主要是维吉尔、西塞罗、恺撒、塞勒斯特，希腊语作家主要是费尔顿、雅各布、色诺芬、荷马。70 年代之后，大学在继续关注恺撒、西塞罗、维吉尔、色诺芬、荷马的同时，新增了奥维德。他的《变形记》（*Metamorphoses*）在 19 世纪最后 30 年被多所大学纳入入学要求。例如，1882 年，耶鲁大学用奥维德的著作取代了维吉尔的《牧歌集》。1883 年，密歇根大学用奥维德的著作取代了《埃涅伊德》。1894 年，普林斯顿大学将《变形记》纳入入学要求。除了奥维德之外，其他新增的拉丁语作家还有科尼利厄斯·尼波斯（Cornelius Nepos）等。在所有古典作品中，大学不再硬性要求学生具体学习多少，而是给予学生自由选择的权利。另外，随着古典作家范围的扩大，大学对学生的能力也提出了新要求。1874 年，哈佛大学要求申请者在拉丁语考核中进行视译（sight translation）。[③] 1881 年，耶鲁大学和康奈尔大学也做出同样要求。之后，哥伦比亚大学（1891 年）、普林斯顿大学（1894 年）、密歇根大学

---

① Edwin Cornelius Broome, *A Historical and Critical Discussion of College Admission Requirements* (New York: Columbia University, 1902), p. 61.

② *Report of the U. S. Commissioner of Education for 1896-1897*, Vol. 1 (Washington, D. C.: Government Printing Office, 1898), p. 467.

③ 视译，即见文即译。相比于之前申请者可提前准备，视译主要考查学生的临场发挥能力，功夫下在平时，对学生的能力提出了更高要求。

（1895 年）都做出了类似要求。[①] 密歇根大学对此做出了解释："应该记住，大学首先是要学生掌握拉丁语，其次才节选了那些片段。"[②] 这样看来，大学的思路其实发生了微妙的变化，同样是为古典科目做准备，19 始末的大学开始要求申请者掌握一门学科，而非背诵和记忆某些片段。这就要求中学扩大古典著作的教授范围，使学生博览群书，进而掌握古典知识及其应用。

表 3-1-1 美国主要大学拉丁语和希腊语入学要求变化表（单位：页）

大学/学院	1870 年		1900 年	
	拉丁语	希腊语	拉丁语	希腊语
耶鲁大学	329	216	391	193
普林斯顿大学	356	252	331	193
哥伦比亚大学	455	176	391	188
康奈尔大学	465	110	350	188
密歇根大学	253	85	304	143
布朗大学	465	118	319	193
威廉姆斯学院	395	142	339	193
加利福尼亚大学	253	85	252	193
总计	2971	1184	2678	1484
平均	371	148	335	185
两种语言平均总计	519		520	

资料来源：Edwin Cornelius Broome, *A Historical and Critical Discussion of College Admission Requirements* (New York: Columbia University, 1902), p. 67.

① Edwin Cornelius Broome, *A Historical and Critical Discussion of College Admission Requirements* (New York: Columbia University, 1902), pp. 64-65.

② *Calendar of the University of Michigan, 1894-1895*, p. 41.

除了古典语言外，1870—1900 年，大学对数学和历史科目的入学要求也做了调整。1870 年，在布鲁姆调查的 11 所大学[①]中，9 所大学要求代数掌握到方程式即可，只有 2 所大学的入学要求高于此。到 1900 年，所有 11 所大学都要求申请者至少掌握到方程式。同样，1870 年，只有 2 所大学要求申请者掌握平面几何；到 1900 年，11 所大学都要求学生掌握平面几何，有的大学还提出了更高要求。另外，1870 年只有 5 所大学要求学习历史，而且更注重古代史，尤其是古希腊-罗马史；而到 1900 年，所有大学都要求学生具有扎实的历史基础，对希腊史、罗马史、美国史、英国史、通史、当代史，以及与公民政府的相关知识都要有精深的理解。[②]

以上入学要求的变化在某种程度上昭示了美国高等教育的转型。随着现代学科的引入、知识领域的拓展及市场经济的推动，美国大学正在发生微妙却深刻的“革命”：考试方式的变革（视译、英语写作、几何、实验科学）表明大学更注重申请者的能力，而非事实性知识的掌握。随之改变的是学习方式，之前单调的、死气沉沉的记忆和背诵更多地转向思考和建构。现代语言的加入及阅读著作的广泛性缓解了长期以来古典文法的枯燥，自然科学则从教材转移到实验室，从记忆转移到动手实验。与此同时，一些大学对古典语言的要求有所增加（尤其是希腊语），表明即使到了工业化、城市化时期，美国大学依旧对古典学科及其作为心智训练的功能性地位抱有极大期待，大学试图在古典与科学、古典与现代、古典与实用之间找到某种平衡。

自此，美国大学一方面应对自然学科、现代语言的兴起对高等教

---

① 这 11 所大学分别是哈佛大学、耶鲁大学、普林斯顿大学、哥伦比亚大学、密歇根大学、康奈尔大学、布朗大学、威廉姆斯学院、锡拉丘兹学院、奥柏林学院（Oberlin College）、加利福尼亚大学。

② Edwin Cornelius Broome, *A Historical and Critical Discussion of College Admission Requirements*(New York: Columbia University, 1902), pp. 67-68.

育提出新的要求，另一方面坚守古典教育对心智训练的普遍价值和意义。对外界而言，美国大学已经是整合的、强大的高等教育机构，而在大学内部，对于古典教育的统一观念实际上已经被不同的学科、系科搞得“四分五裂”。劳伦斯·维赛（Lawrence Versey）曾做过一段经典描述：“搞自然科学的拥护研究，搞高雅艺术的拥护文化。但是在这些问题上，有些最重要的系部内部反而变成了战场……哲学（当时包括心理学）分裂为黑格尔唯心主义和献身科学研究的人。英语系也分裂为文化和文献学研究。90 年代的社会学还在逐渐脱离经济学，却在界定它与社会功利和经验主义研究的关系上陷入了无穷的麻烦。经济学分为两派，一派信奉古典理论，他们的演绎法通常源自智力训练，另一派信奉实用、研究或实用与研究相结合。有时候，一方似乎在系部战斗中获得了完全胜利，但是几年之后就受到新的挑战。历史起初偏向文学、文化，后来转向强调研究，然后又受到来自詹姆斯·哈维·鲁滨逊（James Harvey Robinson）及其他人的功利主义的挑战。在哲学方面，生理心理学（代表科学研究趋势）刚刚在与唯心主义的战斗中取得重大胜利，新的实用主义派别（即实用主义者）就出现了……”①

随之而来的是大学必须承认所有学科在地位和重要性上完全平等。理论上，农学教授和希腊语教授一样值得尊敬，他们有权要求校长平等地对待他们的目标。这种情况最终导致宽容——每个人都不会干涉别人。大学同时尝试几条不同的路线，成为各不相同的观念的集合，这些观念互不干涉，一般也互不交流。② 由此，这时谈论一所大学是古典的还是现代的，似乎已经没有意义。因为几乎所有大学中既存在对研究的兴奋，也有对文化的献身，还有对职业实用的坚持，这一切都

① 劳伦斯·维赛：《美国现代大学的崛起》，栾鸾译，北京大学出版社，2015，第 60 页。

② 劳伦斯·维赛：《美国现代大学的崛起》，栾鸾译，北京大学出版社，2015，第 59 页。

同时存在。每所大学都是成分多样的地方，无法将其等同于任何一种学术理念。[①] 19 世纪 80 年代末，密歇根大学规定，所有大学入学要求在地位和重要性上完全相同，无论申请者选择哪种学位，都需在希腊语和拉丁语（或德语和法语）、数学、物理和生物科学、英语及英语文学、历史等核心科目上有所准备。[②] 这在一定程度上缓解了中学为不同的学位课程做准备的压力。1892 年，威斯康星大学提出一种四年制课程计划作为完成大学预备工作的标准，并且规定四年制课程中所有科目的地位同等重要。[③]

面对大学不断提升的入学要求，以及中学自身一直以来所关注的现代科目与大学新纳入的现代科目存在某种契合度，公立中学进入快速发展期。然而，大学为了满足不断增长的新知识和新学科的发展需求，开始不断地敦促公立中学提高学术水平。同时，大学开始探索更好的衔接方式，让公立中学为它服务。

第二节　大学入学途径的拓展：平行学位与选修计划

在如何让现代科目进入大学的问题上，大学其实遇到了困难。一方面，大学不愿意就此放弃古典科目对心智训练的普世价值；另一方面，大学又必须引进现代实用科目以吸纳生源，实现现代化转型。两

---

① 劳伦斯·维赛：《美国现代大学的崛起》，栾鸾译，北京大学出版社，2015，第 59—60 页。

② Proposal for a Report of the Committee on Revision of Requirements for Admission, February 27, 1888, Faculty Reports, Petitions, and Resolutions, School Visits, 1884/85, Box 7, Office of the Registrar (University of Michigan), Bentley Historical Library, University of Michigan.

③ University of Wisconsin, *Biennial Report of the Board of Regents of the University of Wisconsin for the Two Fiscal Years Ending September 30, 1892* (Madison, WI: Democrat Printing Company, State Printers, 1893), pp. 40-41.

股力量之间的撕扯表明大学并未完全想好该如何平衡古典与现代之间的张力。平行学位课程的继续推广和选修制的提出暗示了大学的一种折中性策略，大学试图通过把决定权留给中学的方式，将现代科目纳入进来。这样古典科目可以继续保全，并且大学至少掌握着入学标准的决定权，因为将现代科目纳入大学课程中并不意味着要将它们全部作为入学标准。在这种意义上，平行学位课程和选修制事实上一定程度地缓解了大学夹在古典传统与现代实用之间的困境。

一、多元的学位计划：平行课程的变化与推广

19 世纪的最后 30 年，实行了近 20 年的平行课程和学位计划依旧发挥着作用。与此同时，随着现代语言、自然科学的纳入，一些大学在之前文科学士、科学学士和哲学学士的基础上增加了文学学士(Bachelor of Letters)①。与文科学士对古典科目的高标准、严要求不同，文学学士与科学学士、哲学学士一样，降低了对古典知识的要求，学位申请者可用文学、历史、哲学相关科目替代希腊语，并且适当降低拉丁语要求。这在一定程度上减轻了中学在应对繁杂的古代经典方面的压力。但是，在查尔斯·埃利奥特看来，平行学位的扩展对改善中学与大学的关系并无多大益处，反而造成中学的困扰："我认为在提供不同的课程计划以降低入学要求、申请不同学位方面，一些大学未免已经走得太远。他们似乎在说，如果申请者无法满足古典课程要求，就可以学习文学课程；如果不学习文学课程，那可以选择科学课程；科学课程也不行，申请者甚至可以申请农业课程。这些烦琐的设置其实并不必要，因为它们降低了所有学位的价值，降低了中学的学术标

① 文学学士与文科学士不同，前者更强调英语、现代语言（法语、德语）、文学、历史、哲学等，而后者还是以古典语言和古典著作为主。为了便于区分，本书将前者译为"文学学士"，后者译为"文科学士"。

准。在一所机构中同时满足多样化的入学要求将不可避免地影响中学的标准。”①

埃利奥特的分析不无道理，越来越多的平行课程和学位计划实际上加剧了中学的困境，使衔接的问题变得更加复杂而非简化。因为不同大学之间即使对同一学位的同一课程也有不同的入学要求。以哲学学士为例（见表 3-2-1），耶鲁大学、密歇根大学、布朗大学、锡拉丘兹学院、奥柏林学院 5 所大学分别对申请者提出了语言、数学、历史、英语、科学等方面的要求，但布朗大学未对科学课程提出任何要求。在对科学提出要求的 4 所大学中，各大学的要求又格外多元。耶鲁大学、密歇根大学、布朗大学并未对算术提出要求。另外，只有耶鲁大学要求申请者在三角学方面有所准备。

表 3-2-1 1899—1900 学年美国 5 所大学哲学学士学位入学要求表

项目	耶鲁大学	密歇根大学	布朗大学	锡拉丘兹学院	奥柏林学院
语言	拉丁语： 恺撒（4 部）、维吉尔（3 部）或西塞罗（5 部） 法语或德语（基础）	拉丁语： 恺撒（4 部）、西塞罗（6 部）、维吉尔（9 部） 法语或德语（基础）	拉丁语： 恺撒（4 部）、西塞罗（5 部）、维吉尔（6 部） 法语或德语（基础）	拉丁语： 恺撒（4 部）、西塞罗（6 部）、维吉尔（6 部） 法语或德语（高阶）或法语和德语（基础）	拉丁语： 恺撒（4 部）、西塞罗（6 部）、维吉尔（6 部） 法语或德语（基础和高阶）
数学	代数（基础代数和高等代数） 几何（平面几何、立方几何、球体） 三角学	代数（到方程式） 几何（平面几何和立体几何）	代数（到方程式） 平面几何	代数（到方程式） 平面几何 算术	代数（包括对数） 平面几何和立体几何 算术

① Charles W. Eliot, "The Gap Between the Elementary Schools and the Colleges" (National Educational Association, Journal of Proceedings and Addresses, session of the year 1890, held at Saint Paul, Minnesota, 1890), pp. 524-525.

续表

项目	耶鲁大学	密歇根大学	布朗大学	锡拉丘兹学院	奥柏林学院
历史	美国史 英国史	通史	古希腊-罗马史或英国史和美国史	古希腊-罗马史 美国史	公民学（Civics）及七类历史分支中任选三种
英语	新英格兰入学要求委员会提出的要求 英语语法	新英格兰入学要求委员会提出的要求 英语语法	新英格兰入学要求委员会提出的要求	新英格兰入学要求委员会提出的要求 英语语法	新英格兰入学要求委员会提出的要求 英语语法
科学	基础植物学或物理或化学	基础物理和植物学	—	以下任选其二：自然地理、物理、植物学、化学、动物学	物理、化学、生物、植物学（基础）或动物学，或者以下任选其三：地理、生理学（基础）、植物学（基础）、生物（基础）、化学和天文学（基础）

资料来源：Edwin Cornelius Broome, *A Historical and Critical Discussion of College Admission Requirements*(New York:Columbia University,1902),p. 79.

注:表格中括号里的数字表示需要学习的作品的数量。

这种入学要求不统一的根本原因在于大学事实上对哲学学位究竟意味着什么并不清楚，它们只知道哲学学士与文科学士不同，但这种差异在大学预备课程中是如何通过古典课程和科学课程体现的，多数大学并不知晓。这种不确定性常常使哲学课程也呈现不确定性，给中学的预备工作带来很大困难。不仅是哲学学士，事实上，截至 19 世纪末，大学对科学学士、文学学士究竟意味着什么，应该从哪些方面着手训练学生也未必清楚。从表 3-2-2 中可以看到，除了文科学士依旧是古典倾向的，其他 3 种学位之间的界线并不是很清晰。3 种学位在古典语言（尤其是希腊语）与现代语言的入学要求上相差无几，尤其是文学学士和科学学士的入学要求几乎完全相同。布鲁姆在翻阅大学入学文件时发现，康奈尔大学 1872—1873 年对文学学士的入学要求与 1868—1869 年对科学学士的要求几乎一样，1874—1875 年对哲学学士的要求与文学学士也没什么不同。① 由此，即使不断有新学科被纳入大学，但这些学科的独特性在 19 世纪末并未被完全认清。②

表 3-2-2　1896—1897 年美国大学 4 种学位的入学要求表

学位	大学数量（所）	要求该科目的大学占比（%）		
		拉丁语	希腊语	现代语言
文科学士	432	93	73	14
哲学学士	123	81	5	41
文学学士	318	55	2	38
科学学士	318	55	2	38

资料来源：Edwin Cornelius Broome, *A Historical and Critical Discussion of College Admission Requirements* (New York: Columbia University, 1902), p. 82.

① Edwin Cornelius Broome, *A Historical and Critical Discussion of College Admission Requirements* (New York: Columbia University, 1902), p. 80.

② 科学学士与文学学士的入学要求几乎一样，1885—1886 年《登记簿》（*Register*）对他们之间的区别进行了阐释：学生在学完前 2 年的课程后，在剩余 2 年中至少持续性地学习 9 个小时的科学课程之后方可拿到科学学士学位，而在后 2 年中至少持续性地学习 9 小时的文学、历史、哲学课程的学生将拿到文学学士学位。除此之外，将科学学士学位也颁发给那些学习 3 种技术型课程（农业、建筑、化学）的学生。See Edwin Cornelius Broome, *A Historical and Critical Discussion of College Admission Requirements* (New York: Columbia University, 1902), p. 81.

平行课程产生于非古典倾向的学生无法进入大学的时代，为古典基础薄弱的学生提供了机会。到 19 世纪末，随着平行课程的扩展，更多现代科目在中学有了一席之地。古典语言的领地已经变小，但大学从未放弃对它的高标准、严要求。即使反对学位计划过于宽泛，但查尔斯·埃利奥特不否认大学有责任推进中学与大学更好地衔接："维系两种入学标准，一轨针对文科学士，一轨针对科学学士和哲学学士，并且后者比前者的要求稍低，这难道不是大学的责任吗？美国大学已经遭遇猛烈的攻击，认为其接纳了比文科学士的入学要求明显低得多的学生，但即使是老牌的、有实力的大学也这样做了，原因在于他们真心希望能够服务于尽可能多的美国青少年。"① 而除了平行课程和学位计划，大学还设计了一种影响更加深远的选修制度，将实用科目引入大学的同时，从全美各地吸纳优秀生源，为全国性大学的转型做进一步努力。

二、灵活的课程设计：从规定性课程到自由选修课程

大学要转型成为全国性大学，对社会及公众需求做出回应，就不得不面对高等教育应该走向现代实用的诉求。罗杰·盖格（Roger L. Geiger）认为高等教育机构应该教授一些实用科目的观念主要通过两种途径进入大学：一种是 1862 年颁布的《赠地法案》，另一种就是选修制。② 前者主要基于对强制性法令的依循，而后者则更多地仰赖于大学

---

① Charles W. Eliot, "The Gap Between the Elementary Schools and the Colleges" (National Educational Association, Journal of Proceedings and Addresses, session of the year 1890, held at Saint Paul, Minnesota, 1890), p. 24; Charles W. Eliot. *Educational Reform : Essays and Addresses* (New York: The Century co. Collection cdl. , 1903), p. 84.

② Roger L. Geiger, *To Advance Knowledge : The Growth of American Research Universities , 1900-1940* (New York: Oxford University Press, 1986), p. 5.

自身的考量。基于研究主题的相关性，我们暂且不谈法令的强制性问题，而将关注点更多地放在大学自身对现代实用科目的认知与考量，以及在此基础上对中学的大学预备功能提出的新要求上。

考虑到“许多地区的青少年即便既有能力又用功，也不可能在古典教育方面接受整全的预备教育，满足哈佛大学的入学要求”①，1871年哈佛大学率先决定在不降低入学标准的情况下，向在数学方面接受过优质教育、足以弥补其在古典语言中的不足的青少年打开大门。哈佛大学开设了类似于平行课程②的两种选修课程，即“课程一”（Course Ⅰ）和“课程二”（Course Ⅱ），供学生选择。课程一的主要内容有拉丁语——维吉尔的所有著作、恺撒的所有著作、西塞罗的演说辞、拉丁文法与写作；希腊语——《远征记》（所有）或古德温（Goodwin）和艾伦读本、《伊利亚特》（3部）、希腊文法与写作；数学——算术（十进制）、代数（到二次方程）、平面几何。课程二的主要内容有拉丁语——维吉尔的《田园诗》《埃涅伊德》（6部），恺撒著作（4部），文法与韵律学；希腊语——《远征记》（4部）或希腊语读本（111页）、《伊利亚特》（2部）、文法与格律；数学——算术（十进制）、代数（高阶）、几何（平面几何、立体几何和对数）、平面三角学，基础力学。③ 通过对比可以发现，课程一与之前1870年的大学入学标准（表2-1-1）相差不大，都偏重古典学科。课程二稍微降低了对拉丁语和希腊语的要求，相应地增加了高数和基础力学。到1874年，

---

① Harvard College, *Forty-Sixth Annual Report of the President of Harvard College, 1870-1871* (Cambridge: Published by the University, 1872), p. 54.

② 选修计划与平行课程计划的最大区别在于，平行课程中的文科学士的古典主义倾向极为明显，并且具有不可替换性，只有科学学士、哲学学士可通过其他科目适当替换古典知识。而在选修计划中，虽然古典科目是必修科目，但文科学士的申请者却可通过多选一门（或几门）其他科目来替换或减少部分古典科目。

③ Harvard University, *A Catalogue of the Officers and Students of Harvard University for the Academic Year 1871-1872 (2nd edition)* (Cambridge: Riverside Press, 1872), p. 34.

课程一中的古典作品又有所变化（主要是古典作家的变化），[①] 课程二中再次降低了对拉丁语的要求（取消了恺撒的两部著作和维吉尔的《田园诗》），相应地增加了平面解析几何。该计划于1872年开始实施，但从哈佛大学的生源情况来看，该计划成效一般，因为1872年之后通过课程二进入大学的新生寥寥，仅占新生总数的5%。[②] 1878年，哈佛大学对文科学士的入学要求再次做出调整，给予申请者更大的选择空间。哈佛大学提出了一种“所有科目最小量”（a minimum in all subjects）和“两种科目最大量”（a maximum in two others）的方式，[③] 具体见表3-2-3。

表3-2-3 1878年哈佛大学两种入学要求计划

课程	所有科目最小量（必修）	两种科目最大量（选修）
拉丁语	恺撒（4部）、维吉尔（6部+《田园诗》）、拉丁散文的即视翻译、英文片段翻译为拉丁语	西塞罗的演说辞、维吉尔的《埃涅伊德》、西塞罗演说辞和拉丁文段的即视翻译
希腊语	以下二选一： 1. 色诺芬片段即视翻译、英文语句翻译为希腊语 2.《远征记》（4部）或古德温读本（111页）、英文语句翻译为希腊语	希罗多德片段的即视翻译、简单的希腊散文写作、《伊利亚特》片段的即视翻译及提问
古代史和地理	古希腊-罗马史、地理	—

① 课程一：拉丁语——恺撒、西塞罗、塞勒斯特、奥维德、维吉尔及即视拉丁语（Latin at sight）；希腊语——色诺芬《远征记》（4部）、希罗多德（Herodotus）《历史》（第七卷）。See *The Harvard University Catalogue ,1873-1874*（Cambridge：Published for the University by Charles W. Sever，1874），pp. 52-54.

② Edwin Cornelius Broome，*A Historical and Critical Discussion of College Admission Requirements*（New York：Columbia University，1902），p. 90.

③ 1882年，这两种课程分别被称为“必修课”（prescribed）和“选修课”（elective）。

续表

课程	所有科目最小量（必修）	两种科目最大量（选修）
数学	算术、代数（基础）、平面几何	对数和平面三角法、立体几何
物理及自然科学	物理（基础）	阿诺特的《物理学》前四部分、化学或植物学
英语写作	英语写作	—
法语或德语	法语或德语（基础）	—

资料来源：*The Harvard University Catalogue ,1878-1879*（Cambridge：Published for the University by Charles W. Sever，1878），pp. 61-71.

在最大量与最小量的多种组合中，申请者可以自由选择。比起1871年只有2种选择，1878年申请者有6种选择：所有必修科目最小量＋拉丁-希腊语、所有必修科目最小量＋拉丁-数学、所有必修科目最小量＋拉丁-科学、所有必修科目最小量＋希腊语-数学、所有必修科目最小量＋希腊语-科学、所有必修科目最小量＋数学-科学。

事实证明，1878年的选修计划比1871年要成功。该年有45％的申请者通过选修计划进入大学，两年后这一比例增加到63％，到1880年又增加到85％。这在某种程度上表明，那种认为只有接受古典教育才能上大学的执念逐渐在发生变化。无论中学还是大学都已意识到现代实用科目的不可规避性，双方（尤其是公立中学）对选修计划的认可度在不断提升。布鲁姆统计发现，在1878—1881年进入哈佛大学的一年级新生中，30％的学生来自公立学校。①

在此之后，选修计划基本上作为哈佛大学的主要招生方式被确立下来。1886年，哈佛大学采纳了更加灵活的入学标准，将所有入学科

① Edwin Cornelius Broome，*A Historical and Critical Discussion of College Admission Requirements*（New York：Columbia University，1902），p. 92.

目分为基础科目和高阶科目，[①] 给予申请者更大的选择空间。第一，所有基础科目＋至少 2 门高阶科目。第二，所有基础科目（除了德语或法语）＋至少 3 门高阶科目。第三，所有基础科目（除了希腊语或拉丁语）＋至少 4 门高阶科目（必须包括本页脚注①中的数学 A 和数学 B、物理科学 A、物理科学 B 其中之一）；第四，所有基础科目（除了希腊语或拉丁语，以及除了德语或法语）＋至少 5 门高阶科目（必须包括本页脚注①中的数学 A 和数学 B、物理科学 A、物理科学 B 其中之一），申请者可以从这 4 种方案中择其一种为大学做准备。[②] 这一计划比 1878 年选修计划的自由度更大，学生不必学完所有必修科目，只需在 4 种选项中择其一种搭配相应数量的高阶科目即可。它使申请者可以通过自由组合少学一门古典语言。比如，如果申请者不愿学习希腊语，那么他可以选择方案 3 或 4。这 4 种可选方案的接纳程度（见表 3-2-4）在某种程度上暗示了中学为大学做准备的能力。方案 1 和方案 2 的受欢迎程度表明，古典科目依旧是为大学做准备的首选。换句话说，大学的新入学标准依旧支持中学优先教授古典科目。方案 1 在 10 年间略有增长，方案 2 稍有降低，但两者基本上作为主要的入学方式而存在。方案 3 可

---

① 基础科目包括英语——作文写作、改错；希腊语——即视翻译阿提卡散文（Attic prose）；拉丁语——即视翻译简单的散文；德语——即视翻译简单的散文；法语——即时翻译普通散文；历史——历史地理、古希腊-罗马史、美国史、英国史；数学——代数（二次方程）、平面几何；物理科学（Physical Science）——天文学和物理学、物理实验。高阶科目包括希腊语——即视翻译荷马著作中等难度的片段，或者即视翻译荷马与希罗多德著作中稍易的片段；拉丁语——即视翻译西塞罗和维吉尔著作；希腊文与拉丁文写作——将英文记叙文片段翻译为希腊语和拉丁语；德语——德语经典、即视翻译当代德语散文、文法与写作；法语——法语经典、即视翻译当代法语散文、文法与写作；数学 A——对数、平面几何、立体几何或平面解析几何；数学 B——基础解析几何或立体几何、力学基础；物理科学 A——除了基础物理学之外，至少上过 60 节实验课；物理科学 B——化学，至少上过 60 节实验课。

② See *The Harvard University Catalogue*, *1886-1887* (Cambridge, Mass: Published by the University, 1886), pp. 74-80.

以少学一门古典语言，但要同时学习法语和德语，接收的学生比例略有上升表明中学在一定程度上正在略微远离古典语言（尤其是希腊语），开始倾向于现代语言。

表 3-2-4　1888—1898 年哈佛大学 4 种入学方案分别接纳的学生比例

（单位：%）

方案	1888 年	1889 年	1890 年	1891 年	1892 年	1893 年	1894 年	1895 年	1896 年	1897 年	1898 年
方案 1	31.43	37.31	36.63	39.96	43.36	41.98	38.03	40.96	41.28	35.81	38.89
方案 2	64.44	55.35	55.08	52.36	50.66	50.73	54.45	52.17	50.66	53.47	49.39
方案 3	3.50	6.42	7.49	6.69	5.54	7.09	6.73	6.69	6.94	8.95	11.37
方案 4	0.63	0.92	0.80	0.99	0.44	0.20	0.79	0.18	1.12	1.77	0.35

资料来源：Edwin Cornelius Broome, *A Historical and Critical Discussion of College Admission Requirements*(New York:Columbia University,1902),p. 95.

哈佛大学探索选修制的步伐从未停止。1897 年，哈佛大学在调整基础科目与高阶科目的基础上提出了一种学分（points）① 制，比之前所有的入学要求更灵活、更自由（见表 3-2-5）。

表 3-2-5　1898 年哈佛大学入学要求中的基础科目与高阶科目设计

基础科目	高阶科目
英语（4）	—
希腊语（3）、拉丁语（4）	希腊语（4）、拉丁语（2）
德语（2）、法语（2）	德语（2）、法语（2）
二选一：古代史（2）或英语＋美国史（2）	四选一：古代史（2）、英语＋美国史（2）、欧洲史（2）、某一特定时段的历史（2）

① 此学分（point）与随后选修制的学分（credit）不同，后者指的是每门科目的权重，前者虽指的也是该科目的权重，但此时是用学习时间来衡量的。

续表

基础科目	高阶科目
代数（2）、几何（3）、平面几何（2）	几何（1）、对数和三角函数（1）
物理（2）、物理（2）、化学（2）、自然地理（1）、解剖学（1）	天文学（1）、物理（2）、气象学（1）

资料来源：Harvard College,*Annual Report of the President and the Treasurer of Harvard College ,1897-1898*(Cambridge:Published by the University, 1899),pp. 101-102.

注:表中括号内的数字代表该科目在大学入学科目中的"权重","1"分代表大约半学年,每周4—5次课程的学习量。权重越大,代表学校越重视该科目,要求也越高。

1897—1898年，哈佛大学要求申请者必须拿到26学分，并且高阶科目至少要达到4门才有资格申请哈佛大学。在这26学分中，以下几门为必修：英语（4学分）、古典语言（基础拉丁语或基础希腊语）（4学分）、外国语言（基础德语或基础法语）（2学分）、几何或平面几何（3学分或2学分）、科学课程（基础物理、化学、自然地理、天文等）（2学分），总计14学分或15学分。

除了这14或15学分之外，申请者可自行选择余下学分，但前提是在选择高阶科目时必须同时或提前学习相关的基础科目。这一新计划为中学提供了更多自由选择的空间，查尔斯·埃利奥特对这种体制深以为傲："可能这套体系中几乎四分之三的大学预备科目与100年前或150年前完全一样——拉丁语、希腊语、数学、古代史占据了中学课程的近三分之一，但同时几乎一半的预备课程将变为英语、现代语言或自然科学，这在30年前是不可能被作为大学入学要求的。除此之外，申请者可能会选择高阶的现代语言或历史，这在30年前也是不能被接受的。”①

截至 19 世纪末 20 世纪初，哈佛大学已经走在了其他大学的前面。相较于 19 世纪 70 年代还是对古典教育要求最高、最苛刻的大学，此时的哈佛大学已经相对宽松和自由。在哈佛大学的启发下，斯坦福大学走得更远。通过实行一种完全自由的选修制，斯坦福自成立之日起便跻身美国一流大学行列。1891 年，斯坦福大学规定所有科目的权重都是一样的，申请者只需学习英语及 25 门科目②中的任意 10 门即可参加入学考试。到 1894 年，斯坦福大学更是引入了学分制（credit or point system），要求申请者在 22 门科目中修满 12 学分（必须包括 2 学分的英语）即可入学。③ 到 1901 年，又改为从 32 门科目中修满 15 学分即可入学。在斯坦福大学之后，这种完全自由的学分制在全美多所大学流行起来，哥伦比亚大学、密歇根大学、芝加哥大学、加利福尼亚大学、康奈尔大学等纷纷采纳学分制，只是不同大学要求的总学分不同，如哈佛大学要求申请者修满 26 学分，而哥伦比亚大学、斯坦福大学等要求申请者达到 15 个学分即可。除此之外，在不同的大学，申请者自由选择的余地也不同（见表 3-2-6）。哈佛大学要求所有学生必须学习 4 学分的古典语言、2 学分的现代语言、2 学分的历史、2 学分的科学，4 学分的英语和 5 学分的基础数学，意味着在 26 学分中只剩下 7 学分供申请者自由选择。而在斯坦福大学，除了必修的英语写作 2 学分，其他 13 学分全凭申请者自由选择。当然，这种学分仅仅是一种量的规定，

---

① Harvard College, *Annual Report of the President and the Treasurer of Harvard College, 1897-1898* (Cambridge: Published by the University, 1898-1899), pp. 7-8.

② 这些科目包括英语、基础代数、平面几何、立体几何和三角函数、高阶代数、物理、化学、自然地理、植物学、动物学、徒手绘图（freehand drawing）、美国史、英国史、古希腊-罗马史、英语文学、西班牙语、法语、德语、拉丁语、希腊语。其中，基础代数、法语、德语、希腊语占 2 门，拉丁语占 3 门，其余科目算 1 门，共计 25 门（英语除外）。

③ 在斯坦福大学的入学要求中，英语、基础代数、法语、德语、基础拉丁语、高阶拉丁语和高阶希腊语是 2 学分，其他包括立体几何和三角函数在内的各科目都是 1 学分。

不同大学对学分的定义也不同。例如，在哈佛大学，1 学分意味着某科目需要在中学学习半学年，每周 5 个课时；在密歇根大学，1 学分意味着要在中学学习一整个学年，每周 4 个课时；在斯坦福大学，1 学分意味着要在中学学习一整个学年，每周 5 个课时。并且，每门科目在不同大学所值学分也不同，如英语在有的大学占 2 学分，而在有的大学只占 1 学分。

表 3-2-6 19 世纪末 20 世纪初美国 4 所大学入学学分要求表

大学名称	课程及学分	总计
哈佛大学	英语（4）*；代数（2）*、几何（2 或 3）*；德语（2）、法语（2）（选其一必修）*；希腊语（4）和拉丁语（4）（选其一必修）*；古代史（2）、英国史和美国史（2）（选其一必修）*；物理（2）、化学（2）、自然地理（1）、解剖学（1）（选其二必修）*	26 学分（包括 4 学分的高阶课程）
	高阶课程：代数（1）、对数和三角函数（1）、德语（2）、法语（2）、希腊语（2）、拉丁语（2）；以下选其一：古代史（2）、英国史和美国史（2）、欧洲史（2）、专史（2）、天文学（1）、物理（2）、气象学（1）	
哥伦比亚大学	英语（3）*；代数＋几何（3）*；德语（2）、法语（2）或西班牙语（2）△；希腊语（2）、拉丁语（4）；古代史（1）或英国和美国史（1）；物理（1）、化学（1）、植物（1）、自然地理（1）、动物学（1）◇	15 学分
	高阶课程：数学（1）、德语（1）、法语（1）、希腊语（1）、拉丁语（1）、历史（1）、物理（1）	
密歇根大学	英语（3）*；代数＋几何（3）*；德语（2 或 4）○、法语（2 或 4）○；希腊语（2）、拉丁语（2 或 4）；历史（1 或 2 或 3）；物理（1）*、化学（1）、植物学（1）、动物学（1）；英语文学（1）	15 学分

续表

大学名称	课程及学分	总计
斯坦福大学	英语写作（2）*；代数（1.5）、几何（1）；德语（2或3或4）、法语（2或3）、西班牙语（1）；希腊语（2或3）、拉丁语（2或3或4）；古代史（1）、中世纪史和当代史（1）、英国史（1）、美国史（1）；物理（1）、化学（1）、植物学（1）、动物学（1）、自然地理（1）、生理学（1）、生物（1）；英语文学（1或2）；立体几何（0.5）、三角函数（0.5）、高阶代数（0.5或1或1.5）；徒手绘图（1）、机械制图（0.5）、锻造工（0.5）、铸工（0.5）、机械车间加工（0.5）	15学分

*代表所有申请者都必须满足的要求。

△代表申请者所选择的科目不得超过4学分。

◇代表申请者所选择的科目不得超过2学分。

○代表另外2学分现代语言（德语、法语或拉丁语）的学习必须是高阶的。

资料来源：Edwin Cornelius Broome, *A Historical and Critical Discussion of College Admission Requirements*(New York: Columbia University, 1902), p. 103.

注：表格中括号里的数字表示需要完成的学分。

综上，1870—1900年，美国大学的入学要求从一种几乎被规定好的状态转变为具有相当的自由和灵活性，表明大学在走向现代实用的道路上已经比之前放得更开，就连1828年在《耶鲁报告》中宣称大学无须做出改变的、一向以保守著称的耶鲁大学也意识到实用主义的不可规避性，并且于1884年走上了选修制道路。而在此之前，诺亚·伯特（Noah Porter）曾以冷漠的态度拒绝与放弃原则、向实用主义妥协的哈佛大学商谈，并且在约翰斯·霍普金斯大学的管理者向伯特咨询选修意见时，曾和普林斯顿大学的麦考士一样，拒不回信。① 如果说斯

① H. D. Hawkins, "Three Universities Presidents Testify," *American Quarterly* Ⅺ, No. 2(1959): 101.

坦福大学在选修计划中走得最远是因为它的古典基础较为薄弱，[①] 那么耶鲁大学前后态度的转变则表明，即使是全美最保守的大学，也在 19 世纪末向现代实用主义打开了大门，为中学更好地履行预备功能提供了便利。

前文提到在走向全国性大学的过程中，美国大学曾一直羡慕德国大学的精深和自由。到了 19 世纪末 20 世纪初，美国一些大学在学科建构和入学方式上已经可以与德国齐肩，科学研究和现代实用科目已通过选修的方式进入大学，而且通过《赠地法案》，美国更是将农业、机械、家政等也纳入高等教育机构中。查尔斯·埃利奥特说，他希望选修制能使农民、技工及其他低收入专业人士子弟更容易进入哈佛学习。[②] 来自纽约的一位中学校长称赞埃利奥特的转变："哈佛大学意识到时局已变，如果想招到更多的生源，就必须指望不断增长的公立中学"，而"它的新入学标准允许学生以其他科目代替拉丁语和希腊语，吸引了公立中学的生源"。[③] 哈佛大学的举动足以表明埃利奥特试图与公立中学增强联系的诚意，此时距 1873 年埃利奥特与麦考什关于公立中学是否有资格作为大学预备的论争才过去了十多年。或许有人会对埃利奥特前后态度的极大反转表示疑惑，但埃利奥特深谙自由选修计划的实施并不意味着哈佛大学学术标准的降低。对埃利奥特来讲，选修制更主要的功能在于为低一级教育机构提供更多进入大学的门径，进而在全美范围内寻找最优质的生源。选修制意味着谁都可以为进入大学做准备，但并不意味着谁都可以进入大学，最终能够进入哈佛大

---

① 斯坦福大学创办于 1891 年，与哈佛、耶鲁、普林斯顿等老牌大学相比，古典基础要薄弱得多。

② Charles W. Eliot, "Present Relations of Mass. High School to Mass. College," *Journal of Education* 21, (Jan. 1885): 19.

③ R. S. Keyser, "College Preparation and the Pubic Schools," *The Academy* 2, (Apr. 1887): 113.

学的必须是那些在智识和资质上高人一等者，考核的权力依旧掌握在大学手中。

选修制能够在美国多所大学推广开来，暗示着文科学士的特性及其所蕴含的价值意义已经发生深刻变化。之前文科学士学位的申请者需要花费学术生涯的四分之三来学习古典知识，正如埃利奥特所言，“所有文科学士已经花费了 7—10 年在自由学科上，相当于从 12 岁到 23 岁”①，而现在文科学士不再等同于精深的古典学问，它开始为一些更具实用性、科学性的学问打开门径。古典教育的地位虽依旧坚固，但已出现明显的松动，这一点也可以从哥伦比亚大学 1901—1908 年入学新生在古典课程上的准备情况体现出来（见表 3-2-7）。通过灵活的选修制和单元制（unit system）②，学生在课业上有了更多自由选择的权利，8 年间通过同时修习拉丁语和希腊语两门科目进入哥伦比亚大学的学生在逐渐减少，但拉丁语还一直是多数学生进入大学的必修课程，只有极少数学生两种古典语言都不修习。

古典学科地位的松动在很大程度上减轻了中学的压力，但不要忘记大学入学要求的理想状态是既保有极大的灵活性，又能够坚守高学术标准。在如何依靠公立中学实施高标准的预备教育上，美国的中西部大学和新英格兰地区大学的意见并不一致。前者以密歇根大学为代表，在那里，安吉尔通过一种大学认证和审查计划（Accreditation and Inspection Program，简称认证计划）率先将公立中学与大学紧密地联

① Harvard College, *Annual Reports of the President and Treasurer of Harvard College, 1884-1885* (Cambridge: University Press: John Wilson and Son, 1885), p. 49.

② 单元制由全美教育协会下属的大学入学要求委员会于 1899 年提出，是一种关于每门课程学习时间的规定，1 个单元相当于 1 个学年，每周 4 个课时。此问题将在第四章涉及。

系起来，使公立中学成为美国最主要的中等教育形式。① 后者以哈佛大学、耶鲁大学为代表，坚持一种更加传统的考试方式，从全美各地拣选优质生源。

表 3-2-7　1901—1908 年哥伦比亚大学入学新生中修习古典语言者数量对比表

年份	同时修习拉丁语和希腊语者（%）	只修拉丁语者（%）	二者都不修者（%）	招生总数（人）
1901	54	40	6	103
1902	50	43	7	125
1903	41	49	10	123
1904	40	48	12	113
1905	30	55	15	123
1906	22	63	16	168
1907	20	65	15	173
1908	16	59	25	133

资料来源：Harold S. Wechsler, *The Qualified Student* (New York: John Wiley & Sons, 1977), p. 118.

注：表中修习古典语言者数量比例相加之后存在超过 100% 的情况，原出处未注明原因，但不影响本文的论证。

---

① Charles De Garmo, "Report of the Committee of Ten from the Point of View of Educational Theory," *Educational Review* 7(1894): 275; I. L. Kandel, *History of Secondary Education: A Study in the Development of Liberal Education* (Boston: Houghton Mifflin Company, 1930), p. 497.

第三节 大学招生方式的探索及论争：认证计划与入学考试

前文已经提到，19世纪六七十年代，美国的一些高等教育机构虽被称为“大学”或“学院”，但仅在自己的附属预科部招生，使大学沦为某种预备机构。内战之后，大学意识到知识增长与科学研究的重要性，主要通过提升自己作为教育领域的领导者地位和要求中学提供预备课程两种方式树立自己的权威，与预备学校划清界限。在中西部许多州，大学发现它们最大的困难在于当地中学无法为高等教育新局面的打开提供优质生源，尤其是那些人口稀少的乡村中学，情况更加糟糕。然而，另外一些能够提供高深学问的中学又极为强势，与大学争抢生源，威胁到了大学的地位。密歇根大学作为一所平凡的地区性大学，期待在新时期依据严格的学术标准引进新学科、新知识，发展成为一所真正的全国性大学，因而它不断致力于本科课程的提升、研究生项目的开展、专业学科的建设与专业学院的筹备。但与当时许多大学一样，阻碍密歇根大学转型的最大障碍在于“该州教育体系中，中等教育应该什么时候、在哪里终结，专业教育或高等教育应该从哪里开始”[①] 并不明确，大学无法从低一级教育机构中招录到优质生源。

1871年，安吉尔在就任校长之位时已暗下决心，他要将密歇根大学建设成为一所一流大学，一所能与新英格兰地区的哈佛大学竞争的大学。新英格兰地区有悠久且坚实的预备学校基础，一些大学也拥有强势的预科部和生源校，而密歇根州的中等学校多是在初等学校之上增加几个小班建立起来的公立中学，在为大学做准备方面表现得很不

① University of Michigan, *The President's Report to the Board of Regent for the Year Ending June 30, 1880* (Ann Arbor: Published by the University, 1880), p. 5.

稳定。安吉尔意识到，要想实现一流大学的目标，“必须提升预备教育的级别，只接收那些在进入大学之前已接受过高深知识的学生”①。因而，他建议“将大学的入学标准提升到目前大学二年级开始时的标准”②，以及更重要的是先增强中学与大学之间的联系，这是形成完整的衔接机制的前提。为此，他决定实施前任校长弗雷泽提出的认证计划。③

一、密歇根大学认证计划的实施

认证计划，即大学派遣专业的审查和认证人员（通常是大学各个学科领域的教育专家）到各所中学，对中学的教学、学生管理、纪律、师资实力等各个方面进行审查，如果达到一定标准，大学将授予中学一种认证资格，获得认证资格的中学的毕业生无须参加正式的大学入学考试即可进入该大学。当然，前提是获得认证资质的中学的毕业生必须完成大学预备课程的学习，参加中学期末考试并获得中学毕业证书。在进入大学之后，认证学校的学生开始进行高强度的学习，大学保有清退差生的权利。安吉尔相信这一计划能为大学提供可靠的生源。④

---

① James B. Angell, "Inaugural Address, University of Michigan, 1871," in *Selected Addresses : James B. Angell*（New York: Longmans, Green, and Co. , 1912）, p. 19.

② James B. Angell, "Inaugural Address, University of Michigan, 1871," in *Selected Addresses : James B. Angell*（New York: Longmans, Green, and Co. , 1912）, p. 21.

③ 弗雷泽认为，建立一套针对公立中学的审查制度不仅可以鼓励更多的学生进入大学，更可以提升中学的实力，增加中学和大学之间的互惠利益。See University of Michigan, *The President's Report to the Board of Regents for the Year Ending June 30, 1871*（Ann Arbor: Published by the University, 1871）, p. 20.

④ James B. Angell, "Inaugural Address, University of Michigan, 1871," in *Selected Addresses : James B. Angell*（New York: Longmans, Green, and Co. , 1912）, pp. 19-21.

1871 年，密歇根大学开始了第一批审查和认证工作。安吉尔派出一支教授专家团队到提出申请的州内中学进行审查。当年，密歇根大学为 6 所中学颁发了认证资格，从中招录了 50 名新生。① 之后，随着认证计划逐渐被接纳，越来越多的中学开始申请接受审查。因为对中学而言，一旦获得了认证资质，便意味着无须再为繁杂多样的大学入学要求耗费时间和精力，学生可以免于考试而直接进入大学。1880—1890 年，获得认证的中学数量稳步上升，到 90 年代中期，密歇根大学每年审查 60—80 所中学，只拒绝 2—3 所。② 1890 年这一年，密歇根大学共为 82 所中学颁发了认证资质，从中招录了 164 名学生，而这一年通过传统入学考试进入密歇根大学的只有 131 人。③

在审查中，专家们通常会参与中学的讲座和问答课，评估教师资质，与管理人员和教师会面、访谈，审查中学课程实施情况，考查中学与大学课程的相关性等。大学偶尔也会对学生在某门课程中的具体表现进行测评，如要求他们背诵希腊语或拉丁语片段，以此检验教师的教学水平。审查团会记录中学图书馆的藏书量，评估藏书的质量，检验中学软、硬件设施的配备及使用情况。同时，审查团也会观察记录中学每门课程的课时、课间休息时长、学生活动项目等。但从总体来看，大学最关注的还是中学的师资，因为它直接关系到中学能否为大学培养优质的生源。

审查团通常会了解教师是否在教育机构接受过专业教育和培训，是否精通专业知识，是否能在课堂上吸引学生的注意力，是否能维持

---

① University of Michigan, *The President's Report to the Board of Regent for the Year Ending June 30, 1872* (Ann Arbor: Published by the University, 1872), p. 10.

② Marc A. VanOverbeke, *Climbing the Ladder : The Evolving Relationship between Secondary and Higher Education and the Standardization of American Schooling , 1870-1910* (Madison: University of Wisconsin-Madison, 2005), p. 61.

③ University of Michigan, *The President's Report to the Board of Regents for the Year Ending September 30, 1890* (Ann Arbor: Published by the University, 1890), p. 11.

课堂纪律等。与乡村中学相比，城市中学的审查结果往往更好一些。比如，审查团对建立在商业贸易及工业繁华地区的底特律中学（Detroit High School）就格外满意，“发现教师在教学中头脑清晰，学生注意力集中且对所学内容理解到位”，尤其是一位姓曼格（Miss Munger）的女士，“她提供了一个很好的示范……她似乎对所有科目都有精深的理解……她的教学方式是对该科目进行全面的阐释，并且在每一个简单的知识点上进行提问。她布置的练习作业一半是讲演，一半是背诵，但以讲演为主。这些都是值得高度赞扬的”。[①] 当然，并不是所有城市中学的教师都如此优秀。1884 年，审查团认为贝城中学（Bay City High School）的物理教师“资质一般”，阿尔皮纳中学（Alpena High School）的历史教师也“差强人意”。

除了专业能力，审查团也很看重学校管理者的管理能力和教师掌控课堂、维持纪律的能力。即使像约翰·杜威（John Dewey）这样对厉行纪律鲜有关注的人，在 1892 作为密歇根大学审查团的成员对科伦纳中学（Corunna High School）进行审查时也提到“鲁特女士在教学方面还不错，但她无法在课堂教学上维持秩序，管理好学生”[②]。

在审查结束后，审查团会就一些需要完善或改进的地方提出建议，责令中学如期改正，但这并不意味着大学的建议就具有强制性，更不意味着存在不足就会影响中学认证资质的获得。比如，审查团认为科伦纳中学缺乏纪律观念、图书馆馆藏不足、实验设施不完备，以及更严重的是科伦纳中学师资不足。1888—1892 年，科伦纳中学招收了

---

① Inspection of Detroit Schools, June 14, 1883, Faculty Reports, Petitions, and Resolutions, Schools Visits, 1882/83, Box 7, Office of the Registrar, University of Michian, Bentley Historical Library, University of Michigan.

② Report of Inspecting Committee upon the High School at Corunna, April 20, 1892, Faculty Reports, Petitions, and Resolutions, Schools Visits(folder 1), 1891/92, Box 8, Office of the Registrar, University of Michian, Bentley Historical Library, University of Michigan.

50—60 名学生，却只招聘了 2 位教师，其中 1 位还是督学。审查团多次建议科伦纳中学扩大师资都无济于事。直到 1892—1893 学年，杜威几经周折，多次与学校委员会会面并再三表达“只有两位教师的科伦纳中学太空旷了”①，学校才勉勉强强招募了新教师。但以上情况并没有影响科伦纳中学获得认证资质，而且自第一次获得认证资质起，科伦纳中学的名字每年都在密歇根大学的认证名单内。

1884 年 6 月 5 日上午，密歇根大学教授查尔斯·亚当斯（Charles Kendall Adams）到达贝城中学，与同事一起开始了对贝城中学的审查。审查工作从一开始就很不顺利，在走进校长办公室的一刹那，亚当斯就被“室内毫无条理、杂乱无章的布局和摆设”② 惊到，“陈年的灰尘堆积在房间各个角落”③。尽管尽力用幽默来遮掩情绪，但还是能从亚当斯对贝城中学物理课堂的描述中感受到他的不满：“在教室的一边明显地放着一箱实验设备，但有几件教具灰蒙蒙的都快看不清它们的真实面目了……我怀疑那些陈年灰尘是否因为没有找到校长办公室的入口才落在设备箱上。”“我们无法回避对贝城中学无精打采、精神萎靡的深刻印象，这与任何高水平学术能力都是不吻合的。”④ 亚当斯认为贝城中学最大的问题在于“这种萎靡的精神已经扎根于学生身上，

---

① Report of Inspecting Committee upon the High School at Corunna, April 20, 1893, Faculty Reports, Petitions, and Resolutions, Schools Visits, 1892/93, Box 8, Office of the Registrar, University of Michian, Bentley Historical Library, University of Michigan.

② Inspection of Bay City, June 9, 1884, Faculty Reports, Petitions, and Resolutions, School Visits, 1883/1884, Box 7, Office of the Registrar, University of Michigan, Bentley Historical Library, University of Michigan: 4.

③ Inspection of Bay City, June 9, 1884, Faculty Reports, Petitions, and Resolutions, School Visits, 1883/1884, Box 7, Office of the Registrar, University of Michigan, Bentley Historical Library, University of Michigan: 5.

④ Inspection of Bay City, June 9, 1884, Faculty Reports, Petitions, and Resolutions, School Visits, 1883/1884, Box 7, Office of the Registrar, University of Michigan, Bentley Historical Library, University of Michigan: 6-7, 13.

就像那些灰尘已经‘定居’于校长办公室一样”。[①] 这位后来先后成为康奈尔大学和威斯康星大学校长的专家带着明断的目光结束了整个审查过程。

虽然一而再再而三地置视察团队的建议于不顾，但是贝城中学依旧连续多年出现在密歇根大学的认证名录中。这一次，亚当斯及其团队一致认为贝城中学不配再拥有免试权，但最终密歇根大学还是决定继续保留贝城中学的免试入学特权。[②]

密歇根大学为什么会做出这样的决定？认证计划的初衷是增强中学与大学的联系，进而明确大学作为领导者的地位，同时通过提升大学的入学标准提升中学的实力，为大学培养优质生源。但在审查过程中，安吉尔常常发现理想与现实之间存在很大的差距，在公立中学人数不断增长而师资极为有限的局面下，审查团经常不得不向中学的低资质做出妥协，因为在如何改进中学师资的问题上，审查专家们其实多是束手无策的。审查团成员虽在各自专业领域称得上专家，能看出中学教师是否真正精通拉丁语法或植物学基础，能感受到学生能否真正学到东西，但他们从未接受过教育科学与艺术（science or art of teaching）的专业训练，没有教学法、教学论等方面的知识，一到具体的教学法和教学技巧，他们的权威与专业精神便明显弱了下来，只能依靠自己的教学经历而再无其他正规的教学原则能提供指导意见了。[③]

---

① Inspection of Bay City, June 9, 1884, Faculty Reports, Petitions, and Resolutions, School Visits, 1883/1884, Box 7, Office of the Registrar, University of Michigan, Bentley Historical Library, University of Michigan: 14-15.

② Report of the Committee on the Bay City High School, June 20, 1884, Faculty Reports, Petitions, and Resolutions, School Visits, 1883/1884, Box 7, Office of the Registrar, University of Michigan, Bentley Historical Library, University of Michigan: 1.

③ Marc A. VanOverbeke, *Climbing the Ladder: The Evolving Relationship between Secondary and Higher Education and the Standardization of American Schooling, 1870-1910* (Madison: University of Wisconsin-Madison, 2005), p. 69.

即使杜威作为密歇根大学少有的具有教育学基础的教授，也众所周知地在公开演讲方面表现得不过尔尔。到 19 世纪 80 年代，安吉尔意识到提升公立中学实力、鼓励更多学生进入大学已不能只依赖认证制度，因为在师资紧缺的情况下盲目提出各种改进建议其实是在强人所难。安吉尔认为补充认证制度的最好办法就是让接受过良好教育的大学或学院毕业生担任中学教职，而密歇根大学有责任承担培养教师的任务。从 19 世纪末开始，密歇根大学设置了与教学法和教育心理学相关的课程。

最初密歇根大学仅将审查范围限制在州内的公立中学，之后的 1881 年，大学开始派审查团到私立文实学校进行审查。1884 年，认证计划又扩展到密歇根州以外的纽约州、加利福尼亚州、伊利诺伊州、威斯康星州、明尼苏达州等的中学。那些来自其他州的生源一方面为密歇根大学注入了新鲜血液，另一方面为密歇根大学赢得了声誉，推进其从地方性院校走向全国性大学。

正如安吉尔所期待的，认证计划增加了密歇根大学与公立中学之间的互动和了解。1912 年，安吉尔在回忆录中写道："在密歇根大学为该州教育体系所做的各项事业中，或许没有什么比培养与中学之间的友好关系更成功的了。"① 相比于提升学术水平和吸引更多的学生进大学，认证计划更重要的作用在于，它将中学置于大学之下的从属位置，明确中学作为低一级大学预备机构的职能和定位。到 19 世纪末 20 世纪初，密歇根大学已然成为一所充满生机的、声名远扬的全国性大学。

---

① James B. Angell, *The Reminiscences of James Burrill Angell* (New York: Longmans, Green, and Co., 1912), pp. 238-239.

二、认证计划在中西部与南部地区的推广

在密歇根大学之后，认证计划很快在中西部和南部地区推广开来。1876年，威斯康星大学建立了自己的认证系统，加利福尼亚州、田纳西州、阿肯色州、内布拉斯加州、威斯康星州的许多大学也紧随其后，还有一些大学有选择性地吸纳了认证计划。据美国教育委员会统计，到1897年，全美有42所州立大学和农业学院，以及150多所其他类型的大学实施了认证计划。① 认证计划之所以能迅速发展起来，是因为它对大学和中学双方都有裨益。对大学来说，与中学建立稳固的联系可以将大学带至现代生活，同时也给大学带来大量生源；对中学而言，认证计划能够“刺激中学更好的工作，使学生保有学术与文化理想……为那些有能力和抱负的青少年打开通向远大前程的通道”②。

作为认证计划的坚定支持者，威斯康星大学完全仿照了密歇根州的做法。威斯康星大学实施认证计划的目的在于，通过提升公立中学的能力取消大学预科部，减少大学在人力、时间和精力方面的损耗，使大学可以专注于学术能力的提升，以及科学研究和研究生项目的开展。因为截至19世纪70年代中期，威斯康星大学的多数生源来自大学预科部，巴斯科姆校长曾解释：“我们州内有许多地方没有（合适的）中学，如果我们拒绝学生进入预科部接受预备教育，那么来自这些地

---

① Commissioner of Education and Admission to College by Certificate, *Report of the Commissioner of Education for the Year 1894-1895* (Washington, D. C.: Government Printing Office, 1896), p. 1172; Joseph L. Henderson, *Admission to College by Certificate* (New York: Teachers College, 1912), p. 165.

② “Editorial”, *Wisconsin Journal of Education* 17, (Dec. 1887): 578.

区的学生将很难进入大学。”[①] 在全国性市场正在形成之际，仅专注于“中学事业”的时代已经过去，继续以此为继的话，威斯康星大学将被远远地甩在后面。巴斯科姆意识到了这一点，同时也预感到密歇根大学正在做的事业将为威斯康星大学摆脱预科部、走向真正的研究性大学打开一扇窗。

自 1876 年起，威斯康星大学开始谨慎地撤销自己的预科部，同时提升大学的入学标准，“我们希望中学能够留心大学入学要求的新变化，努力武装学生使其做好准备”[②]。巴斯科姆深知威斯康星大学与低一级中学之间相互依赖的关系，他赞扬该州中学表现了“可嘉的欲望去推进自己的工作”，使“大学的工作在一个更高的平台上开始着手”。[③] 直到预科部在威斯康星大学彻底关闭的时候，巴斯科姆惊喜地发现该州的公立中学完全能够担负为大学提供预备教育的职责，并且预科部关闭后公立中学的入学人数在明显增长。到 1886 年认证计划实施 10 年后，巴斯科姆已经不再胆怯，因为威斯康星大学“正在逐渐增加对公立中学的控制，并且现在有足够多的认证中学在调整自己的课程为大学做准备”[④]。1878 年，只有 3 所公立中学和 1 所文实学校获得了威斯康星大学的认证资质。到 1884 年，这一数字上升至 26 所，其中

---

① University of Wisconsin, *Annual Report of the Board of Regents of the University of Wisconsin for the Fiscal Year Ending September 30, 1882* (Madison, WI: David Atwood, State Printer, 1882), p. 29.

② Marc A. VanOverbeke, *Climbing the Ladder: The Evolving Relationship between Secondary and Higher Education and the Standardization of American Schooling, 1870-1910* (Madison: University of Wisconsin-Madison, 2005), p. 28.

③ Marc A. VanOverbeke, *Climbing the Ladder: The Evolving Relationship between Secondary and Higher Education and the Standardization of American Schooling, 1870-1910* (Madison: University of Wisconsin-Madison, 2005), p. 28.

④ Marc A. VanOverbeke, *Climbing the Ladder: The Evolving Relationship between Secondary and Higher Education and the Standardization of American Schooling, 1870-1910* (Madison: University of Wisconsin-Madison, 2005), p. 105.

还包括芝加哥的1所文实学校。到1887年，威斯康星大学的认证名录上已有62所中学。[①] 到1900年，威斯康星州80%的公立中学的名字都在大学的认证名单上。在1899年密歇根大学聘请艾伦·怀特尼作为全职审查员后，1900年威斯康星大学也聘请了全职审查员艾尔伯特·泰斯勒（Albert W. Tressler）负责审查和认证事宜。至此，威斯康星大学彻底摆脱了预科部，公立中学成了为大学做准备的主要机构，二者之间的联系越来越紧密。

自1892年芝加哥大学建立起，威廉·哈珀（William Rainey Harper）就规划着在伊利诺伊州为芝加哥大学建立附属文实学校，专门为大学培养生源。但截至1897年，只有10所文实中学能够担此重任。[②] 之后，哈珀便转向了审查和认证制度。同年年底，芝加哥大学累计为54所公立中学颁发了认证资质，其中14所是芝加哥的公立中学，其余中学分别来自科罗拉多州、加利福尼亚州、俄亥俄州、肯塔基州、伊利诺伊州、威斯康星州、密歇根州和明尼苏达州等。[③]

相比于中西部，南方各州实施认证计划晚了近20年。19世纪90年代，南方的一些大学和学院才逐渐开始试行这一计划，并且对计划进行微调。迫于招募生源的压力，南方少数大学采用的是一种比认证计划更加简易的凭证制度（certificate system），即大学无须派审查员到中学进行审查和评估，只需要中学校长出具推荐信证明学生有继续学

---

① Marc A. VanOverbeke, *Climbing the Ladder: The Evolving Relationship between Secondary and Higher Education and the Standardization of American Schooling, 1870-1910*(Madison: University of Wisconsin-Madison, 2005), p. 106.

② Albion W. Small, "The Department of Affiliations," in *The President's Report, July, 1897-July, 1898, with Summaries for 1891-1897*(Chicago: The University of Chicago Press, 1899), pp. 193-196.

③ Marc A. VanOverbeke, *Climbing the Ladder: The Evolving Relationship between Secondary and Higher Education and the Standardization of American Schooling, 1870-1910*(Madison: University of Wisconsin-Madison, 2005), p. 109.

习高深知识的能力，学生便可免于考试或面试而进入大学。这显然比中西部的认证计划宽松得多，因为后者至少需要学生学完大学预备课程，通过期末考试并拿到中学毕业证书。

位于新奥尔良市的杜兰大学（Tulane University）1890 年开始为那些采纳大学课程建议、雇佣优质教师的公立中学提供认证资格。1895 年，杜兰大学只有 6 所认证中学，到 1902 年扩展到 14 所。① 阿拉巴马大学（the University of Alabama）的认证条件也极为宽松，到 20 世纪初共授予 28 所中学免试资格。②

位于巴尔的摩市的约翰斯·霍普金斯大学作为研究型大学的典范，它的入学标准较其他大学要高得多。虽然实施了凭证计划，但霍普金斯大学只对个别学科实施认证，那些想进入大学的学生依旧需要参加三角法、拉丁语和希腊语等科目的入学考试。另外，申请者也需通过法语、德语、英语和科学科目的面试和考核。

1892 年，密西西比大学开始实施认证计划。1895 年，密西西比大学共认证了 15 所学校，10 年后这一数字增加到 68 所。③ 同一时期的田纳西大学也采纳了认证计划，但与其他大学不同，田纳西大学的教授有权通过与中学教师的通信确定中学生是否有资格免试入学。在大学看来，与学生有过两三年亲密接触的中学教师的评价比通过考试检验学生的方式更加恰当。教师不仅了解学生的学业，还了解学生的能力、

---

① Paul H. Saunders,"The Outlook of the Public High School in the South"(Association of College and Preparatory Schools of the Southern States, Proceedings of the Eighth Annual Meeting, held at the University of Mississippi, Miss., November 6-7, 1902), p. 92.

② Commissioner of Education and Admission to College by Certificate, *Report of the Commissioner of Education for the Year 1894-1895* (Washington, D. C.: Government Printing Office, 1896), p. 1172.

③ Commissioner of Education and Admission to College by Certificate, *Report of the Commissioner of Education for the Year 1894-1895* (Washington, D. C.: Government Printing Office, 1896), p. 1178.

品性、习惯，以及未来他可能从事的事业，[①] 这样就更有可能为大学挑选优质生源。

阿肯色大学的认证计划也比较宽松，来自认证中学的学生只要能够拿到校长的推荐凭证便可免试入学，这事实上导致了学生的压力变小、学习的惰性变大。阿肯色大学后来抱怨认证中学的生源质量不高，随后开始要求认证中学毕业生必须完成四年学业，在学习了相应的大学预备科目之后才能免试进入大学。

在中西部和南部地区试图通过认证计划发展与中学的关系招募生源的同时，新英格兰地区的大学形成了两个阵营。哈佛大学、耶鲁大学、普林斯顿大学等少数几所精英大学凭借着与埃克赛特文实学校、安多弗文实学校、波士顿拉丁文法学校及其他文实学校的亲密关系而幸免于"招生难"问题。但该地区的一些小型学院就没有这么幸运了，它们需要生源，却没有预备学校与其对接。因而，在哈佛、耶鲁等言辞凿凿地拒绝放弃大学入学考试时，以布朗大学、卫斯理安学院、阿默斯特学院、达特茅斯学院为代表的一些小型学院却拥护这样一种能招收到生源同时能够发展与中学关系的认证计划。

新英格兰地区的小型学院的认证标准与南部相比要更严格一些。在中学校长开具凭证或推荐信的基础上，这些学院会要求中学校长证明毕业生已经完成了大学预备课程的学习，还会就学生所学课程及所使用的教科书进行询问，以确保凭证或推荐信的真实性。另外，布朗大学和阿默斯特学院、达特茅斯学院还请中学校长证明毕业生有学习

---

① Paul H. Saunders,"The Outlook of the Public High School in the South"(Association of College and Preparatory Schools of the Southern States, Proceedings of the Eighth Annual Meeting, held at the University of Mississippi, Miss., November 6-7, 1902), p. 92.

和从事高深学问的能力。① 大学一方认为这种方式甚至比大学审查团更可靠，因为“事实上，这些终日里与学生朝夕相处的校长和教师最了解学生，知道他的学习习惯和知识积累，中学教师比审查团更有资格来判断学生是否适合继续学习大学课业”，“一位好的教师，十有八九能够清晰地判断自己的学生是否适合进入大学”。② 为了确保生源的质量，布朗大学和达特茅斯学院规定，一旦免试者在大学第一年的学业中表现得差强人意，他将被立即清退，同时他所在的中学也将从大学认证名单中被划掉。这让认证中学意识到，获得认证资质并非一劳永逸，它必须深思熟虑，确保它所推荐的学生确实在高深知识的学习方面有资质和能力。康涅狄格州新罕布什尔市的赫尔霍斯中学（Hill-House High School）校长表示：“我的荣誉全都包含在我的推荐信中，因而我必须非常谨慎。”③

经过认证计划，中西部、西部、南部的大部分大学，甚至东北部的一些大学都获得了生源，增强了其与公立中学的联系。虽然各地区

---

① See Mettill Gates, “Admission to College by Certificates—Amherst College,” *Educational Review* 5, (1893): 189-191; Commissioner of Education and Admission to College by Certificate, *Report of the Commissioner of Education for the Year 1894-1895* (Washington, D. C.: Government Printing Office, 1896), p. 1184; James L. McConaughy, “Dartmouth College and the Secondary Schools,” *School and Society* 2, No. 51 (Dec. 18 1915): 890-891.

② George E. Maclean, “Which is Better: The Western Plan of Admitting Students to College and University by Certificates from Duly Inspected Secondary Schools, or the Eastern Method of Admitting Only by Examinations Conducted by Representative Boards or Otherwise?” (National Educational Association, Journal of Proceedings and Addresses of the Forty-fourth Annual Meeting, held at Asbury Park and Ocean Grow, New Jersey, July 3-7, 1905), p. 505.

③ Issac Thomas, “Some Ways in Which College May Help Secondary Schools,” *The Academy* 7, (Apr. 1892): 151.

认证的方式不同、实施认证的主体不同，[①] 但无论怎样，中学与大学之间的一种上下相序、前后相接的关系得到巩固和深化，公立中学作为低一级机构为大学做准备的功能已确立下来，并且这一功能将那些不打算进入大学的学生远远地抛诸脑后，为大学做准备成为公立中学存在的主要依据。

随着提交申请的中学越来越多，大学有限的资源分配已不足以满足中学高涨的认证热情。当越来越多的大学实施认证计划，同一地区的大学便开始接受任何获得认证资质的中学的毕业生，无论其获得的是哪所大学的认证资格。[②] 还有一些大学开始授权其遍布全美的校友会对当地中学进行审查和认证，而校友们多半非常乐意为母校效劳。如此，希望同时获得多所大学认证的中学便可免于各种应对，打算进入大学的那部分学生也可以不必再为不同大学的入学标准而烦恼，中学教师也可以从为不同入学要求做准备的烦琐中解放出来。这对中学而言无疑裨益良多。后来，一些州之间也达成共识，获得认证的中学的毕业生甚至可以跨州接受高等教育。比如，在威斯康星州接受中等教育的学生可以去伊利诺伊州上大学，而无须参加伊利诺伊州的大学入学考试，前提是只要威斯康星大学授予该毕业生所在中学认证资格。

---

① 总体来看，19 世纪末 20 世纪初，认证计划的实施方式和实施主体主要分为七类：第一类是成立专门的认证委员会，如新英格兰地区大学认证委员会。第二类由州教育委员会实施审查和认证，如印第安纳大学的认证中学就由州教育委员会审查和认定。第三类是成立中学委员会来任命专门的审查团实施认证，如明尼苏达州的中学委员会即如此，其成员包括州长、公立学校督学和明尼苏达大学校长。第四类是由州大学联合会实施审查并颁发认证资质，如亚拉巴马州大学联合会。第五类是由州立大学自己实施审查认证，如密歇根大学、威斯康星大学。第六类认证计划的实施主体是州教育部门，如纽约州、佛罗里达州、南达科他州等都是由州公共学校督学实施审查和认证。第七类是由州立大学和州教育部门合作实施审查和认证，如俄亥俄州、密苏里州等。See Joseph L. Henderson, *Admission to College by Certificate* (New York: Teachers College, 1912), pp. 100-112.

② Joseph L. Henderson, *Admission to College by Certificate* (New York: Teachers College, 1912), p. 159.

这样，美国大学的入学标准在一些州和地区达成统一，而这也昭示着美国高等教育已经在一定程度上进入全国性市场。

与内战之前各所大学扎根于地方、制定自己的入学标准且彼此谨慎往来不同，认证计划不仅增进了大学与中学的联系，更增进了大学之间的往来，在某种程度上统一了大学的入学标准。当大学之间彼此有了信任和联系后，它们会就更多问题展开讨论并达成一致意见，这对美国教育界来说无疑是一种变革。到 19 世纪末 20 世纪初，更多的大学、中学、专业组织集聚在一起，就美国教育领域的各种问题进行探讨和辩论，共同决定美国教育的走向。

认证计划还有一个非常重要的作用，就是通过将大学教授派往中学审查，大学将一种教育应该由教育专家领导的观念渗透进中学，使中学相信它就是应该为大学服务，中学就是需要更高的标准，而大学里的教授、校长们拥有这种专长来协助它们，它们应该接受这些专家的指导，而非被地方的外行董事会左右。到 19 世纪后半叶，密歇根大学除了为中学培养师资外，还通过教授具体的管理学知识培养专业的中学校长和督学。这样，校长、教师、督学在接受大学教育后再回到中学时，就代表教育专家对学校和教育进行管理和控制。他们经常联合起来对抗地方学校委员会，尤其在教育变革中，在后者表现出保守态度试图维持现状时，大学教育专家、中学校长和督学常常联合起来推行变革。19 世纪末 20 世纪初关于中学与大学关系的多次调查与改革意见都是由这个群体发起或主导的，而这也在一定程度上解释了为什么 19 世纪末 20 世纪初有如此多的大学校长、教授及州或城市的督学热心于教育改革。

三、大学入学考试成为最公正的入学方式

认证计划增强了大学与中学之间的联系，让大学获得了更多生源，

也在一定程度上扩大了大学的声誉和影响力，但计划本身并非完美无瑕。1871 年，安吉尔刚开始在安娜堡市施展拳脚，密歇根大学内部的一位管理者就对认证计划表示不满，他认为认证计划不可能为全美的所有中学确立标准，因为很多顶尖的中学根本不会在意这一计划。另外，通过中学毕业文凭免试入学事实上为一些学生提供了特权，因为它使许多优秀的学生依旧要参加入学考试，而另一些学生却因就读于认证学校而免于入学考试。与认证制度相比，他认为大学入学考试才能真正体现学生的学术能力和水平，提升大学和中学的标准。

无独有偶，芝加哥大学虽然也通过认证计划获得了满意的生源，但这一计划并未得到大学内部所有教员的认可。科里福德·摩尔（Clifford H. Moore）教授曾公开发文谴责认证计划的低效，以及给中学教师带来的负担和压力，[①] 宣称只有传统的入学考试才是最合适的拣选优质生源的方式。

哈佛大学校长查尔斯·埃利奥特也在多个场合表达了对认证计划的不满。在埃利奥特看来，认证计划的审查程序毫无效果可言，仅仅是一种松散的、模棱两可的巡视而已。三年一次的巡视[②]绝对构不成一种有效的检验中学的方法，这种方式是极其“危险的”。埃利奥特还质疑大学教授是否具有检验和评估中学的能力和精力。首先，大学教授从哪里挤出时间每年审查几十所中学？其次，这些只在具体学科领域术有专攻的教授是否对中学有足够的了解，花上少则几个小时多则一两天的时间就对中学进行评估和认证是否过于草率？“反正在哈佛大学，没有任何一位教员认为他们能够在没有做过特殊准备的情况下胜

① See Clifford H. Moore, “The Examination System of Admission to College,” *The School Review* 4, No. 5(May 1896): 309-318.

② 最初，密歇根大学每年都会对认证学校进行审查，后来随着获得认证资质的学校数量的增加，密歇根大学每两三年审查或复查一次。事实上，大学审查的间隔往往随着认证名单的增加而越来越长。

任审查一所在各个层面都组织良好的中学的重任。要审查这样一所学校，哈佛大学至少需要3位教授放弃自己的本职工作，组成专门的审查委员会……至少花上三四天功夫，这还是中学距离较近的情况，如果离得远，那时间必然更久……”①，这对大学自身而言是一种资源损耗，埃利奥特拒绝他的教授们从事这项工作。

对于新英格兰及南部一些大学使用的凭证或推荐信方式，埃利奥特更是充满不屑。1890年，埃利奥特讽刺通过凭证免试入学：“在没有任何保障措施的情况下，这些新英格兰的学院既没有州一级的审查或考试，也不对认证学校做任何要求，或者仅偶尔地巡视一下……它们使用的是所有方式中‘最无力’的一种。”② 在埃利奥特看来，这种方式甚至连安吉尔在密歇根大学的方式都不如，完全就是“恣意妄为”。

事实上，埃利奥特最反对的是认证计划的核心——免试入学。派一两位仅在特定领域学有所长的教授全权代表大学对中学从拉丁语到自然科学所有课程进行视察并授予认证资质，未免过于草率。因为被派至中学的教授往往只关注自己的学科领域，而忽略其他。③ 不经考试就招纳学生更是极大地损害了大学的公正性，将学术理想弃置不顾。埃利

---

① Charles W. Eliot,“The Gap Between the Elementary Schools and the Colleges ”(National Educational Association,Journal of Proceedings and Addresses,session of the year 1890,held at Saint Paul,Minnesota,1890),pp. 530-531.

② Charles W. Eliot,“The Gap Between the Elementary Schools and the Colleges ”(National Educational Association,Journal of Proceedings and Addresses,session of the year 1890,held at Saint Paul,Minnesota,1890),pp. 530-531.

③ See Harvard College, *Forty-Ninth Annual Report of the President of Harvard College ,1873-1874*(Cambridge:Press of John Wilson and Son. ,1875),pp. 11-12;Charles W. Eliot,“The Gap Between the Elementary Schools and the Colleges ”(National Educational Association,Journal of Proceedings and Addresses, session of the year 1890, held at Saint Paul,Minnesota,1890),pp. 530-531;Paul Hanus,“University Inspection of Secondary Schools and the Schools Examination Board of Harvard University,”*The School Review* 2,No. 5(May 1894):257-267.

奥特断言，中等教育和高等教育之间的鸿沟，以及对于生源的迫切需求才是认证计划兴盛起来的根本原因。[①] 事实上的确如此，多数实施认证计划的大学并不像哈佛和耶鲁那样拥有强大的、关系亲密的生源校或预备学校为它们提供生源。虽然已经意识到转向公立中学的必要性，但他从未想过要把权力下放给低一级的中学，因为对埃利奥特而言，放权就意味着学术标准的降低。在他看来，相比于草率且轻浮的认证计划，由大学一方组织和设计的、对所有科目进行测试的入学考试才是衡量申请者能力和资质的最佳方式，是提升中学学术能力、时刻与大学保持一致的唯一路径。自 1734 年哈佛大学首次在招生章程中使用"考试"（examination）一词起，这一方法便一直是哈佛大学最主要的招生方式。当然，早期主要采用的是口试。1734 年，哈佛大学招生章程明确指出，"任何通过校长及至少两位教员的考核的申请者都应该能够对西塞罗、维吉尔的著作进行阅读、翻译及文法分析"[②]。1815 年，耶鲁大学也开始采用口试的方式招生。到 19 世纪 30 年代，哈佛大学和耶鲁大学开始采用笔试，但这种方式最初并未用于大学招生，而是用于大学对学生的学习情况进行测验和评估。直到 1851 年，笔试才成为一种招生考试方式。19 世纪 70 年代，为了方便其他地区的中学生就地参加考试，扩大生源范围，哈佛和耶鲁决定将入学考试地点由大学改至中学，这样远途的学生就可以省去长途跋涉的时间和精力，更好地为大学入学考试做准备。这一计划实施后，很快便在一些大学中得到推广。[③] 可以说，考试作为大学招生的一种重要方式，在哈佛、耶鲁已

---

① N. Dougherty, "Discussion" (National Educational Association, Journal of Proceedings and Addresses, session of the year 1890, held at Saint Paul, Minnesota, 1890), p. 534.

② Edwin Cornelius Broome, *A Historical and Critical Discussion of College Admission Requirements* (New York: Columbia University, 1902), p. 29.

③ Harold S. Wechsler, *The Qualified Student* (New York: John Wiley & Sons, 1977), p. 55.

经成为一种惯例，在它们看来，考试在各个层面都比认证计划更有优势。

首先，入学考试具有公正性，所有申请者的资质和能力都将在测试中得到检验；其次，入学考试具有公开性，便于推广至全国；最后，入学考试保护了中学校长，使其免于受到家长、董事会和委员会的叨扰与胁迫。最重要的是，入学考试可以保障中学和大学的高学术标准，不会像认证计划那样因免于考试而降低学术要求。① 当然，入学考试也存在一些缺陷，如无法掌控打分时的宽严程度、大学之间会常常因缺乏协调而导致在考试难度的设计上差异极大、大学中一些资历较老的教授会长期控制入学考试的出题权等，但这些都不足以抵挡入学考试作为最适合的大学招生方式在更广泛的地域范围内被推广。19 世纪末，当认证计划已在美国中西部、西部、南部，甚至东北部一些大学盛行时，哈佛大学、耶鲁大学、普林斯顿大学、哥伦比亚大学等依旧坚持通过严格的、高标准的大学入学考试从全美招纳生源。与此同时，埃利奥特希望能够建立一个 4—6 所大学的联盟，联盟内成员在招生的地域范围、考试时间、考试科目、试卷评分人、评分原则等方面达成一致，进而将这种一致性推广至更广阔的地区。② 这一想法随后将在哥伦比亚大学实现，但哈佛大学拒绝出现在联盟成员名单中，这一点我们随后会谈及。在此之前，我们要转到公立中学与大学衔接的另一个更加核心的主题——大学入学标准的统一上，公立中学与大学在这一主题上的分歧将直接改变中学与大学关系的走向。

---

① See Edward J. Goodwin, "Discussion" (National Educational Association, Journal of Proceedings and Addresses of the Forty-fourth Annual Meeting, held at Asbury Park and Ocean Grow, New Jersey, July 3-7, 1905), p. 511; James E. Russell, "The Education Value of Examinations for Admission to College," *The School Review* 11, No. 1 (Jan. 1903): 42; George E. MacLean, "The Admission of Students to College by Certificate," *Science* 22, No. 554 (Aug. 1905): 167-175.

② Charles W. Eliot, "The Gap Between the Elementary Schools and the Colleges" (National Educational Association, Journal of Proceedings and Addresses, session of the year 1890, held at Saint Paul, Minnesota, 1890), pp. 532-533.

第四章　制约关系的形成：衔接标准的冲突与公立中学的“反叛”

无论是认证计划也好、入学考试也罢，中高关系处理到这一阶段，一种对公立中学理应作为衔接机构的观念已经深入人心。公立中学一直抱怨古典科目课业繁重的问题通过平行学位计划和选修计划得到缓解。到19世纪末，即使是最保守的大学也提供现代实用课程，对古典科目的要求也逐渐降低，但更多的选择便意味着更大的压力，公立中学需要为不同大学的入学计划做预备工作。公立中学期待大学之间能够就入学要求达成某种统一意见，同时更多地接纳中学的现代实用科目。然而，大学一方在制定入学要求的过程中常常抱着很强的自尊心，它承认所有学科可以地位平等地出现在大学课程中，但这并不意味着所有科目都可以作为大学入学要求，这是两个完全不同的概念。换句话说，大学在决定哪些科目可以作为大学入学要求时是有所拣选的，并非所有被认为“有用”的科目都可以作为入学要求进入严肃的学术领域。比如，那些对实际工作产生即时效果的具体职业领域的知识和技能就被认为没有资格进入严肃的学术领域，它们可以作为大学课程出现，但不可能成为入学要求。正是在这一点上，引发了中学和大学衔接过程中更加核心的问题，即关于教育的本质和目的的探讨：在世纪之交，成为一个受过教育的人意味着什么？教育对那些继续上大学的人和对那些不再上学的人的意义有根本性区别吗？中学到底是应该为大学做准备，还是为实际生活做准备？两种目的是否可以通过相同的课程达到？对这一系列问题的持续探讨引发了19世纪90年代到20世纪初关于公立中学与大学关系问题的另一波变革。

在大学看来，中学应该更多地与大学的目标和要求保持一致；在公立中学看来，各所大学之间应就入学要求达成统一意见，更多地接纳中学的现代实用科目。双方都希望更好的衔接和统一化，但对衔接和统一化的理解显然不同。为了寻找答案，代表大学和中学各自利益的调查性组织相继成立，通过借助第三方调查，中学与大学对于衔接标准的不同理解最终得到验证。在这个过程中，大学一方借着之前已经渗透进中学及公众思想中的“教育专家”身份，率先发起了全国性调查。

第一节　为大学做准备就是为生活做准备：大学对衔接标准的界定

截至19世纪90年代，美国中学与大学衔接的主要问题已经发生转换，之前对公立中学衔接功能的探讨和大学对中高关系的多元探索已经确定无疑地将公立中学的大学预备职能确定下来。无论是中学自身，还是教师、父母、教育专家，都将中学看作大学预备机构，并且那部分打算继续上大学的学生群体赋予了大学主导和控制中学课程的权利。然而，大学入学要求的不断调整实际上加剧了中学的窘迫，因为只要大学入学要求一直在变，中学就要不断适应，不断调整。之前做出的各种努力如选修制、平行学位计划、认证计划的价值似乎更多地体现在公立中学与大学关系的增进上，而并未完全体现在中学的升学率上。到19世纪90年代，只有不到25%的学生打算进入大学，[①] 大学认为这

① Theodore R. Sizer, *Secondary Schools at the Turn of the Century* (New Haven, Conn.: Yale University Press, 1964), p. 54.

是中学没有做好预备工作造成的，中学一方则抱怨大学入学标准的不统一导致中学在为不同大学做准备的过程中无法兼顾教育质量。1885年，安多弗文实学校校长班克罗夫特抱怨安多弗要为 40 名打算进入大学的学生提供超过 20 种高阶课程。① 但安多弗文实学校至少有新英格兰地区的几所固定大学与其对接，情况与公立中学相比要好得多。公立中学由于没有固定对接的大学且打算升入大学的学生数量也不稳定，加上学生的多元背景又让他们在选择大学时格外多元化，因而在为大学做准备的过程中，往往倍感压力。另外，尽管现代科目不断被纳入、古典科目在逐渐减少，但公立中学依旧将大部分时间花在为少数学生进入大学做准备上，而没有为将在中学阶段结束教育生涯的大部分学生做准备，这在事实上已经偏离了公立中学最初追求的宽泛而广博的目标。中学教师抱怨古典语言方面的训练对那些即将在中学之后终结其教育生涯的学生而言，价值微乎其微。尽管中学课程和大学入学要求之间有一些重叠（主要是在英语文学、历史、地理和数学等方面），但截至 19 世纪末，大学依旧维系着对希腊语和拉丁语的高学术要求。这种对古典语言的坚守意味着中学必须要在为少数学生准备古典教育和为多数学生准备现代科目之间做出选择。② 只要大学入学要求和中学课程之间的鸿沟还存在，为大学做准备和为生活做准备就难以两全，中学与大学的关系也就难以完全调和。

基于此，接下来以查尔斯·埃利奥特为首的教育专家将在之前所有区域性努力的基础上，着手推进一项跨区域的统一大学入学要求的

① New England Association of Colleges and Preparatory Schools, *Addresses and Proceedings of the Preliminary Meeting*, *Oct. 16 and 17, 1885, First Annual Meeting*, *Oct. 16, 1886, and First Special Meeting*, *Jan. 7 and 8, 1887* (Boston, Mass.: Published by the Association, 1892), p. 12.

② Arthur M. Cohen, *The Shaping of American Higher Education: Emergence and Growth of the Contemporary System* (San Francisco: Jossey-Bass Publishers, 1998), pp. 137-141.

工作。而这一工作背后正是大学对前面提出的教育本质问题的回应——一种为大学做准备就是为生活做准备的逻辑。以大学校长和教授为主导的教育专家们试图寻找将两种目的结合、形成统一课程的可能性。在这项大工程开启之前，地区性的统一工作已经在新英格兰地区率先开展起来。

一、入学考试与认证标准的地区性统一：新英格兰地区大学与预备学校联合会的前期努力

吊诡的是，被公认为预备学校与大学关系最密切的新英格兰地区也是中、高等教育机构之间张力最大的地区。因为该地区既实施考试制度，又实行认证计划，而认证计划并非由大学一方亲自巡视和审查，因而中学与大学之间并不像中西部地区那样能够通过审查和认证建立相对亲密的关系。1884 年，该地区的中学决定迈出第一步。马萨诸塞州古典中学教师协会向该州的大学和学院发出会议邀请，希望能够就中学与大学之间的理解与合作达成某些共识，“建立和谐互益的关系”①。但该州的大学和学院并未表现与低一级中学进行面谈的兴趣。直到 1885 年，全美第一个中学与大学代表共同参加的地区性组织——新英格兰地区大学与预备学校联合会成立，双方才有机会就相关问题进行面谈。

1885 年，在联合会的第一次会议中，安多弗文实学校的校长塞西尔·班克罗夫特将长期以来困扰中学与大学的各种问题和盘托出。班克罗夫特指出，无论大学是通过入学考试还是通过认证计划招生，它

---

① New England Association of Colleges and Preparatory Schools, *Addresses and Proceedings of the Preliminary Meeting* ,*Oct. 16 and 17,1885, First Annual Meeting* ,*Oct. 16,1886,and First Special Meeting* ,*Jan. 7 and 8,1887* (Boston, Mass. : Published by the Association, 1892), p. 4.

们都未在预备教育及大学教育到底应该由哪些部分构成这一问题上达成一致，这是导致所有问题的关键所在。虽然大学一方认为它更关注的是自由教育，而对于自由教育应该由哪些部分组成，其预备教育应该包括哪些，不同大学意见不一。相应地，对于低一级学校应该教授什么，大学之间更是各执一词。①

事实上，虽然各所大学已经意识到走向全国市场的重要性，但在具体的入学要求上，多数大学并不愿意完全妥协，这在哈佛大学体现得尤为明显。查尔斯·埃利奥特从一开始就很关心哈佛有多少学生来自纽约，他试图将哈佛大学从坎布里奇带向全美，使其成为一所全国性一流大学：“为了哈佛大学的安全，为了国家的福祉，哈佛不仅应该从马萨诸塞和新英格兰招收生源，而且应该从整个国家吸纳养料，哈佛的毕业生应该遍布全美。”② 为了达成这一目的，埃利奥特曾反对在华盛顿建立联邦大学，说是因为美国人本质上更喜欢私立学校，私下里却与耶鲁大学合计在全美范围内协调和统一双方的大学入学考试，以使哈佛和耶鲁成为像牛津和剑桥一样拥有世界声誉的全国性大学。③后来即使意识到大学的入学要求要更统一一些，埃利奥特依旧不愿意降低标准与其他大学保持一致。在前文第二章第一节我们已经提到哈佛大学的入学标准在当时是最严格的，他最初不赞同公立中学承担大

① Cecil F. P. Bancroft,“Is Any Greater Degree of Uniformity in Requisitions for Admission to College Practicable?,” in *Addresses and Proceedings of the Preliminary Meeting , Oct. 16 and 17, 1885, First Annual Meeting , Oct. 16, 1886, and First Special Meeting , Jan. 7 and 8, 1887*, eds. New England Association of Colleges and Preparatory Schools (Boston, Mass: Published by the Association, 1892), p. 11.

② Charles W. Eliot to Barrett Wendell, April 15, 1893, Charles W. Eliot to Charles C. Beaman, February 16, 1889, Charles W. Eliot Letters, Harvard University Archives, Harvard University.

③ Ronald Story, *The Forging of an Aristocracy : Harvard & the Boston Upper Class , 1800-1870* (Middle Town: Wesleyan University Press, 1980), p. 179.

学预备职能的一部分原因就在于他认为公立中学不具备提供高深学问的能力。即使哈佛大学是第一个实施选修计划的大学，但埃利奥特反复强调现代科目的纳入并不代表学术标准的降低。如此看来，埃利奥特时刻保持着对高学术标准的严格要求，他不可能为了达成大学之间的统一而放弃原则，降低标准。

在谈到大学入学要求的统一问题时，埃利奥特说他倒是“很乐意看到其他大学提升他们的入学要求，与哈佛保持一致”①。在不愿放弃原则和坚持标准方面，哈佛大学绝不是特例。耶鲁大学和普林斯顿大学也曾不愿意接纳其他学校的标准或建议。前文提到在选修计划的优势已经显现并在全美多所大学推广时，伯特和麦考什却拒绝妥协，甚至连约翰斯·霍普金斯大学的管理者向两人咨询对选修计划的意见时，他们都拒不回信。②

班克罗夫特认为，在达成统一的入学要求这一问题上，“解铃人”必须是大学自己，大学要跳出自我设定的条条框框，在更广泛的意义上设置全国性标准。一直扎根于地方的中学此时也应该在一定程度上接纳全国性标准，之后再考虑地方需求。这样来看，在统一入学标准的背后，事实上暗合着一种自我标准与全国性标准、地方需求与全国性需求的博弈。最终，新英格兰地区大学与预备学校联合会的建议是大学内部首先要在入学要求和考试标准上达成一致，进而再推广至中学。在当年（1885 年）的主旨报告中，联合会明确地敦促大学要“基于合作和礼让，或者接受其他大学的考试方式，或者联合起来建立一

① Harvard College, *Annual Report of the President and Treasurer of Harvard College, 1871-1872* (Cambridge: University Press, 1873), p. 10.

② H. D. Hawkins, "Three Universities Presidents Testify," *American Quarterly* 11, No. 2(1959): 101.

个第三方考试委员会，全权负责试卷的设计、考核的执行和证书的发布”[①]。之后，大学之间达成共识，决定成立新英格兰地区大学入学考试委员会（Commission of College in New England on Admission Examinations），负责大学内部的统一标准事宜。

经过多方联络，新英格兰地区大学入学考试委员会终于将大学代表和中学代表[②]集结到一起，双方就英语学科的入学标准问题进行讨论。在讨论中，中学希望大学能够减少英语文学中规定的作家数量，已列好的必读书目最好不要频繁变化，同时大学可适当增加美国文学的相关内容。另外，中学希望大学能够同意认证学校毕业生免于参加英语写作考试。中学的诉求最终并未全部得到满足，大学坚持申请者必须参加英语写作考试，但同意增加美国文学的相关内容并保持必读书目至少三年不变。[③] 几年后，新英格兰地区大学入学考试委员会和大学与预备学校联合会与 1892 年成立的中部各州和马里兰州大学与预备学校联合会（the Association of Colleges and Preparatory Schools in the Middle States and Maryland，以下简称中部各州联合会）联合起来，重提英语入学标准事宜。这一次，大学同意了认证学校毕业生免于参加

① New England Association of Colleges and Preparatory Schools, *Addresses and Proceedings of the Preliminary Meeting , Oct. 16 and 17, 1885, First Annual Meeting , Oct. 16, 1886, and First Special Meeting , Jan. 7 and 8, 1887* (Boston, Mass. : Published by the Association, 1892), p. 4.

② 委员会向新英格兰地区的 56 所中学发出参会邀请，最终只有 23 所中学应约参会。

③ See New England Association of College and Preparatory Schools, "Official Report of the Third Annual Meeting of the New England Association of Colleges and Preparatory Schools," *The Academy* 3 (Nov. 1888): 504-506; Commission of College in New England on Admission Examinations, *Second Annual Report , 1887-1888* (Providence: Snow & Farnham, Printers, 1889), pp. 7-16; New England Association of Colleges and Preparatory Schools, *Addresses and Proceedings of the Preliminary Meeting , Oct. 16 and 17, 1885, First Annual Meeting , Oct. 16, 1886, and First Special Meeting , Jan. 7 and 8, 1887* (Boston, Mass. : Published by the Association, 1892), p. 47.

英语写作考试的申请，但在英语语法、英语诗歌方面增加了一些要求。同时，它们决定再成立一个委员会专门商议未来几年英语文学的必读名录。由此，新英格兰地区中学最初的诉求不仅得到满足，最终还和中部地区及马里兰州连成一片，使英语学科的入学要求走向广泛的统一和标准化。①

在此之后，新英格兰地区大学入学考试委员会转向对拉丁语和希腊语入学要求的标准化，它们还任命了一个集大学代表与中学代表于一堂的古典学科委员会来完成这一任务。该委员会与新英格兰地区的几所著名预备学校校长一起商议了古典语言的统一问题，提出了拉丁语、希腊语的样本计划（specimen programs）。委员会建议，在荷马和维吉尔作品的翻译上，新英格兰地区所有大学的考核标准应该保持一致。但结果是任何大学都不敢将自己的标准强加给其他大学，同时也不愿意向其他大学的标准做出妥协。最后，与会大学决定采取一种折中的办法，各所大学同意使用相同的古典语言考试试卷，并且在规定的作者书目上达成一致。②

除了统一入学考试要求外，新英格兰地区大学与预备学校联合会的第二项工作是对该地区的认证计划进行统一。前文在讲到认证计划时提到新英格兰地区的一些小型学院和大学在无法像哈佛、耶鲁那样从预备学校中招到生源的局面下最终实施了认证计划，但各所学院的认证要求各不相同，在实践中导致了很多分歧，如布朗大学和波士顿大学仅要求学生在某几门科目中有所准备即可，而史密斯学院、卫斯理安学院则对每门科目的细节（学时、教科书使用等）提出很多意见，

---

① Marc A. VanOverbeke, *Climbing the Ladder: The Evolving Relationship between Secondary and Higher Education and the Standardization of American Schooling, 1870-1910* (Madison: University of Wisconsin-Madison, 2005), p. 146.

② Commission of College in New England on Admission Examinations, *Ninth Annual Report, 1894-1895* (Providence: Snow & Farham, Printers, 1895), pp. 7, 8, 13.

除此之外的另外一些大学可能又有不同的认证标准。[①] 这种混乱使那些试图同时获得两所以上大学认证的中学手忙脚乱。在此局面下，新英格兰地区大学与预备学校联合会提议尝试康涅狄格州诺维奇市文实学校校长罗伯特·基普（Robert Keep）的提议。基普建议由新英格兰地区的6—8所大学组成一个审查委员会对地区内的中学进行审查，并且决定是否颁发认证资质。审查委员会内部会就各自所代表大学的意见进行沟通和交流，之后再前往中学审查。这样不仅统一了认证标准，还增进了大学之间的理解，同时也为中学教师提供了“更广阔的视野，清晰地告知他们大学最珍视的学问和心智训练类型”[②]。如此，获得认证资质的中学的毕业生就能在委员会成员内的所有大学中进行选择，减小了中学同时获取多所大学认证的压力。1902年，新英格兰地区大学入学认证委员会（the New England College Entrance Certificate Board）成立，专注于对新英格兰地区的中学进行审查和认证。

以上，新英格兰地区的大学入学标准在一定程度上达成统一，中学可以稍稍喘息，但中学与大学之间的鸿沟并未消失，因为大学内部在入学要求的统一上仅做了有限的努力，接下来查尔斯·埃利奥特将带领教育专家对大学入学要求进行全国性统一。

---

① Commission of College in New England on Admission Examinations, *Fifteenth Annual Report, 1900-1901* (Providence: Snow & Farham, Printers, 1901), p. 10.

② Robert P. Keep, "Under What Conditions Might Admission to College by Certificate be Permitted?," in *Addresses and Proceedings of the Preliminary Meeting, Oct. 16 and 17, 1885, First Annual Meeting, Oct. 16, 1886, and First Special Meeting, Jan. 7 and 8, 1887*, ed. New England Association of Colleges and Preparatory Schools (Boston, Mass: Published by the Association, 1892), pp. 28-30.

二、为大学做准备就是为生活做准备：十人委员会统一中学课程的建议

1892年7月，全美教育协会授权成立十人委员会。这个委员会由查尔斯·埃利奥特领衔，主要任务是“将大学与中学人士集结起来，探讨关于进入中学的每门学科的恰当界限、最佳的教学方法和最适宜的时间分配、测试方法，以及在全国范围内达成某种统一的可行性、方法及标准”①。概括起来，十人委员会任务有三：一是确立中学的课程设置、时间安排、教学方法。二是探索在全美范围内达成中学课程和大学入学标准统一的可能性。三是使中学与大学更好的衔接。简而言之，就是要解决存在于中等教育与高等教育之间的障碍，使二者的衔接更畅通，同时又不损害双方利益。

在十人委员会下属的九个学科分委员会②提交学科报告后，埃利奥特在泰特罗尔的协助下，起草了《十人委员会报告》草稿，并且于1893年11月召集委员会成员在哥伦比亚大学商讨修改与完善事宜。《纽约时报》报道了十人委员会在哥伦比亚大学的这次会议，称其为

---

① National Educational Association, *Report of the Committee of Ten on Secondary School Studies with the Reports of the Conferences Arranged by the Committee* (New York, Cincinnati, Chicago: The American Book Company, 1894), p. 3.

② 在十人委员会之下成立九个学科分委员会，分别是拉丁语；希腊语；英语；其他现代语言；数学；物理、天文、化学；自然史（包括生物学、植物学、动物学、生理学）；历史、公民政治、政治经济学；地理（包括自然地理、地质学、气象学）。学科分委员会旨在对每门学科的大学入学要求进行讨论，进而就其在中学的实施，如内容设计、时间安排、考核方式、教学方法等进行设计和安排，最终提出各个分委员会报告，交给十人委员会。十人委员会在此基础上起草关于全美大学入学要求和中学预备教育的统一化建议，供全美中学和大学参考。

“秘密集会”，会议分 8 次每次 3 个小时集中秘密讨论。[①] 总报告最终于 1893 年年底公布。从报告内容来看，十人委员会像得到了中学的授权一般，为全美中学设计了统一的教育宗旨、课程计划、学制、与大学的衔接标准等各项事宜。

事实上，在各分委员会将各学科的学时、容量及其他建议以报告形式提交十人委员会后，埃利奥特便意识到问题的复杂性。因为他发现按照各学科建议的学时和容量相加之后，任何一所正常的四年制中学无论如何都是完不成的。在究竟该保留或裁撤哪些学科的问题上，埃利奥特感到棘手。在写给委员会另一位成员——奥尔巴尼中学校长奥斯卡·罗宾逊（Oscar D. Robinson）的信中，埃利奥特表达了对最终《十人委员会报告》可能仅仅是对各学科委员会报告的“整合”的担忧：“我越来越觉得，十人委员会将不得不把自己限定在阐释各分会报告的位置上……我感觉，委员会中任意两位成员都不会就中学的某项特定（课程）计划达成一致意见。”[②] 虽然最终未满足所有成员的期待，十人委员会还是达成了共识，[③] 向全美教育协会提交了报告。

委员会将各学科委员会的报告最终凝结为四种课程计划：古典的、拉丁语-科学的、现代语言的、英语的。（见表 4-1-1）传统的古典课程将重点放在拉丁语和数学上，减少了对希腊语的关注。拉丁语-科学课程则完全取消了希腊语，更关注科学。现代语言课程用法语和德语取代了拉丁语和希腊语，其他方面则与拉丁语-科学课程类似。英语课程则仅保留一门外语（现代语言或古典语言皆可），同时更关注英语、历

① “On Secondary Education: National Educational Society's Committee Finished Its Work,” *New York Times*, November 13, 1893, p. 5.

② Oscar D. Robinson, “The Work of the Committee of Ten,” *The School Review* 2, No. 6 (Jun. 1894): 370.

③ 这种共识只是在有限的范围内达成，在《十人委员会报告》中的最后一部分呈现了少数不同意见报告。

史和科学课程。四种课程计划的主要区别在于对外语类型和数量要求的不同。四种课程计划都希望学生掌握一些英语知识，同时至少学习一门外语，以及数学、历史、地理和科学知识，但不同计划对这些知识要求的容量不同。

表 4-1-1　十人委员会提议的 4 种中学课程计划

学年	古典语言课程（三门外语、一门现代语）	拉丁语-科学课程（一门现代语）	现代语课程（两门外语课程均为现代语）	英语课程（一门外语，古典语或现代语）
一	拉丁语 英语 代数 历史 自然地理	拉丁语 英语 代数 历史 自然地理	法语或德语初级 英语 代数 历史 自然地理	拉丁语或德语或法语 英语 代数 历史 自然地理
二	拉丁语 英语 德语或法语初级 几何 物理 历史	拉丁语 英语 德语或法语初级 几何 物理 植物学或动物学	法语或德语 英语 德语或法语初级 几何 物理 植物学或动物学	拉丁语或德语或法语 英语 几何 物理 历史 植物学或动物学
三	拉丁语 希腊语 英语 德语或法语 数学（几何、代数）	拉丁语 英语 德语或法语 数学（几何、代数） 天文学（半年） 气象学（半年） 历史	法语或德语 英语 德语或法语 数学（代数、几何） 天文学（半年）、气象学（半年） 历史	拉丁语或德语或法语 英语 数学（代数、几何） 天文学（半年） 气象学（半年） 历史

续表

学年	古典语言课程（三门外语、一门现代语）	拉丁语-科学课程（一门现代语）	现代语课程（两门外语课程均为现代语）	英语课程（一门外语，古典语或现代语）
四	拉丁语 希腊语 英语 德语或法语 化学 三角学和高等代数或历史	拉丁语 英语 德语或法语 化学 三角学和高等代数或历史 地质学或地理学（半年） 解剖学、生理学、卫生学（半年）	法语或德语 英语 德语或法语 化学 三角学和高等代数或历史 地质学或自然地理学（半年） 解剖学、生理学、卫生学（半年）	拉丁语或德语或法语 英语 化学 三角学和高等代数 历史 地质学或自然地理学（半年） 解剖学、生理学、卫生学（半年）

资料来源：National Educational Association, *Report of the Committee of Ten on Secondary School Studies with the Reports of the Conferences Arranged by the Committee*（New York, Cincinnati, Chicago: The American Book Company, 1894）, pp. 46-47.

从表中可以看到，在前两年的课程设计上，十人委员会试图为所有学生提供一些统一的课程，让学生在语言、历史、数学和科学科目上稍有涉猎，尽量避免让青少年过早做出抉择，“除了本土语言之外，从未涉猎过其他知识的中学生根本不了解自己在语言学习方面的能力，同样从未做过化学或物理实验的青少年也不会知道他是否对科学感兴趣”[①]，而且“由于许多男孩和女孩进入中学后待不到两年”[②]，委员会认为“分岔路口来得越晚越好，因为两条路之间的抉择常常决定了青少年的生活和事业”[③]。尤其对那些不打算继续深造的学生，更应该将西方文明的精髓尽早展示在他面前，使他为未来生活做好准备。因而，前两年的课程设计非常相似，尤其是古典课程和拉丁语-科学课程，除了后者用科学代替了历史，其余科目完全相同。直到第三年，学生才会在二者之间做出选择。

对于中学与大学都非常关注的是否该对不同志趣和选择的学生区别对待的问题，十人委员会认为“无论学生将来去向如何，无论他们何时终止学业，中学里教授的每一门科目都应该以同样的方式和程度教给学习这门课程的每一位学生”[④]。这一观点至少暗含三种意思：其一，中学里教授的所有学科，无论是古典倾向的，还是现代取向的，抑或是科学取向的，地位都相等。其二，无论学生的未来选择是什么，中学的所有课程都会同样对他们产生助益。其三，为大学做准备与为生活做准备并不冲突，都可以从上述课程计划中得到满足，两种目的可以达成某种调和与统一。

总报告在结尾处指出：“总的来讲，美国的中学并不是为男孩、女

---

① National Educational Association, *Report of the Committee of Ten on Secondary School Studies with the Reports of the Conferences Arranged by the Committee* (New York, Cincinnati, Chicago: The American Book Company, 1894), pp. 46-47.

② National Educational Association, *Report of the Committee of Ten on Secondary School Studies with the Reports of the Conferences Arranged by the Committee* (New York, Cincinnati, Chicago: The American Book Company, 1894), pp. 47-48.

③ National Educational Association, *Report of the Committee of Ten on Secondary School Studies with the Reports of the Conferences Arranged by the Committee* (New York, Cincinnati, Chicago: The American Book Company, 1894), p. 45.

④ National Educational Association, *Report of the Committee of Ten on Secondary School Studies with the Reports of the Conferences Arranged by the Committee* (New York, Cincinnati, Chicago: The American Book Company, 1894), p. 17.

孩们进入大学而做准备的。他们中仅有很少一部分能进入大学或科学院……因此，制订全国范围的中学计划，旨在为那些中学之后不再继续接受教育的学生服务，而为少数打算进入大学和科学院的中学生服务仅是从属的、非主要的目标。”① 由此，委员会似乎开诚布公地为长期以来困扰中学与大学衔接的核心问题做出了明确回应，即中学应该主要为大部分不上大学的学生服务，之后才是为少数打算进入大学的学生服务。

但事实或许并非如此，《十人委员会报告》多被称为“保守的文件”，批判者认为报告在放一种“迷惑性的烟幕弹”，将“为大学做准备就是在为生活做准备”和“有益于哈佛大学的必然也有益于整个国家”的观念②传递给公众。之所以这样说，是因为报告通篇在强调一种心智训练理论，试图以心智训练弥合两种从根本上不同的目标。十人委员会建议中学开展“四年优质的、有效的心智训练”，声称学生在四年强烈而有效的心智训练过程中选择什么科目无关紧要，因为四种课程计划的地位相同，每一种计划都同时对打算上大学和不打算上大学的学生有裨益，无论学生最终做何选择，都可以从中获得心智发展所需的各种习惯和品性。③ 这就意味着无论学生最终选择进入大学还是直接进入社会，都可从四种课程计划中学到未来所需的各种知识和习惯，进而就意味着为大学做准备和为生活做准备至少在中学阶段无差别，为大学做准备就约等于为生活做准备。借助于一种心智训练理论，《十人委

① National Educational Association, *Report of the Committee of Ten on Secondary School Studies with the Reports of the Conferences Arranged by the Committee* (New York, Cincinnati, Chicago: The American Book Company, 1894), pp. 51-52.

② David B. Tyack, *Turning Points in American Educational History* (Waltham: Blaisdell Publishing Company, 1967), p. 357.

③ National Educational Association, *Report of the Committee of Ten on Secondary School Studies with the Reports of the Conferences Arranged by the Committee* (New York, Cincinnati, Chicago: The American Book Company, 1894), pp. 52-53.

员会报告》在事实上规避了为生活做准备与为大学做准备的功能冲突问题。或者说，委员会就是用心智训练理论来解决中学的两种冲突性功能的。

这种心智训练理论背后的逻辑基本是这样的：中学教育主要解决的是心智发展的问题，学生的心智是可以通过相关学科知识进行训练的。通过对课程的明智选择，学生无论最终进入大学还是进入工作领域，都能驾轻就熟的适应。而这种明智的课程最好从委员会报告所建议的四种课程计划中选择。另外，在心智训练理论背后，委员会还利用了一种给予所有青少年接受中等教育的平等机会的观念。[①] 查尔斯·埃利奥特认为，美国不应该像欧洲那样，将学校变成学生的“分类机器”，将学生分为“未来的农民、技工、商贩、专业人士”进行教育，“在一个我们这样的民主社会”那是不可接受的。[②] 由此，教育要适应美国民主的需求和承诺，不应将学校变为“分类机器”，因而为大学提供预备教育和为实用生活提供文化教育的目标并不冲突，二者在中学阶段是可弥合的，甚至在本质上二者就是同一个目标，使学生为生活做准备的目标包含了使学生为大学做准备这一目标（为大学做准备是为生活做准备的一部分）。

然而，正是在“为生活做准备包含了为大学做准备”这一点上，十人委员会遭到了斯坦利·霍尔（G. Stanley Hall）最严肃的批判，后者否定为大学做准备与为生活做准备是同一件事。[③] 爱德华·桑代克（Edward L. Thorndike）也通过他的心理学研究不断论证埃利奥特及其同事们认为的“在某一领域获得的训练可以转移至另一领域”的观点

---

① Jurgen Herbst, “The American People's College: The Lost Promise of Democracy in Education,” *American Journal of Education* 100, No. 3(May 1992): 293.

② Charles W. Eliot, “The Fundamental Assumptions in the Report of the Committee of Ten,” *Educational Review* 30(1905): 330.

③ See G. Stanley Hall, *Adolescence* (New York: Appleton, 1904), pp. 508-514.

的荒谬性。[①] 赫伯斯特认为，十人委员会的困境在于，它宣称的使学生为生活做准备也适用于为大学做准备这一论断会使人即刻意识到反过来也成立——为大学做准备就是在为生活做准备，但显然为大学做准备并不一定等于为生活做准备，而且并没有明确的证据表明委员会真的慎重考虑过那些不接受心智训练的学生该如何为生活做准备的问题。[②]

对于这部分学生，报告虽指出四种课程计划将能够满足学生步入生活后的各种实用需求，但对于那些已经在部分中学中出现的手工训练、工业和职业知识，委员会显得格外谨慎。参与讨论的一位学科委员会成员曾质疑各学科分委员会的设置问题，[③] 说在设置学科分委员会时“十人委员会常常与多数人意见相左”，如来自马萨诸塞州新贝德福德中学的校长曾提到“来自手工训练科目的朋友们非常惊讶地发现如此重要的一门科目竟然被（委员会）忽视了”[④]。

---

① David B. Tyack, *Turning Points in American Educational History* (Waltham: Blaisdell Publishing Company, 1967), p. 357.

② Jurgen Herbst, "The American People's College: The Lost Promise of Democracy in Education," *American Journal of Education* 100, No. 3(May 1992): 294.

③ 关于报告中没有提到工业、商业、技术科目的问题，布鲁姆认为，大学入学要求的统一主要关涉的是一般的大学入学科目，这是入学要求多样化的现实和追求一致性的要求所决定的，因而不能认为委员会歧视工业知识和技能。此外，委员会也明确指出了所有科目在中学享有同等权重。对此，范·欧弗贝克（Marc A. VanOverbeke）的解释是十人委员会可能以 40 所顶尖中学中最主要的、多数中学都开设的课程作为学科分委员会选择的标准。他认为，从一开始，埃利奥特就从未想过要重构美国教育。See Edwin Cornelius Broome, *A Historical and Critical Discussion of College Admission Requirements* (New York: Columbia University, 1902), p. 138; Marc A. VanOverbeke, *Climbing the Ladder: The Evolving Relationship between Secondary and Higher Education and the Standardization of American Schooling, 1870-1910* (Madison: University of Wisconsin-Madison, 2005), pp. 200-201.

④ Ray Greene Huling, "The Report on Secondary School Studies," *The School Review* 2, No. 5(May 1894): 278-279.

委员会报告之所以将具有职业指向的教育排除在心智训练之外，是因为它们提供的仅仅是某种信息和技能，而非对心智的养育，因而只能在学校占用少量空间和时间。“如果真的要为具有实用功能的商业及实用技艺提供更多空间，就很容易在这些学科中做出选择。”① 委员会认为各种需求的学生均能在这四种课程计划中找到满意的选择。换言之，这四种课程计划足以应对学生对任何生活的需求，包括未来进入工业、商业领域。其实在本质上，十人委员会是将实用知识和技能排除在课程计划之外的，但又无法言明，如果言明就表示委员会没有为所有学生提供同等的教育机会。因而，委员会将那些实用的知识和技能列为对心智训练无用的纯信息性知识，不在心智训练的讨论范围内，而衡量一门学科是否有价值的标准就在于它能否促进学生的心智发展。至此，委员会就将中等教育的职责限制在了（心智的）训练和学术性的追求上，手工训练、工业和职业教育都不在此列，而这事实上也成为十人委员会的最大弱点之一，诸多对委员会及其报告的“保守主义”“精英主义”的批判②都源自这里。

---

① National Educational Association, *Report of the Committee of Ten on Secondary School Studies with the Reports of the Conferences Arranged by the Committee*(New York, Cincinnati, Chicago: The American Book Company, 1894), p. 50.

② See Bernard Mehl, *The High School at the Turn of the Century: A Study of the Changes in the Aims and Programs of Public Secondary Education in the United States, 1890-1900*(Champaign: University of Illinois at Urbana-Champaign, 1954), p. 272; Edward A. Krug, *The Shaping of the American High School, 1880-1920*(Madison, WI: The University of Wisconsin Press, 1969), pp. 18-92; Diane Ravitch, *Left Back: A Century of Failed School Reform*(New York: Simon & Schuster, 2000), pp. 47-48; David L. Angus and Jeffrey E. Mirel, *The Failed Promise of the American High School*(New York and London: Teachers College, Columbia University, 1999), pp. 8-10; Edwin G. Dexter, "Ten Year's Influence of the Report og the Committee of Ten," *The School Review* 14, No. 4(Apr. 1906): 254-269. 参见沃特拉斯《20 世纪美国教育中的哲学冲突》，王璞等译，安徽教育出版社，2011，第 18—19 页；丹尼尔·坦纳、劳雷尔·坦纳《学校课程史》，崔允漷等译，教育科学出版社，2006，第 78、36 页。

埃利奥特期待凭着他在教育领域的盛名和十人委员会的专业性能够使《十人委员会报告》在全美掀起统一中学课程、统一大学入学标准、加快中高衔接的浪潮。但事实证明，在一个工业化、城市化不断推进和移民不断涌入的转型时代，相信十人委员会“为生活做准备包含了为大学做准备”这一观点的中学屈指可数。[①]《十人委员会报告》并未直接改变多数中学的目标、课程及关注点，部分原因在于报告所提出的课程计划学术标准太高。威斯康星大学的查尔斯·亚当斯校长在与董事会商议后决定坚持它们已有的入学要求，因为“十人委员会建议的课程计划对外语的要求超过了我们许多中学所能承担的程度……而且我们目前对生理学、植物学、物理等课程的要求与十人委员会建议的多样化科学课程相比，更能满足科学教育的目的”[②]。况且，十人委员会曾明确指出它的课程建议仅是一种建议，而非强制性要求，因而各教育机构不予采纳也无可厚非。伊利诺伊大学教育系主任埃德温·德克赛特（Edwin Dexter）在《十人委员会报告》发表十多年后也发现“《十人委员会报告》似乎并未对公立中学的课程产生什么直接的

---

① See Theodore R. Sizer, *Secondary Schools at the Turn of the Century* (New Haven: Yale University Press, 1964), pp. 184-192; Edward A. Krug, *The Shaping of the American High School, 1880-1920* (Madison, WI: The University of Wisconsin Press, 1969), pp. 88-90; Angus and Mirel, "Presidents, Professors and Lay Boards of Education: The Struggle for Influence Over the American High School, 1886-1910," in *A Faithful Mirror: Reflection on the College Board and Education in America*, ed. M. C. Johanck (New York: College Entrance Examination Board. 2001), p. 25; Edwin G. Dexter, "Ten Year's Influence of the Report og the Committee of Ten," *The School Review* 14, No. 4 (Apr. 1906): 269; Elmer Ellsworth Brown, *The Making of Our Middle Schools* (New York, London, and Bombay: Longmans, Green, and Co., 1902), p. 389.

② Charles W. Eliot and John Tetlow, Letter to Faculties of Professional, Scientific, and Technological Schools, May 1, 1894, Box 1, University of Wisconsin Faculty Documents, 1889-1967, Series 5/2/2/2, University of Wisconsin-Madison Archives, Memorial Library, University of Wisconsin-Madison.

影响”，而且“相比于追随和遵守委员会的具体建议，公立中学的发展趋势反而在与委员会的各种建议背道而驰，或者是各种怠惰”。① 在新英格兰地区，泰特罗尔通过新英格兰地区大学与预备学校联合会发起对该地区中学采纳委员会课程计划的呼吁，但行动遭到了哈佛大学希腊语系教授及古典教育支持者的强烈抵制，他们反对委员会提出的减少希腊语增加现代语言的建议，最终新英格兰地区的行动以失败告终。

当然，埃利奥特也并非要求所有中学都要严格按照十人委员会所建议的四种课程计划进行改组。他希望各中学校长和督学依据报告建构自己的课程体系。他认为只要全美校长都以此为基础，那么“将会在全美兴起对这种统一方法的使用。从这个意义上来讲，不同学校的课程计划虽有不同，但在全美达成某种统一是可能的”②。在这里，埃利奥特的“统一”只是一定程度和范围内的，并非指完全的相同。埃利奥特也曾明确指出，“统一”并不是指波士顿的课程就必须与亚特兰大、明尼阿波利斯或丹佛的课程一样，并且“不可能要求所有中学都采用同一种模式”③。对埃利奥特来讲，统一性是指来自达拉斯的中学生如果选择到贝城或纳什维尔上学，将会发现他之前所学的课程与这里相差不大。

然而，即便如此，报告依旧无法隐藏埃利奥特试图鼓励中学更多地为大学做准备的目标。在 1895 年写给哥伦比亚大学校长塞斯·洛尔（Seth Low）的信中，他明确地说：“正如你已经从《十人委员会报告》

① Edwin Dexter, "Ten Year's Influence of the Report of the Committee of Ten," *The School Review* 14, No. 4(Apr. 1906): 269.

② Edwin Dexter, "Ten Year's Influence of the Report of the Committee of Ten," *The School Review* 14, No. 4(Apr. 1906): 269.

③ "The New England Association of Colleges and Preparatory Schools," *The School Review* 1, No. 10(Dec. 1893): 613.

的字里行间读到的，我有志于促成我们（哈佛大学）入学标准的扩大……”[①] 在《十人委员会报告》中，也曾有过类似的暗示：“为了每个优秀的中学毕业生能够自由地进入他们自主选择的大学和科学院，全美的大学和科学院应该接受每个完成中学课程并顺利毕业的学生，并且为他们提供相应的课程，而不论他们在中学学习了哪种课程。”[②] 委员会建议中学尽可能晚地让学生做出选择也是基于此，为了学生学习更多有意义的知识，同时给学生充分的时间和机会进入大学。加上心智训练的逻辑，以及对手工训练、职业知识和技能只字不提，试图将其拖延至最后一刻直至学生发现其志趣和天赋所在的态度，都表明大学在使用一种泰耶克所说的“障眼法”（smokescreen），将一种为大学做准备就是为生活做准备的最好方式，或者“有益于哈佛大学的必然也有益于整个国家”的观念传递给中学。[③] 埃利奥特清楚地知道为大学做准备不可能成为中学的唯一目标，但他试图通过证明心智训练对所有学生都大有裨益，而且大学会向每一位中学毕业生敞开大门的方式来争取中学尽量地为大学做准备。

在 1894 年的全美教育协会上，霍尔简洁地表明十人委员会“介入了如此多工作，从中学教什么、怎么教到大学入学标准该如何设置，十人委员会试图对 19 世纪末以来困扰中学与大学关系的各种关键性问题进行回应，并且试图用一份报告回应所有问题，一份 250 页的报告想

---

① Letter to Seth Low from Charles W. Eliot, October 26, 1895, Letter Press Volume, 1889-1898, Charles W. Eliot Papers, Harvard University Archives, Harvard University.

② National Educational Association, *Report of the Committee of Ten on Secondary School Studies with the Reports of the Conferences Arranged by the Committee* (New York, Cincinnati, Chicago: The American Book Company, 1894), p. 52.

③ David B. Tyack, *Turning Points in American Educational History* (Waltham: Blaisdell Publishing Company, 1967), p. 357.

要解决的问题太多，因而对其所遭遇的反对意见，我并不吃惊”[①]。

总体来看，对十人委员会及其报告的批判主要集中于以下几点：其一，实用教育者抱怨四种课程计划依旧是古典的，依旧关注中学的大学预备功能。其二，以霍尔为代表的一批教育心理学家批判《十人委员会报告》缺乏对学生非认知能力和综合能力的关注。其三，中学一方，尤其是中学教师批判由大学教员负责对入学考试进行评判的准确性和可靠性。其四，一些人对十人委员会成员主要由大学一方主导[②]感到不满，认为这是关系到中学与大学双方的重要问题，中学一方的意见应得到充分的尊重和采纳。

《十人委员会报告》发布10年后，并未在实践领域掀起中学课程改革的热潮，按照报告建议改组学校课程的中学也不多，但该报告依然对转型时期中学与大学衔接问题的解决产生了影响。美国教育办公室（the United States Office of Education）向各地的教育领导者和管理者发放了3万册报告，并且使用报告中所建议的课程计划作为每年统计中学数据的依据。[③] 十人委员会成员劳伦斯维尔学校（Lawrencevile School）校长詹姆斯·麦肯齐（James Mackenzie）认为，《十人委员会报告》代表了“对于我们中学的组织和行为的最佳工作原理”，“当我

---

① G. Stanley Hall, “Discussion” (National Educational Association, Journal of Proceedings and Addresses, session of the year 1894, held at Asbury Park, New Jersey, 1895), p. 663.

② 在十人委员会成员中，大学校长及教授6人，中学校长3人（私立中学2人，公立中学1人），教育行政人员1人。十人委员会之下成立的9个学科分委员会共计90人参与了学科报告的研讨。在布里格斯的分析中发现，90人中在大学任职的有47人，在中学任职的有42人（其中25人来自私立中学、17人来自公立中学），另外还有1名是曾在大学任职的教育官员。在大学任职的47人中，有12人当时或随后担任了大学校长。在9位分委员会主席中，6人来自大学，3人来自中学。从地域分布来看，90位成员共来自27个州，其中仅东部的马萨诸塞州就有17名代表。具体参见 Thomas H Briggs, “The Committee of Ten,” *Junior-Senior High School Clearing House* 6, No. 3 (Nov. 1931): 135.

③ David B. Tyack, *Turning Points in American Educational History* (Waltham: Blaisdell Publishing Company, 1967), p. 357.

们读到报告对于训练有素的师资的要求，对于为所有人民的学校（people's school）打开大学大门的要求，对于不同学科的更好的教学方法、教授顺序、相互关系的实用性建议，对于无用学科的大胆弃置，以及对于能够从中获得真正心智训练的每门学科的连续性的坚守，难道我们不应该自信地认为《十人委员会报告》开启了美国教育的一个新纪元吗”[①]？除此之外，《十人委员会报告》最大的影响在于，它将中学与大学的衔接问题放到公共视野之下进行讨论。这是第一次由教育专家发起的、全国层面的对学校教育机构的探索，[②] 自此之后对中学与大学衔接问题的调查研究基本上都是在教育专家组成的专业性组织的领导下进行的。1895 年，大学入学要求委员会成立，接替十人委员会继续探索中学与大学的衔接问题，调和“中学与大学的关系，以使中学作为‘人民的学院’可以做它的正当工作，同时为中学生在全美的大学和技术学校学习更多的高深学问做好充足的准备”[③]。

第二节　为大学做准备观念的延续：统一标准的两次努力

为中学与大学衔接做出全国性努力的《十人委员会报告》并未在全国范围内掀起中学改革的热潮，最根本的原因在于中学一方不接受

---

① James C. Mackenzie, "Report of the Committee of Ten," *The School Review* 2, No. 3 (Mar. 1894): 147-148, 155.

② Angus and Mirel, "Presidents, Professors and Lay Boards of Education: The Struggle for Influence Over the American High School, 1886-1910," in *A Faithful Mirror: Reflection on the College Board and Education in America*, ed. M. C. Johanek (New York: College Entrance Examination Board. 2001), pp. 26-27.

③ National Educational Association, "Report of the Committee on College Entrance Requirements" (National Educational Association, Journal of Proceedings and Addresses of the Thirty-eighth Annual Meeting, held at Los Angeles, California, July 11-14, 1899), p. 633.

十人委员会含混的“为大学做准备就是为生活做准备”的说法，以及“四种课程计划无论如何选择都将有利于学生心智的发展和良好品性习惯的养成”的观点。自19世纪20年代第一所公立中学首先在波士顿建立，半个多世纪的经验和教训已经表明，为大学做准备和为生活做准备很难两全，尤其在大学一方不断调整和改变入学标准并要求中学必须适应大学要求的局面下，为少数打算上大学的学生做准备的目标往往压制了为生活做准备的大部分学生的目标。在这样一份号召全美中学统一起来的报告中，竟丝毫未提实用知识和技能，对19世纪70年代之后兴起的手工训练运动和职业教育浪潮也置若罔闻，这在中学及其他对《十人委员会报告》持批判态度的人看来，大学是在试图继续控制中学，维系古典传统。这导致全美教育协会授权大学入学要求委员会继续对有关中学与大学的衔接问题进行调查研究，入学要求委员会能够如公众所愿颠覆十人委员会的结论和建议吗，能为中学与大学的冲突关系找到新的统一标准吗?

一、统一入学标准：大学入学要求委员会与必修单元

如果说19世纪90年代之前对中学与大学的关系、中学与社会的关系、中学与普通民众的关系的讨论都还处在一种小范围和小规模的探讨，那么《十人委员会报告》就像某种发酵剂，将所有问题公之于众，引发了全国性讨论。事实证明，十人委员会的建议并未被普遍接受，关于中学与大学的关系问题还需要进一步调查，并且调查范围应该扩大至全美所有地区的中学和大学，仔细探讨中学能够在4年里做好什么，以及大学最不能放弃的是什么。[①] 1895年，全美教育协会在丹佛召

① A. F. Nightingale,“The Committee on College Entrance Requirements:Report of the Chairman,”*The School Review* 5,No. 6(Jun. 1897):321.

开会议，来自加利福尼亚大学的威廉·琼斯（William Garey Jones）教授在会议上发表了《大学与中学应该如何推进〈十人委员会报告〉所提课程计划的建议》①，最终一个新的专业委员会——大学入学要求委员会成立。大学入学要求委员会的成立为全国性的中、高等教育关系研究彻底打开局面。该委员会由芝加哥公立中学督学奥古斯特·南丁格尔（August F. Nightingale）领衔，丹佛中学校长威廉·斯迈利（William H. Smiley）担任秘书。从表面上看，委员会主席和秘书都是代表中学一方的，但事实上，在委员会中，大学一方依旧占据多数席位②。

迫于经费压力，1896 年入学要求委员会并未集中召开会议，委员会成员通过通信、函件等收集数据并交换意见。该年，委员会共对全美 67 所顶尖大学和技术学校的文科学士、哲学学士、科学学士的入学要求进行了调查并提交年度报告。③ 在报告中，委员会坦陈，调查的大学越多，大学入学要求的差异性就越大，中学与大学之间根本无一致性可言。并且，随着调查的推进，委员会试图改革大学入学要求的意愿越来越迫切。

在开展调查研究的同时，入学要求委员会还有一项重要工作，就是与各学科领域专家再次商讨大学入学要求和中学的课程建议。与十

---

① See William Carey John,“What Action Ought to be Taken by Universities and Secondary Schools to Promote the Introduction of the Programs Recommended by the Committee of Ten?”(National Educational Association,Journal of Proceedings and Addresses,session of the year 1895,held at Denver,Colorado,1895),p. 502.

② 在大学入学要求委员会的 13 位成员中，来自大学一方的教授、副教授、系主任共计 7 人，占比约 54%；来自中学的校长共计 4 人，占比约 30%；来自州督学或巡视官员 2 人，占比约 16%。总体来看，还是大学一方人数占优。

③ See W. J. Chase and C. H. Thurber,“Tabular Statement of Entrance Requirements to Representative Colleges and Universities of the United States,”*The School Review* 4,No. 6 (Jun. 1896):341-412.

人委员会不同的是，入学要求委员会没有再成立各学科分委员会，而是选择与当时已经存在的各个学科领域的专业团体，如美国语言学协会（the American Philological Association）、美国数学协会（the American Mathematical Association）、美国历史协会（the American Historical Association）、现代语言协会（the Modern Language Association of America）、全美教育协会科学部（the Science Department of the National Educational Association）等合作，共同讨论各学科的内部标准问题，并且最终合作完成学科报告。①

另外，与十人委员会试图直接提出全国性中学课程计划不同，入学要求委员会并未将工作重点放在中学应该提供哪些课程计划（program of studies），以及每种课程计划中应该具体设置哪些课程（curriculum）上。在委员会看来，中学设置哪些课程往往要视中学自身的具体情况而定。中学所处的社会环境、选民的需求、学生的品味、

---

① 总报告参见 National Educational Association,"Report of the Committee on College Entrance Requirements "（National Educational Association, Journal of Proceedings and Addresses of the Thirty-eighth Annual Meeting, held at Los Angeles, California, July 11-14, 1899）, p. 638. 与各专业委员会合作完成的各学科报告主要刊载于《学校评论》（*The School Review*）杂志。1896 年第 4 卷第 6 期刊载的学科报告有 Remsen Bishop,"College Entrance Requirements in Greek"; B. A. Hinsdale,"Discussion of Entrance Requirements in History"; Francis W. Kelsey,"Entrance Requirements in Latin"; A. F. Nightingale,"Modern Foreign Language Requirements"; Charles S. Palmer,"Résumé and Critique of the Tabulated College Requirements in Natural Sciences"。1897 年第 5 卷第 6 期刊载的学科报告有 A. F. Nightingale,"Committees Studying College Entrance Requirements"; James E. Russell, "College Entrance Requirements in English"; A. C. McLaughlin,"Report of the Committee of Seven on the Study of History in Schools"; Arthur. Fairbanks,"Classical Education in the Secondary Schools"; Francis W. Kelsey,"Courses in Latin and Greek for Secondary Schools"; "The Department of Secondary Education at Milwaukee"。

校长和教师的教育观[①]都不可避免地对中学课程产生影响，因而没必要也不可能在中学应该提供哪些课程方面达成全国性统一。但是，有一些必修课程是所有中学都应该关注的，也是大学入学所必需的。委员会要统一的就是这些必修课程的具体标准，即某一具体科目的课程学习（course of study）[②] 在中学的地位、知识范围、数量、质量、授课方法等。简而言之，委员会试图致力于研究作为大学入学要求的每门科目应该由哪些标准构成，以及为大学入学必修科目提供一种关于具体课时、课量、学习程度、质量、授课方式等的全国性单元或标准，[③]并且在全美推广开来。

以基础德语为例，若某所大学将基础德语列为入学标准，那么在一些中学基础德语可能意味着学习 1 年、每周 3 个学时的量，而在另一些学校可能意味着学习 1 年、每周 5 个学时，或者学习 2 年、每周 4 个学时的量；在一些中学，教师主要通过对话交流的方式教授基础德语，而在另一些中学，教师可能主要通过语法分析的方法来讲授德语。入

① National Educational Association,“Report of the Committee on College Entrance Requirements”(National Educational Association,Journal of Proceedings and Addresses of the Thirty-eighth Annual Meeting,held at Los Angeles,California,July 11-14,1899),pp. 661, 670.

② 在入学要求委员会看来，课程计划（program of studies）、课程（curriculum）和课程学习（course of study）是 3 个完全不同的概念。课程计划包括一所学校中提供的所有课程，课程指的是为某些或某个学生群体提供的某一组课程，具体科目课程学习指的是某一门具体学科的具体的量、质及授课方法的规定。课程计划包含课程，课程学习是元件或基础，课程和课程计划都在它的基础上形成。See National Educational Association,“Report of the Committee on College Entrance Requirements”(National Educational Association, Journal of Proceedings and Addresses of the Thirty-eighth Annual Meeting, held at Los Angeles,California,July 11-14,1899),p. 670.

③ National Educational Association,“Report of the Committee on College Entrance Requirements”(National Educational Association,Journal of Proceedings and Addresses of the Thirty-eighth Annual Meeting,held at Los Angeles,California,July 11-14,1899),pp. 637, 670,671.

学要求委员会要做的就是缓解这种混乱局面，制定一套标准，对大学入学科目进行量和质的规定，[1] 以便中学能够更好地为大学入学要求做准备。当然，这并不意味着所有大学都要制定同样的入学要求，也不意味着所有中学都要实施相同的课程计划，而是说大学可以依据委员会建议的全国性标准来规定自己的入学要求，中学也可以在这些标准所建议的课程之外继续设置自己的多样化课程。

那么，委员会究竟建议专注于哪些必修科目？在委员会看来，古典语言、英语、现代语言、历史、数学和科学必须成为每所中学必修的科目，“每一所称得上‘中学’的机构应该提供完整的 4 年的英语课程、1—2 种外国语言、至少 2 年的数学、1—2 年的科学、1—2 年的历史（其中 1 年应专注于美国史、公民政治）”[2]。在这里，委员会提出一种新的统一课程标准的时间单位——单元（unit），1 个单元相当于 1 个学年每周 4 个课时。比如，中学要设置 4 个单元的英语课程，就意味着该中学要为英语课程安排 4 个学年，每个学年每周 4 个课时的时间。委员会为中学提出了 16 个单元的大学入学课程建议，认为其中应该至少包含 4 个单元的外国语言、2 个单元的数学、2 个单元的英语、1 个单元的历史、1 个单元的科学。接下来就是为每门科目分配课时和设计内容了，以英语学科为例，第一年英语科目应教授哪些内容，分配几个课时，通过什么方式，达成什么目标；英语学科基础课程和高阶课程应该如何设计，从哪里分界等。同样，古典语言、现代语言、历史、数学和科学科目在第一年应该分别关注哪些内容，分配多少课时，通

---

① National Educational Association, “Report of the Committee on College Entrance Requirements” (National Educational Association, Journal of Proceedings and Addresses of the Thirty-eighth Annual Meeting, held at Los Angeles, California, July 11-14, 1899), p. 672.

② National Educational Association, “Report of the Committee on College Entrance Requirements” (National Educational Association, Journal of Proceedings and Addresses of the Thirty-eighth Annual Meeting, held at Los Angeles, California, July 11-14, 1899), p. 660.

过什么方式，达成什么目标呢；第二年、第三年、第四年呢；基础课程和高阶课程应如何设计；等等。这些成为入学要求委员会工作的所有内容。经过 4 年的研究和准备，1899 年入学要求委员会向全美教育协会提交了报告。①

在最终呈现的各学科报告中，可以发现报告一般会先阐释该学科的重要性，以及在中学中应占据的地位，然后探讨该学科应该教授几个学年、每个学年应关注哪些具体知识、如何与前一阶段做好衔接、如何从基础阶段过渡到高阶部分、每周几个课时、教师应该如何讲授课程等。如果是自然科学（如物理、化学、生物、植物学），还会具体探讨到如何做实验、如何准备实验器具、如何控制实验环境等。以英语学科为例，入学要求委员会认为，英语科目为训练学生心智提供了各种机会和环境，能够对学生的思想、灵感、观念和审美情趣产生持续的影响。无论学生的未来选择如何，是否要进入大学，中学都应毫无差别地教授所有学生 4 年的英语课程。委员会建议中学要尤其注重英语文学和英语写作，使学生一方面掌握表达的艺术，另一方面学会用

---

① 总报告：“Report of the Committee on College Entrance Requirements”。各学科最终报告：“Report of the Committee of Twelve of the American Philological Association on Courses of Study in Latin and Greek for Secondary Schools”；“Report of the Committee of Twelve of the Modern Language Association of America”；“Report of the Committee of Seven of the American Historical Association”；“Report of the Committee of the Chicago Section of the American Mathematical Society”；“Report of the Committee on Physical Geography”；“Special Report of the Committee on Chemistry”；“Report of the Committee on Botany of the Science Department of the National Educational Association”；“Report of the Committee on Zoology”；“Report of the Committee on Physics of the Science Department of the National Educational Association”(National Educational Association, Journal of Proceedings and Addresses of the Thirty-eighth Annual Meeting, held at Los Angeles, California, July 11-July 14, 1899), pp. 632-817.

清晰的、逻辑的、令人信服的方式写作和思考。① 具体来讲，从第一学年第一学期开始，英语教学重点要逐渐从叙述（narration）转向第二学期的描述（description），之后再转向阐释（exposition），具体内容从注重诗歌散文到小说再到戏剧，从关注文本的具体情节和情感转向对文学形式、写作风格、修辞方式的探讨，程度逐渐加深。除此之外，委员会还为中学英语科目列了阅读清单，要求学生每学年至少阅读 30 部著作。②

委员会认为，如果越来越多的中学和大学采纳了这种全国性标准，大学的入学要求将会精简很多，中学的压力也会小很多。但预测到这种单元制标准未必就能得到普遍认可，委员会呼吁"在某些具有全国性影响的举措上，为了达成一致意见以利于公益，个人喜好应从属于大局的时代已经来临"③。

从大学入学要求委员会呈现的所有报告来看，委员会似乎抛弃了十人委员会那种对中学课程进行全面干预的野心，只关注那些一定会作为大学入学要求出现的必修课程，为其设计统一标准。由此，它的工作基础全在于中学是有必要为大学做准备的。除此之外，中学还应该承担哪些责任并不在委员会的讨论范围内。在这种意义上，入学要求委员会事实上并没有解决是为生活做准备还是为大学做准备的基本

---

① National Educational Association, "Report of the Committee on College Entrance Requirements"(National Educational Association, Journal of Proceedings and Addresses of the Thirty-eighth Annual Meeting, held at Los Angeles, California, July 11-14, 1899), p. 641.

② National Educational Association, "Report of the Committee on College Entrance Requirements"(National Educational Association, Journal of Proceedings and Addresses of the Thirty-eighth Annual Meeting, held at Los Angeles, California, July 11-14, 1899), pp. 645-647.

③ National Educational Association, "Report of the Committee on College Entrance Requirements"(National Educational Association, Journal of Proceedings and Addresses of the Thirty-eighth Annual Meeting, held at Los Angeles, California, July 11-14, 1899), p. 673.

问题，而是避开这一问题直接跳到了下一层次和实践层面。然而，即使是在更下一层具体问题的讨论中，还是可以发现委员会试图做的主要工作是提升现代科目的接受程度，提供关于现代科目的量和质的更加细化的标准。但这些现代科目依旧多是《十人委员会报告》中已经出现的、偏向人文的科目，即使是科学学科，也仅是试图提升已有科目（物理、化学、生物、植物）的深度和质量，而非继续扩大范围。由此，委员会事实上并没有打算对所有科目打开大门，针对那些“短浅的信息性课程”，委员会依旧门楣紧锁。这样，委员会既没有对古典教育进行攻击或减少古典课程的分量，也没有为更加实用的现代科目争取空间，只是大力推荐现代学术性科目，这其实在很大程度上与《十人委员会报告》是一脉相承的。

除此之外，从报告中也能明显地感受到入学要求委员会的工作理念就是中学应该作为大学预备机构为未知前路的所有中学生提供能够训练其心智的核心课程。在这背后还是一种为大学做准备就等于为生活做准备的观念，只是入学要求委员会的明智之处在于，它从一开始就对课程计划、课程和课程学习这三个概念做了区分，申明它不是要为前两个工作服务，因为中学应该开设哪些课程并不是委员会能左右的，它只关注第三个工作，即中学里的大学预备课程。如此，入学要求委员会事实上明确地规避了“为大学做准备还是为实际生活做准备”的问题。委员会在报告中提出，考虑到多数年轻人在中学的最后阶段才决定进入大学的情况，中学务必要为这部分学生提供必修的大学预备课程。同时，委员会建议大学入学要求的制定也应具有一定的弹性，以保证所有已在中学很好地完成学业者能够如其所愿地进入大学，依循其心智潜能继续向精深研究和高深文化迈进。为了使中学生能够更便捷地进入大学，委员会还同意学生在中学所修的学分冲抵大学学分，并且鼓励有天赋的学生提前完成大学预备课程。[①] 在这种意义上，引用教育史研究者伯纳德·梅尔（Bernard Mehl）的观点也许是恰切的："入学要求委员会在有关中学自由教育的界定上依旧是一种对大学的妥协，其报告也是一种以学术性要求作为考量标准的产物。"[②]

或许因为入学要求委员会的建立就是一份关于如何更好地推进中学与大学实施《十人委员会报告》的文件，所以大学入学要求委员会一直按部就班地工作，并未想过要逾矩于十人委员会的框架之外采取行动。因而，在每次提到入学要求委员会时，无论是当时的教育专家、学者、中学教师，还是后世的研究者，多将其作为十人委员会的延续，委员会的报告也被认为是十人委员会的承袭之作，是"又一份倾向于大学一方的文件"。也是在这种意义上，评论者们常将一些"保守的""高学术性的""精英主义"的评价都推到《十人委员会报告》上，入学要求委员会及其报告常常只是顺带提及，受到的关注程度远不如前者。

二、统一入学考试：哥伦比亚会议与大学入学考试委员会

前文已经提到 19 世纪末认证计划已经在中部、中西部、南部甚至东北部的一些大学发展起来。东北部的几所精英大学依旧坚持申请者需参加严格的入学考试，并且考虑建立一种地区性甚至全国性的组织来推广这种方式。最终，成立第三方全国性考试协会的想法在哥伦比

① National Educational Association, "Report of the Committee on College Entrance Requirements" (National Educational Association, Journal of Proceedings and Addresses of the Thirty-eighth Annual Meeting, held at Los Angeles, California, July 11-14, 1899), pp. 660-664, 635-636.

② Bernard Mehl, *The High School at the Turn of the Century: A Study of the Changes in the Aims and Programs of the Public Secondary Education in the United States, 1890-1900* (Champaign: University of Illinois at Urbana-Champaign, 1954), p. 301.

亚大学校长洛尔和哲学系教授尼古拉斯·巴特勒（Nicholas Murray Butler）的推动下成型。

1895年，哥伦比亚大学的生源校纽瓦克文实学校（Newark Academy）的校长威尔逊·法兰德（Wilson Farrand）给哥伦比亚大学校长洛尔去信，告诉洛尔他将在当地中学校长联合会上就大学与中学的关系问题发表演讲，并且将自己的演讲稿附在信中。在演讲稿中，法兰德虽对《十人委员会报告》的统一性课程计划表示认可，但他发现并没有多少大学或学院付诸行动，尤其是很多大学，它们依旧坚持着各自的标准，“各个学院并未与其他学院中盛行的入学要求相统一，依旧在建立自己的入学要求，这是一种对整合的教育事业的致命打击……没有哪所学院在推进整全教育的过程中拥有妨碍中等教育事业的道德权利，肆意制定专制的、自我的入学要求”①。

法兰德建议由哥伦比亚大学牵头组织一次由中学和大学代表参加的旨在统一大学入学要求的会议，使某种相对一致的入学标准先在小范围内（纽约）实施起来，随后再推广至更广泛的地区。这一建议引起了洛尔校长及巴特勒教授的注意，巴特勒曾将当时美国大学的混乱局面视为一场“危机”，认为美国大学“既无法在应该提供哪些入学科目的测试上达成一致，也无法在应该关注学科内部的哪些主题上达成一致”②。为了改变这种混乱局面，巴特勒曾建议洛尔在“堕落的”认证计划之外组织一个专注于研究如何统一大学入学考试的全国性组织——大学入学考试委员会。洛尔对此颇感兴趣，因为他深知若能成功地组织一次会议，解决长期以来困扰中、高等教育发展的关键性问

① Wilson Farrand, "The Reform of College Entrance Requirements," attached to Farrand to Low, October 18, 1895, CUF, Cited in Harold S. Wechsler, *The Qualified Student* (New York: John Wiley & Sons, 1977), p. 88.

② Claude M. Fuess, *The College Board: Its First Fifty Years* (New York: Columbia University Press, 1950), p. 6.

题，那么哥伦比亚大学作为美国教育领域“领头羊”的地位和声誉将随之而来，哥伦比亚大学转型为全国性顶尖大学也指日可待。但同时，洛尔也清醒地知道《十人委员会报告》之所以难以落实到实践中，就是因为学术保守主义（academic conservatism）在美国依旧盛行，即使选修制、平行学位、认证制度已经使学术领域活跃起来，但“大学之间的相互猜忌和戒备，以及观点的差异已经严重阻碍了这个时代的和谐统一的行动”①。在旧有的学术秩序依然自我防卫的局面下建立统一的入学要求并非易事，尤其要让各所大学意识到它们所坚持的内部标准未必就是唯一的或最好的标准更是难上加难。但最终，洛尔和巴特勒还是希望东部大学能够通过协商达成某些一致意见。之后，洛尔便向哈佛大学、耶鲁大学、普林斯顿大学、康奈尔大学发去邀请函，邀其派代表参加在哥伦比亚大学举办的系列会议。

洛尔之所以邀请这几所大学的原因在于，他和法兰德坚信，一场成功的教育改革需要顶尖大学参与其中才能有所反响。查尔斯·埃利奥特在收到邀请后即刻回复同意出席会议，他将此次会议作为《十人委员会报告》发布之后理应继续完成的工作之一，也认为通过大学入学要求的统一可以与认证计划相抗衡，而且此时哈佛大学自己的入学标准混乱问题已经通过选修制暂时得到缓解，他认为建立统一入学标准的时机已经成熟。普林斯顿大学也接受了邀请，表示会派代表出席会议。一向保守的耶鲁大学在此事上依旧优柔寡断，但最终蒂莫西·德怀特（Timothy Dwight）校长还是同意派代表出席。康奈尔大学校长雅各布·舒尔曼（Jacob Gould Schurman）也同意了洛尔的邀请。与其他被邀请的大学相比，宾夕法尼亚大学的声誉和治学水平虽稍有逊色，但最终宾夕法尼亚大学还是列席了会议。除了大学一方，参与哥

---

① Nicholas Murray Butler to Seth Low, October 23, 1895, CFU, Uniform Entrance Requirements file, Cited in Harold S. Wechsler, *The Qualified Student* (New York: John Wiley & Sons, 1977), p. 89.

伦比亚会议的还有来自纽约市及临近地区中学校长联合会的各位中学代表。①

1896年2月1日，哥伦比亚会议如期举行。会议围绕拉丁语、希腊语、数学、法语、德语、历史6门学科组织了6次分会，以“在大学入学科目的形式和内容上……达成某些一致意见”②。与会代表基于各自的入学要求及之前十人委员会的工作基础确实达成了一些共识，如在历史学科会议中，与会代表们同意采纳之前新英格兰地区大学与预备学校联合会制定的标准。另外，会议在中学生应该掌握的写作类型、大学入学考试的基本格式（更强调对比和分析判断，而不再关注记忆、背诵等），以及允许中学自主选择主题而不再强制规定和限制学习科目等方面达成了共识。会议同时修正了新英格兰地区大学与预备学校联合会的一些要求，建议扩展联合会的主题名录，提供第二种主题选择方案，使中学自由选择。③ 在拉丁语和希腊语会议中，不同大学之间有一些不同意见。同时，会议并未对中学应该开设的所有大学预备课程召开会议，尤其是科学课程。

这样看来，1896年的哥伦比亚会议并未取得预期结果。当时参会的劳伦斯维尔学校校长麦肯齐对此次会议成果的可行性和可推广度提出质疑，认为与会代表们并没有将大学入学要求与中学的实际能力统筹考量。在麦肯齐看来，能够满足哥伦比亚会议所提入学要求建议的中学也就只有劳伦斯维尔学校和中部大西洋各州的少数几所中学，而“剩余的中部地区的两三千所小型公立和私立学校做不到会议建议的一

---

① Harold S. Wechsler, *The Qualified Student* (New York: John Wiley & Sons, 1977), p. 89.

② Nicholas Murray Butler et al., "Editorial," *Educational Review* 11, (1896): 305.

③ See *Report of the Conferences on Uniform Entrance Requirements, held at Columbia University, February 1st., 1896* (New York: Columbia University, 1896).

半或三分之二”①。最终与会大学的行动也表明哥伦比亚会议确实成效一般。在与会的 6 所大学中，只有宾夕法尼亚大学和康奈尔大学采纳了会议提出的入学要求建议，哥伦比亚大学董事会直到会议报告发布一年后才同意采纳报告中的建议，而其余的“三巨头”事实上并未考虑修订自己的入学标准。查尔斯·埃利奥特回应说，他们会在下次修订入学标准时考虑此次会议所提的建议，普林斯顿和耶鲁则直截了当地拒绝回应。对它们而言，接纳哥伦比亚会议的入学要求就意味着要对自己的入学要求做出较大调整，而此时它们还不愿意或还没准备好这样做。

哥伦比亚会议并未取得预期成果，洛尔和巴特勒转而将另一种推进大学与中学关系的方案——统一大学入学考试提上日程。在洛尔和巴特勒看来，哥伦比亚大学能否成为全国性大学最终还是取决于中学，中学必须具备某种拣选功能，为大学筛选最优秀的生源。19 世纪末，虽然一些大学一直在通过入学考试招生，但不同的考核科目、不同的考核标准、不同的考试方式在影响着中学与大学之间的紧密衔接，而且大学彼此之间的不信任和不愿妥协的态度常常使中学与大学的关系陷入僵局。

洛尔深信他能在这一问题上联络到一个亲密战友——查尔斯·埃利奥特。在认证计划刚开始实施时，埃利奥特就曾开诚布公地对认证计划的公正性、开放性及学术标准提出质疑。他曾在 1877 年公开提出成立一个专门致力于统一大学入学考试标准的委员会的建议，② 并且这位亲密战友曾与同样坚守传统的耶鲁大学和普林斯顿大学组成联盟，

① MacKenzie to Low, March 4, 1896, CUF, Ma file; MacKenzie to Low, March 9, 1896, CUF, Uniform Entrance Requirements tile, Cited in Harold S. Wechsler, *The Qualified Student* (New York: John Wiley & Sons, 1977), p. 91.

② Claude M. Fuess, *The College Board: Its First Fifty Years* (New York: Columbia University Press, 1950), p. 9.

坚守大学入学考试阵地，绝不让认证计划前进方寸。在这一点上，洛尔甚至欢欣鼓舞地认定，不仅仅是埃利奥特，甚至连纽黑文的德怀特和新泽西的弗朗西斯·帕托（Francis L. Patton）[①] 也会与哥伦比亚大学站在统一战线上。然而，在与第一位盟友通信后，洛尔就意识到他的计划有失败的风险。埃利奥特回信说，他认为现在推进大学入学考试标准的统一正是时候，但是这一计划应该在更多学校中得到推广，有更多的大学参与其中，而不应仅仅包括东部的这几所大学。埃利奥特尤其提到了密歇根大学，认为认证计划虽已在密歇根大学盛行，但还有一些未获得认证资质的中学依旧在通过密歇根大学的入学考试进入大学。因而，除了东部大学，更应该将那些中西部，尤其是实施认证计划的大学纳入进来，在更大范围内统一入学考试。[②] 由此，埃利奥特的志向并不像洛尔想象的那样只在小范围推进，他试图将入学考试推向更广阔的范围，甚至是全美的大学，而且埃利奥特知道这一目标显然不是简单地与哥伦比亚大学合作开会并达成小范围的一致意见就能完成的。即使要合作，他也会选择更有学术实力和威望的耶鲁大学，而非哥伦比亚大学。埃利奥特在回信中推辞说，哈佛大学已经决定要修订入学标准，在内部调整还未结束前暂时不考虑与哥伦比亚大学合作商讨统一入学考试事宜。[③]

收到回信的洛尔略显失落，但他还是想再争取一下，因为他深知如果能与哈佛大学结成联盟将统一的大学入学考试标准推向全美，哥伦比亚大学的声誉将得到极大提升。在给埃利奥特的第二封回信中，洛尔表达了他会争取联合更多大学参与到统一入学考试标准中，但埃

---

① 继任麦考什（1868—1888 年在任）成为普林斯顿大学校长。

② Eliot to Low, October 9, 1896, CFU, Charles W. Eliot file, Cited in Harold S. Wechsler, *The Qualified Student* (New York: John Wiley & Sons, 1977), p. 92.

③ Eliot to Low, October 9, 1896, CFU, Charles W. Eliot file, Cited in Harold S. Wechsler, *The Qualified Student* (New York: John Wiley & Sons, 1977), p. 92.

利奥特依旧以正在修订入学标准而无暇参会为由拒绝了洛尔。[①] 直到1898年12月，洛尔再次将统一入学考试提上日程，再次邀请当年参与哥伦比亚会议的大学代表，这次除了耶鲁大学之外，其他大学都同意派代表参会。洛尔建议以参会大学的名义组建一个委员会来设计统一的入学考试。意识到各所大学对放弃各自实施已久的入学考试而代之以一项前途未知的统一考试心存余悸，洛尔决定先将统一考试的地域范围限定在纽约市，待成功之后再推广至其他地区。关于统一考试之后试卷的评判权到底是交由委员会，还是留给各所大学，抑或是各所大学之间互相接受对方的评分标准，洛尔并未给出明确建议。此刻他更在意或担心各所大学是否愿意放弃自己的入学考试而采纳一个新成立的委员会的入学考试标准。[②] 事实证明，洛尔的担心是必要的，因为在耶鲁大学拒绝参会的情况下，哈佛大学也表现得心不在焉。或者说，埃利奥特并不认为其他几所大学能够与哈佛齐肩。在写给洛尔的信中，埃利奥特明确表达了哈佛大学对成立统一的入学考试委员会、实施统一的入学考试的立场：

> 于我而言，最根本的困难可能在于该机构所建议的那些成员的微弱实力。宾夕法尼亚大学仅有一个很小的文理学院，它主要还是一所医学和法学学校。哥伦比亚大学也是如此，本科系所不如专业学院重要。康奈尔大学则是一个很有活力的“毛头小子”，带有年轻人的缺点，而且欠缺经验。普林斯顿大学尽管近些年已经提升了许多，但与我们哈佛大学相比，它的入学标准依旧明显

① Low to Eliot, October 12, 1896; Eliot to Low, October 13, 1896, CFU, Charles W. Eliot file, Cited in Harold S. Wechsler, *The Qualified Student* (New York: John Wiley & Sons, 1977), pp. 92-93.

② Harold S. Wechsler, *The Qualified Student* (New York: John Wiley & Sons, 1977), p. 96.

> 低于哈佛。对于耶鲁大学在该群体中的缺席，我们感到非常遗憾。①

在耶鲁大学缺席的情况下，哈佛大学拒不参与，而耶鲁大学自始就坚决反对统一的考试制度，它更相信自己的入学考试能拣选最优秀的生源。由此，洛尔试图统一入学考试的第二次努力再次无果，他尴尬地解释：“或许现在推进此项运动还不太行得通。”② 由此可见，即使已然到了世纪之交，大学之间的隔离、孤立和竞争状态依旧存在，对于自治的坚持与害怕第三方组织剥夺大学自主权的恐慌依旧萦绕于心，加上对其他大学的猜忌、怀疑和不信任，以及不愿意敢为人先的心态交织在一起，成为阻碍美国顶尖大学统一入学标准的最重要也是最根本的原因。

再次受挫的洛尔之后便转向中部各州及马里兰州大学与预备学校联合会（Association of Colleges and Preparatory Schools of the Middle States and Maryland，以下简称中部各州联合会）。在此之前，洛尔其实并不愿意与该机构为伍，他更期待加入东北部的哈佛、耶鲁和普林斯顿的行列中。在中部各州联合会 1899 年的年会上，巴特勒第三次呼吁建立统一的考试委员会，在各成员学校达成统一意见的情况下设计统一的入学考试。这一次，巴特勒得到了作为列席观察员（observer）的查尔斯·埃利奥特③的支持。在来自拉费耶特学院的艾塞尔伯特·沃

---

① Eliot to Low, January 26, 1899, CFU, Charles W. Eliot file, Cited in Harold S. Wechsler, *The Qualified Student* (New York: John Wiley & Sons, 1977), p. 97.

② G. R. Carpenter to Low, January 3, 1899, CFU, Uniform Entrance Requirements file; Low to G. R. Carpenter, February 25, 1899, CUF, Professor George R. Carpenter 1893-1903 file, Cited in Harold S. Wechsler, *The Qualified Student* (New York: John Wiley & Sons, 1977), p. 97.

③ 哈佛大学并不在中部各州联合会成员之列，因而埃利奥特是以列席观察员的身份出席该会议的。

菲尔德（Ethelbert D. Warfield）校长认为统一大学入学考试就是将招生权利让渡给一个外部的第三方委员会，大学将丧失录取决定权时，埃利奥特站出来为巴特勒澄清。埃利奥特说：建立入学考试委员会并不是要剥夺大学的录取决定权，而是要在各成员同意的基础上重新界定大学入学要求，并且基于这些入学要求制定统一的入学考试标准，之后在许多不同的地方实行统一考试，并且向申请考试者发放考试结果证书（certificates of performance）。① 最终，中部各州联合会通过了巴特勒的建议。巴特勒后来回忆，如果不是埃利奥特在会上极力支持并发表那番演讲，大学入学考试委员会将不可能成立。② 会议最终达成决议，同意成立大学入学考试委员会，各成员大学派 1 名代表，加上来自中学的 5 名代表，共计 11 名成员。会议决定每年 6 月在全美各地举行统一的大学入学考试。入学考试将以入学要求委员会 1899 年的报告为基础，重新修订和调整各学科的入学要求，以更好地制定各学科的考试标准。由此，等待良久的洛尔和巴特勒终于如愿，成了领导美国大学入学考试走向标准化的先锋。面对一些大学依旧担心第三方委员会的成立将影响到大学自治权的问题，委员会同意各成员学校可以继续坚持自己的入学考试标准，但同时也规定大学有义务接受那些持有入学考试委员会发布的考试结果证书的学生，而且在入学考试委员会认定某位学生成绩不合格时，大学将无法再继续以自己的标准招录该生。通过这种方式，入学考试委员会树立了威信。委员会承诺将从其

---

① See Association of Colleges and Preparatory Schools of the Middle States and Maryland, *Proceedings of the Thirteenth Annual Convention* (Chicago: The University of Chicago Press, 1899), pp. 43-86; Nicholas Murray Butler, *Across the Busy Years: Recollections and Reflections*, Vol. Ⅰ (New York: Charles Scribner's Sons, 1939-40), pp. 97-202; Edward Krug, *The Shaping of the American High School: 1880-1920* (Madison, WI: University of Wisconsin Press, 1969), p. 148.

② Edward Krug, *The Shaping of the American High School: 1880-1920* (Madison: University of Wisconsin Press, 1969), p. 148.

成员学校中招募各个学科领域的专家，保证各个学科的考试难度适宜，并且严格依据标准对入学考试进行评判。同时，委员会也表示不会对学生应该参加哪些科目的入学考试做出要求，这一权利依旧留给大学。①

在中部各州联合会的协助下，大学入学考试委员会起草了正式工作计划，对委员会的工作职责进行明确界定，同时提出将会列出一个入学考试科目名录及每门考试科目大纲供大学和中学参考。当然，与之前所有委员会一样，入学考试委员会没有权利强制各所大学必须按照委员会建议的科目制定大学入学要求，而且当时一些对选修制更感兴趣的大学也并不愿意为此做出改变。大学更在意的是通过委员会设计的课程及大纲，中学能够在学时、课时、学年上统一起来，能够在每门科目的主题选择和教学方法上达成一致，② 进而提升中学的学术标准和水平。入学考试委员会的第二个核心任务是设计一整套的入学考试题目和规则，规定统一考试的时间、地点、科目并进行统一评判，同时保留各大学招收和录取学生的权利。谢菲尔德科学院系主任拉塞尔·齐藤登（Russell Henry Chittenden）在写给入学考试委员会秘书托马斯·菲斯科（Thomas S. Fiske）的信中曾对委员会的这一想法表示赞许，认为委员会以同样的方式对待所有大学的申请者，评判他们的成绩，发布成绩证书，而大学“继续保有对大学入学考试委员会所公布的学生分数的解释权”③ 的做法在当时是合宜的。

1900 年，大学入学考试委员会召开第一次正式会议，洛尔任主席，

---

① Harold S. Wechsler, *The Qualified Student* (New York: John Wiley & Sons, 1977), p. 97.

② Charles. W. Eliot, "Undesirable and Desirable Uniformity in Schools" (National Educational Association, Journal of Proceedings and Addresses, session of the year 1892, held at Saratoga Springs, New York, 1893), p. 90.

③ Letter from R. H. Chittenden, Director of the Sheffield Scientific School to Thomas S. Fiske, March 10, 1902, Yale University Archives, Yale University.

巴特勒任秘书。[①] 1901 年 6 月 17 日，在经过一年的准备后，入学要求委员会在全美 67 个考场（包括欧洲的 2 个考场）举行了第一次统一入学考试，科目涉及拉丁语、希腊语、数学、英语、法语、德语、历史、化学、物理，共计 9 门。所有科目都以短评论的形式为主，更关注学生的思考和逻辑能力。973 名大学申请者参加了考试。[②] 考试之后，由 39 名来自全美各地各学科的专家到哥伦比亚大学参与试卷的统一评定工作。

第一次统一入学考试的顺利进行，标志着某些学科的客观评判标准开始形成并统一起来，入学考试的时间、科目也开始走向统一。更重要的是，各所大学的心态开始发生变化，它们试着敞开心扉接纳统一标准，打破之前各自为战的格局。尽管最初委员会成员仅有 11 个且洛尔和巴特勒一直心心念念的“三巨头”依旧在使用自己的考试方式，并未加入委员会，但无论如何，第一次统一考试的成功举办让很多大学看到了入学考试委员会的能力，越来越多的大学开始考虑是否有必要加入其中，以缓解大学内部因不同意见对招生造成的不良影响。与此同时，大学入学考试委员会已经开始着手扩大自身影响力，力图从一个地方性委员会发展成为全国性组织。直到这时，巴特勒依旧深知委员会还是需要哈佛、耶鲁和普林斯顿等顶尖大学的加盟，才能在全美发挥更大的影响力。1901 年后，曾在中部各州联合会上对统一考试委员会的成立提出反对意见，认为委员会的成立是试图将大学置于州的监管之下的帕托开始考虑修改普林斯顿大学的入学要求，逐渐向委员会靠拢。1904 年，距离洛尔第一次邀请查尔斯·埃利奥特商讨成立

---

① 1901 年，洛尔当选纽约市市长，大学入学考试委员会主席改由巴特勒担任。

② 在这 973 名考生中，超过三分之一的考生来自纽约州、新泽西州、宾夕法尼亚州。其中，来自公立中学的考生占 27%，来自私立学校的考生占 38%，来自文实学校和捐资学校的考生占 22%，其他类型的考生占 13%。其中 60%的考生申请进入哥伦比亚大学学习。

大学入学考试委员会遭拒已经过去了快10年，这一次，埃利奥特放下了高傲的姿态，写信给巴特勒：

> 哈佛大学前进得比较慢，但它一直在前进。到明年11月份，就是我为新英格兰地区大学联合会起草入学考试委员会简章却无法让哈佛加入其中的第10个年头。在昨日的哈佛大学教师大会上，教员以多数投票通过了加入你们委员会的决议。你和洛尔先生致力于的那件事……整个国家都会感谢你们20年来的辛劳。此刻，我也要向你表示祝贺。①

在哈佛大学加入大学入学考试委员会之后，更多的大学追随而来。到1905年，共有27所大学加入了委员会。② 截至1910年，普林斯顿大学和耶鲁大学也相继表示愿意作为成员列席委员会各种公开会议。1913年11月，巴特勒谴责那些没有采纳委员会统一考试而继续坚持自主考试的成员学校：“这是软弱、任性、狭隘的表现，是对教育惰性的顽固坚持。”③

在宣传和扩大委员会的全国影响力方面，巴特勒从未停下脚步。1905年，当南部地区试图建立南部大学入学考试委员会时，巴特勒迅速行动，承诺将协助南部的弗吉尼亚大学、范德比尔特大学、杜兰大学、得克萨斯大学提升他们的教育水平。当州立大学联合会（Association of State University）决定召开全国会议讨论入学要求标准

---

① Eliot to Butler, May 18, 1904, CUF, Charles W. Eliot file, Cited in Harold S. Wechsler, *The Qualified Student* (New York: John Wiley & Sons, 1977), p. 103.

② College Entrance Examination Board, "Annual Report of the Secretary, 1905," *Educational Review* 30, (1905): 250.

③ Nicholas Murray Butler to Members of the College Entrance Examination Board, November 5, 1913, College Board Archives.

化问题时，巴特勒再次派代表出席会议，宣称“这些正是我们大学入学考试委员会已经在做并一直在做的事业”，“这次会议将为扩大我们的影响力提供很好的机会”。① 截至 1910 年，委员会已经在多个方面取得了进展：首先，新的学科不断被纳入大学入学考试范围，从刚开始的 9 门学科增加到 13 门；其次，在每门学科之下，大学的入学要求正在走向标准化和统一化；再次，大学之间开始尝试合作和交流；最后，中学的教育水平在不断提升，所涵盖的学科范围也在不断扩大。至此，巴特勒已经让大学入学考试委员会成为全美学术标准的制定者，通过领导中学和顶尖大学，让前者担负“筛选机”功能为后者提供生源，同时让后者听命于他。然而，巴特勒还远未成功，1910 年，虽已有 3731 名学生参加了统一的入学考试，但与即将参加大学自主招生考试② 的学生数相比还相差甚远。另外，尽管统一入学考试确实对那些实施认证计划的学校产生了影响，方便其对那些没有认证资质的中学进行考核，但效果并没有想象中的好。到 20 世纪的第一个 10 年，依旧有更多的大学通过认证计划招生，而且考试委员会并没有解决中学一直抱怨的大学入学要求过量的问题，一些中学也并未主动承担巴特勒赋予它们的筛选功能，它们依旧在“为了生活还是为了大学”的定位之间挣扎。

---

① Butler to Farrand, January 8, 1906, CUF, Far file, Cited in Harold S. Wechsler, *The Qualified Student* (New York: John Wiley & Sons, 1977), p. 103.

② 大学入学考试委员会组织的统一考试在每年的 6 月举行，一些成员学校自主招生的入学考试在 9 月份。有些考生会先参加考试委员会在临近考点举行的统一考试，之后再参加大学自主考试。因为成员学校必须接受统一考试的成绩，所以很多学生同时参加两种考试。

三、“人民的学院”还是大学的预备机构：公立中学对自身职能定位的反思

从具体教育实践来看，《十人委员会报告》中传达的“为大学做准备就是为生活做准备”的观念事实上通过入学要求委员会和入学考试委员会传达给了中学，但中学对于由大学一方主导的委员会和调查结果并不满意，它们希望大学更多地接纳中学课程并统一大学入学要求的愿望并未受到大学一方的足够重视。入学要求委员会和入学考试委员会虽在统一标准方面迈出了很大一步，但它们既没有减少古典课程的分量，也没有为更加实用的现代科目争取空间。截至 20 世纪初，大学依旧没有放弃拉丁语和希腊语，在现代科目上，中学课程与大学入学要求的契合点依旧维持在英语、历史、地理和数学方面，未有更多实质性的拓展。

1898 年 6 月，芝加哥大学校长哈珀收到一位自称“普通公民”(plain citizen) 的来信。这位公民言辞凿凿地质问哈珀：“在我们多数优秀民众的心目中，有一种明确清晰且固定的看法就是您的主要目标和计划旨在将我们公立中学仅仅变为芝加哥大学的某种附庸或生源校。到目前为止，公立中学被迫必须基于您所在的教育董事会所设的课程来教学。”① 收到来信时，哈珀刚刚结束其在芝加哥公共学校董事会 (School Board for the Chicago Public Schools) 的任期，正在思考如何进一步增强自己执掌的芝加哥大学与低一级中等教育机构之间的衔接关系。通过认证计划，1892 年才正式成立的芝加哥大学已经建立了与认证中学的联系，还发展了附属学校，建立了初级学院，开展了教师

① Letter to William Rainey Harper from J. A. Eberly, June 30, 1898, Presidents Papers, 1889-1925. Box 9, Folder 5, Special Collections Research Center, University of Chicago Library.

培训项目等。比起其他大学，芝加哥大学已经算做得不错的了，但面对来自公立中学的质问时，哈珀无力招架。因为哈珀尽管明确表达过“有绝大部分中学生并没有进入大学的打算，因此中学必须要适应这部分将中学作为他们最后的学生生涯的需求”①，但他所有工作的背后都暗藏着一个基本假设，就是公立中学就应该主要为大学提供预备教育。这也是1893年出台的《十人委员会报告》传达的理念——“为大学做准备就等于为生活做准备”的一种具体体现。该报告对日益兴盛的手工训练、职业知识和技能只字不提，对中学该如何在“人民的学院”与“大学生源的筛选机”两种功能上保持平衡的含混不清的立场，都表明大学依旧将公立中学主要定位于为大学做准备，而十人委员会之后的大学入学要求委员会、大学入学考试委员会等也都在这种立场之下工作。

劳伦斯维尔学校校长麦肯齐作为曾参与十人委员会工作的中学代表，在报告发布后抱怨大学对中学的压制：“大学入学要求已陷入完全混乱的状态——大学教员对坚韧的、坚持反抗的中学教员无情压迫的明显特征是美国人民对智识、理性和公平竞争的期待之下对现实的埋怨和责难。”②密苏里州堪萨斯城的督学詹姆斯·格林伍德（James M. Greenwood）在翻阅了十人委员会250页的主报告、分报告和少数意见报告后对大学赋予中学的功能定位及制订的课程计划颇为不满：“我已经通读了那份报告的每一页，包括那一长串的制订该计划的委员会成员名单及他们的职位，我同意弗朗西斯·帕克（Francis Parker）上校

① University of Chicago, The First Annual Report of University of Chicago(1892), Special Collections Research Center, Reference, University of Chicago Library.

② James C. Mackenzie, "Report of the Committee of Ten," *The School Review* 2, No. 3 (Mar. 1894): 148.

的话，这是一份独特的报告。”① 于他而言，这已经是对这份召集了全美最卓越的近百位教育专家、耗资超过4000美元、② 历时一年完成的报告所能给予的最高评价了。“代表那些在这份报告中沉默的大多数——城市教师，我必须说，在纽约、里士满、旧金山、波士顿、克利夫兰、圣路易斯、芝加哥或其他任何城市的最好的中学里，教师们一直在做着（这些人认为他们无所作为的）卓越的工作，比这些绅士们做得好得多。他们却还在为我们诊脉开处方，还美其名曰这不是为了他们自己。先让他们自己吃药吧。”③

综上，包括查尔斯·埃利奥特、巴特勒等在内的教育专家着手推进的跨区域的、全美范围内的统一大学入学要求的所有工作背后都是一种“为大学做准备就是为生活做准备”的逻辑，但这种逻辑并未在中学内部达成一致意见。与哈佛大学关系密切的安多弗文实学校校长班克罗夫特曾于1891年呼吁建立一种能同时为大学和生活做准备的统一课程：“如何设计一种课程，能够即刻满足那些很快将进入职业领域聊以消遣的学生的需求，同时满足那一小部分打算继续深造的学生的需求？”“我们已经从传统的那种认为某些科目是自由的，其余的则全是非自由的，只有人文学科才能传授构成真正文化心智所需的语气和秉性的观念中解放出来了。寻求真理的热情，不仅可以通过传统的拉丁

① James M. Greenwood, “Discussion” (National Educational Association, Journal of Proceedings and Addresses, session of the year 1894, held at Asbury Park, New Jersey, 1894), p. 454.

② 全美教育协会为十人委员会拨款2500美元开展调查和研究工作，同时委员会获得额外私人捐赠1899美元。在查尔斯·埃利奥特写给安吉尔的信中提到了这笔款项。See Letter from Charles W. Eliot to James B. Angell (April 11, 1893), Correspondence (April 1893-Folder 132), Box 4, James B. Angell Papers, Bentley Historical Library, University of Michigan.

③ James M. Greenwood, “Discussion” (National Educational Association, Journal of Proceedings and Addresses, session of the year 1894, held at Asbury Park, New Jersey, 1894), p. 454.

语、希伯来语、希腊语等获得，事实上也可以从科学、历史、当代文学中得到满足。”① 班克罗夫特甚至愿意考虑手工训练科目在“自由精神”（liberal spirit）的指引下能否通向真理的问题。

康涅狄格州纽黑文的赫尔霍斯中学校长伊萨卡·托马斯（Isaac Thomas）也试图将为大学做准备和为生活做准备协调起来。在他看来，二者其实是一体的：“如果大学教育就是完满教育的顶峰，那么它的所有预备性教育都必须是完满的，学生为大学做准备的同时也是在为完满生活做最好的准备。”② 而对来自同一州的诺维奇市文实学校而言，进入大学和步入社会虽有一定的关系但应是相互独立的，不打算进入大学的学生仅在中学接受 4 年的教育而已，因而中学应该“以与大学预备教育不同的方式，给予他们那些从大学预备课程中能获得最重要的东西，即一种关于自由的文化意味着什么、对自由文化的热爱，以及一种想要从中汲取尽可能多的营养的欲望。一种使他们认为生命不仅仅是通过某些普通的娱乐消遣来缓解单调苟且的生活的视野，而在此之外还有更多值得追寻的东西”③。他认为，为大学做准备与为生活做准备之间有共通点，但二者并非完全等同。

由此来看，大学一方为衔接关系所做的努力并未缓解中学的困境，反而造成了中学一方对自身定位的怀疑。中学开始反思自己的职能到底是什么，是为大学做准备，还是培养民主社会中有责任、有效率的公民，抑或有可能通过相同的课程同时达成两种目的。显然，那封写

① Cecil F. P. Bancroft, “The Service Rendered by the Secondary School” (American Institute of Instruction, Sixty-Second Annual Meeting of the American Institute of Instruction, Lectures, Discussions, and Proceedings, held at Bethlehem, N. H., July 6-9, 1891), pp. 66-67, 69.

② Isaac Thomas, “Some Ways in Which College May Help Secondary Schools,” *The Academy* 7, (Apr. 1982): 146.

③ E. S. Hawes, “The Place of Work Preparatory for the College in Relation to Other Work in the Secondary Schools,” *The Academy* 7, (Apr. 1892): 164.

给哈珀校长的信已经明确地回答了上述问题——为大学做准备和为生活做准备是不同的，需要不同的预备课程，而大学的种种宏伟计划都是在试图“吞并”中学，将其仅仅作为大学“附属”的预备机构。考虑到自身存在的合理性问题，中学一方开始重新思考与大学的关系，以及如何与大学衔接的问题。

需要指出的是，之前波士顿英语中学与中央中学提出的“为生活做准备”的目标，意在提供一种理解和融入现实世界的经验与方式而很少与具体职业直接相关，但自 19 世纪 70 年代起，“为生活做准备”的内涵事实上扩大了，它已经扩展到具体职业领域，被宽泛地理解为“为职业做准备”“为实用生活做准备”。19 世纪 70 年代后期，对手工训练、工业教育、职业技能的要求不断地被提出来，但大学的那些专家们选择忽略它们，这种态度在《十人委员会报告》中体现得淋漓尽致。尽管声称所有科目无论是古典倾向还是现代倾向的，价值地位都相同，但最终十人委员会以手工训练、职业知识和技能无法训练学生心智为由将其排斥在中学课程计划之外。对职业教育、手工训练的主观性忽略成为公众批判十人委员会的重要原因之一，在它之后的大学入学要求委员会依然继承了十人委员会的态度，坚持了中学应该为大学服务的立场。但在职业教育这点上，入学要求委员会也意识到“大学的主观忽略”并不能解决问题。入学要求委员会建议在经济学科之下，允许中学适当教授基础的政治经济学、商业地理和工业史。在报告的最后，入学要求委员会指出商业教育的重要性，认为应尽快将其纳入考虑，尤其关于商业学科与其他学科的关系，商业学科之下的工业史、商业史、商业地理等是否也应该被同等地纳入大学入学要求等问题，入学要求委员会认为都应该尽快将其纳入调查和研究范围中。①

---

① National Educational Association,“Report of the Committee on College Entrance Requirements”(National Educational Association,Journal of Proceedings and Addresses of the Thirty-eighth Annual Meeting,held at Los Angeles,California,July 11-14,1899),pp. 668,676.

这样看来，虽依旧决绝地将具体的职业技能排斥在外，但与十人委员会相比，入学要求委员会事实上已经意识到职业教育、商业知识和技能的不可规避。

公立中学内部的情况也不容乐观。在 1899—1900 年进入公立中学的 519 251 名学生中，近 90％并没有在为大学或科学院做准备，他们试图从中习得一些关于商业、工业领域的基础知识和技能，之后便进入社会。然而，这一时期有太多公立中学在大学的压力下将目标限定在为大学做准备上，那些不打算进入大学的学生却被“名正言顺”的忽略。后者接受的教育通常是一些知识的“残羹碎屑”，缺乏连续性，教员的心思也没放在他们身上，随便敷衍了事，那部分学生所获得的教育绝对算不上正规，甚至连有效的知识信息都算不上。有人指责“公立中学最大的罪恶在于它为那些即将接受最少教育的学生反而提供了最差劲的课程”①。换句话说，中学勤勤恳恳地为那些即将进入大学的学生服务，却仅为那些在中学之后就终结其教育生涯的学生提供了最差劲的指导。回想起 1821 年波士顿英语中学、1839 年中央中学的初衷，19 世纪末 20 世纪初的公立中学已完全偏离了为实际生活做准备的初衷，沦为了“大学的附庸”。

第三节　为大学做准备绝不等于为生活做准备：公立中学与大学制约关系的形成

在为大学做准备已经占据公立中学的大部分时间和精力的情况下，中学一方事实上表现了某种反弹力，它试图重新思考与大学之间的关系，以及如何与大学衔接的问题。接下来，全美教育协会将继续进行

① Edwin Cornelius Broome, *A Historical and Critical Discussion of College Admission Requirements*(New York: Columbia University, 1902), pp. 124, 106.

全国性的调查与研究，寻找解决中学与大学冲突关系问题的最佳途径。但这次的关注点将主要转向中学一方，更关注社会公众对公立中学提出的诉求，以及公立中学自己是如何定位与大学的关系的，中学的课程到底应该如何设置才能在满足大学要求的同时，满足多数不上大学的学生的需求。这一次，公立中学拒绝向大学妥协，试图让大学来适应自己。

一、在“为大学做准备”之外：转型时期公立中学的社会角色

到 19 世纪末 20 世纪初，随着工业化、城市化的推进和大量移民的涌入，美国已经从农业国转变为工业国，进入世界大国的行列。而在国内，到 19 世纪末 20 世纪初，美国专业性职位人数继续快速增长，从 1870 年的 342 107 人增长到 1910 年的 1 700 000 人，大学校长、教授、教师从 1870 年的 128 265 人增长到 1910 年的 600 000 人。除了教育职业，建筑师、药剂师、律师、法官、医生、工程师、编辑等各个职业群体都在迅速成长。越来越多的中产阶级想让孩子接受职业教育，成为经理人、技师、药剂师、工程师、会计、建筑师等，而非仅仅做一名基层劳工。① 因此，到 20 世纪初，人们比之前任何时代都更需要工业、制造业、商业、农业、家政知识，更需要现实实用的教育。事实上也正是从 19 世纪 70 年代起，美国的职业教育迅速发展起来。从最初的学徒制到手工训练，再到商业培训、工业教育，职业教育已经成为美国教育领域里的一股重要力量，并且随着城市化和工业化的推进，这股力量越来越受到重视。

1886 年，美国劳工组织公开表示支持手工训练学校（Manual

---

① Burton J. Bledstein, *The Culture of Professionalism: The Middle Class and the Development of Higher Education in America* (New York: W. W. Norton & Company, Inc., 1976), pp. 33-39.

Training School）和行业学校（trade schools）；1896 年，全美制造商协会（National Association of Manufacturers）成立，公开支持实践性技艺、工业化、手工训练和其他技术学校；1899 年，杜威意识到“在大多数人那里，智力的兴趣（intellectual interest）已不再占主导地位，人们已将热情与激情转向实用”①；1905 年，工业教育委员会（Committee on Industrial Education）成立并在主旨报告中明确指出商业学校是一剂且是唯一一剂治愈糟糕现状的良方；同年，马萨诸塞州州长威廉·道格拉斯（William Douglas）率先成立了本州的工业与技术教育委员会（Massachusetts Commission on Industrial and Technical Education），由刚从德国学习凯兴斯泰纳职业教育模式归来的保罗·汉纳斯（Paul. H. Hanus）担任主席，负责本州的工业与技术教育；1906 年，全国工业教育促进会（National Society for the Promotion of Industrial Education）成立，旨在“集结各方力量使工业教育遍布全国各地”②，并且通过分化的课程适应不同阶层的学生需求，使大众教育走向民主化；1908 年，美国劳工联盟（American Federation of Labor）在第二十五届年会上表示工人对职业教育很感兴趣，公开支持职业教育；1910 年，北加利福尼亚公立学校督学指出，目前美国 90%的人靠工业化谋生，因而当前美国需要的是一种适应工业化社会的公立教育体系；③ 同年，全国工业教育促进会的一项调查显示，美国已有 29 个

① John Dewey, *The School and Society* (Chicago: The University of Chicago press, 1900), p. 42.

② National Society for the Promotion of Industrial Education, *Proceedings of the Organization Meetings*, *Bulletin No. 1*. (New York: National Society for the Promotion of Industrial Education, 1907), p. 7.

③ James Joyner, "Some Dominant Tendencies in American Education" (National Education Association, Journal of Proceedings and Addresses of the Forty-eighth Annual Meeting, held at Denver, Colorado, July 3-9, 1910), pp. 78-87.

州提供了某种形式的工业教育，[①] 还有 25 个州制定了相关法案法规促进工业教育在更大范围内的推广，全国范围内工业教育的开展最终发展成为一场工业教育运动（Industrial Education Movement）。这一切都表明在一个工业化程度不断加深的时代，公众已经意识到职业教育的重要性，并且对职业教育的需求已到了白热化阶段。与之形成鲜明对比的是，公立中学依旧在为不同的大学入学要求而手忙脚乱，一方面坚持教授古典语言、现代语言、英语、数学、科学等常规科目，另一方面盘算着到底该通过哪种选修计划将打算继续探索高深学问的少数学生送入大学，同时还要为获得认证资质或准备入学考试而百般地与大学联络感情。对公立中学而言，上大学的这小部分学生已经占据它们工作的全部，根本无暇顾及其他。支撑公立中学这样做的理论依据，正是大学通过《十人委员会报告》传达的一种为大学做准备的过程就是在为未来生活做准备，4 年的严格的心智训练足以使学生在走出学校进入社会时应对所有未知的人生的观念。也正是这种观念，正在招致公众最严厉的批判。

来自美国教育委员会的官员约翰·斯特德贝克（John W. Studebaker）坦言，若能有对美国教育“指手画脚”的机会，他会即刻“取消从小学到中学的那些不能满足孩子的兴趣与需求的课程”，而代之以一些“实用性的职业活动”。[②] 来自亚拉巴马州立师范学校的威尔逊（M. C. Wilson）说：“我们可以听到来自商店、工厂、农场及各类

① 其中，10 个州创办了技术学校，18 个州提供了手工培训，11 个州提供了家政训练，19 个州提供了农业培训，11 个州提供了工业与商业课程。比如，威斯康星州下属县区的学校有农业、家政训练课程，城市公立中学与初等学校高年级专门设立了手工训练部，另外该州还单独开办了商业学校，制定了普通中学与职业学校并举的法案。See Lawrence A. Cremin, *The Transformation of the School : Progressivism in American Education (1876-1957)* (New York: Alfred A. Knopf, Inc. & Random House, Inc. 1961), pp. 50-51.

② J. W. Studebaker, “The Ideal High School for American Youth,” *The Clearing House* 13, No. 4 (Dec. 1938): 215.

企业的反对声……是时候要求教育者们摒弃旧机器，选择更轻松、效率更高的方式了。”① 丹佛中学的斯米利（Wm. H. Smiley）认为中学的独特性应体现在“专业化与精深化的课程方面”②，使课程与学生的未来成长和发展联系起来。莱斯顿·拉夫（Leston L. Love）在对美国中等教育做的一系列调查中发现，随着学生及父母对职业选择与职业指导的重视程度越来越高，“也许目前我们最需要做的是实践和职业指导方面的改进”③。《学校评论》的编辑斯库尔曼（J. G. Schurman）也提出，“在提出中学理想的课程计划时，我们不仅要关注传统的大学入学要求，更要关注当下的整个文化背景，以及未成年学生的需求和能力”④。1908 年，全美教育协会中有 4 份报告⑤建议将职业教育纳入中学课程体系，与传统课程进行融合。之后，在每年年会上都能听到类似的声音。到 1912 年，甚至连全美教育协会主席卡罗尔·皮尔斯（Carroll G. Pearse）都支持在中学进行职业和实用训练，“以免孩子像

---

① M. C. Wilson, “Some Defect in Our Public School System,” *The Educational Review* 41(1911): 238-244.

② Wm. H. Smiley, “Secondary Education,” *The School Review* 4, No. 7(Sept. 1896): 524.

③ Leston L. Love, “Secondary Education,” *Review of Educational Research* 6, No. 2 (Apr. 1936): 199.

④ J. G. Schurman, “The Outlook for the Curriculum,” *The School Review* 1, No. 2 (Feb. 1893): 68.

⑤ 这 4 份报告分别是 Charles S. Howe, “Addresses of Welcome”; Andrew S. Draper, “The Adaptation of the Schools to Industry and Efficiency”; James. F. Mcelroy, “The Most Urgent Need of Our Educational System Is an Adequate Provision for the Vocational Needs of Children Destined for Industrial and Domestic Pursuits”; Irving R. Garbutt, “The High School Commercial Course: Its Subjects, Their Practical and Educational Value” (National Education Association, Journal of Proceedings and Addresses of the Forty-sixth Annual Meeting, held at Cleveland, Ohio, June 29-July 3, 1908), pp. 52-54, 65-78, 161-165, 876-881.

现在这样经常在街上乱跑”①。除此之外，当时全美的各类期刊、杂志、报纸上都充溢着类似的文章，支持这样一场关于职业教育进入中学使中学更加实用的运动。

事实上，实用教育的缺乏与对大部分不上大学的学生的忽视造成了公立中学辍学率的急剧上升。马萨诸塞州工业与技术教育委员会的报告指出，大多数 14—16 岁的青少年没等毕业就辍学了，有的甚至初等学校没毕业就辍学了。据估计，全国只有 40%—50%的学生接受了完整的初等教育，而能够从中学毕业的学生则少得可怜，只有 8%—10%。② 调查发现，成千上万的青少年离开学校，游弋于街道、桥下、贫民窟，做着这个年龄段不适宜做的各种事情，最终沦为社会的不良分子；抑或有的青少年在工厂里赚钱谋生，但他们做的是最末端的工作，拿的是最低薪，是否能够维持生计都是个问题。这对社会而言无疑是个隐形炸弹，随时可能导致暴力、犯罪，危及公共安全。

由此来看，大学一方正紧锣密鼓地设计入学考试、推行认证计划、调整选修计划、设置平行课程，让中学更好地发挥大学预备教育功能，为其走向全国性大学培养优质生源。与此同时，社会公众要求中学更关注职业教育、工业教育、商业教育，要求中学更持久地留住学生。夹在多种需求之中的公立中学进退维谷，而这背后实际是对中等教育应该发挥什么功能的不同认知。

卡伯莱认为，社会中普遍高涨的职业化和专业化需求将使“我们城市中的学校很快被迫放弃所有人平等、没有阶级之分的民主理念，正如那些已经在很大程度上这样做的城市一样，试图让教育走向专业

---

① Carroll G. Pearse, “President's Address” (National Education Association, Journal of Proceedings and Addresses of the Fiftieth Annual Meeting, held at Chicago, Illinois, July 6-12, 1912), p. 135.

② George D. Strayer and Edward L. Thorndike, *Educational Administration: Quantitative Studies* (New York: The Macmillan Company, 1913), pp. 12-13.

化，以使学校更好地适应城市生活中不同阶层的需求”①。在卡伯莱看来，传统中学为所有学生的心智完善与性格养成服务，不分阶层、不分路径地对所有学生施教是一种更民主、更平等的教育，而职业教育的入侵将带来社会的分层。卡伯莱的想法在某种程度上与查尔斯·埃利奥特领导的十人委员会有很大的契合，其背后是一种教育不应被分割，或者说不应在学生心智还未完全成熟之前被分割的态度。卡伯莱将这种分割与社会分层联系起来，用一种对“民主”原则的亵渎之罪维护传统公立中学的心智训练功能。与卡伯莱相对的是一种反对只关注心智训练而要求公立中学更关注职业、工业、商业等现实需求的观念。这种观念的背后是一种对“实用”和“效率”的推崇，认为公立中学要即时有效地对社会需求做出反馈，并且当这种“实用”“效率”与社会进步、国力竞争、工业产值、专业化等名词联系起来时，其号召力往往所向披靡。在这种局面下，之前的那种坚持认为“心智训练将不分志趣地对各种需求的学生大有裨益”的观念被解读为“传统的”“僵化的”“保守的”“精英主义的”，而与职业教育相关的概念则常常与效率、即时、实用联系在一起，被认为是“进步的”“有效的”。事实上，并非所有中学都同意开展即时有效的实用课程。面对工业化带来的公众对实用性知识的追捧，俄亥俄州朴次茅斯公立学校督学托马斯·维克斯（Thomas Vickers）认为，公众对实用性课程的迫切追逐是鼠目寸光的表现，随着时代的发展，这些所谓的“实用课程”又会被另一些“更加实用的课程”所取代，中学应极力反对那些“狭隘”“浅薄”“片面”的课程，避免出现“仅仅为考试做准备的机构”的倾向，或者成为“为特殊职业进行培训的培训机构”，而应继续以“人

① Ellwood P. Cubberley, *Changing Conceptions of Education* (Boston, New York and Chicago: Houghton Mifflin Company, 1909), pp. 56-57.

格、纪律、知识”作为中学的目标，教授那些“有价值的”课程。[①] 伊利诺伊州勒赛尔地区的中学校长托马斯·麦克尔马克（Thomas J. McCormack）也告诫人们在盲目追逐潮流的同时，更要冷静地反思“实用”的深意，不要忘记教育的目的是“在造就工程师和牵拉工的同时，更要造就男人和女人”[②]。另一位来自芝加哥的校长奥利佛·韦斯科特（Oliver S. Westcott）同样奉劝自己的同事：“万能的金钱对我们教育课程的影响纵然很大，但始终是排在第二位的”，“那些将目光锁定在金钱、地位、名声上而忽视自己行为本质的人们多半是卑微的”。[③] 在他们看来，自然科学、历史、数学、现代语言和古典语言才是美国公立中学的最佳课程，那些外来课程的入侵往往带有某种不纯洁的动机，被特殊的政治意图和个人利益所利用，[④] “知识的学习与人格的培养”应比“实用性、商业性、职业性”更重要。

我们发现，无论是传统的护卫者，还是现实实用的改革者，双方都使用了一个在19世纪末20世纪初极为流行的词汇——“民主”来论

---

① 维克斯认为“有价值的”课程主要有五类：一是多样化的语言学习，包括对古典语言的基础学习，以及一种以上的现代语言的学习，这样就能同时满足继续升学与就此毕业的两种学生的需求。二是数学，它既可以为学习高等数学奠定基础，又可以为日后生活提供有用的信息与训练。三是实验科学，如化学、物理、生理学及自然史的学习。四是历史及其他社会科学基础课程，如政治、政治经济学、法律等。五是心智、道德、绘画、音乐等课程。有些学校可能由于规模小、学生少、师资不足等原因无法全部开设这些课程，但是必须在条件允许的情况下尽可能地施行。See Thomas Vickers, "The High School and Its Enemies," *The School Review* 1, No. 2(Feb. 1893): 93-94.

② Thomas J. McCormack, "The Idea of 'Practical' Extended" (National Education Association, Journal of Proceedings and Addresses of the Forty-eighth Annual Meeting, held at Boston, Massachusetts, July 2-8, 1910), p. 506.

③ Oliver S. Westcott, "The Old and the New" (National Education Association, Journal of Proceedings and Addresses of the Fifty-second Annual Meeting, held at St. Paul, Minnesota, July 4-11, 1914), p. 451.

④ Thomas Vickers, "The High School and Its Enemies," *The School Review* 1, No. 2 (Feb. 1893): 93-95.

证各自教育观念的合理性。前者通常会从传统课程平等地对所有学生的心智进行训练来论述他们的民主，就像十人委员会所宣称的一种将中学平等地对所有学生开放，尽可能推延对学生分类的观念那样，传统主义者往往将分类或分化与阶层分割和社会分层联系起来，论证后者的不民主，而后者往往站在传统课程仅为少数上大学的学生服务而忽略多数在中学后终结其教育生涯的学生的需求的立场，认为对职业、工业、商业、家政等实用课程的忽视就是对这部分学生的不民主，就是教育的不民主。民主概念的丰富内涵虽赋予两种观点各自的合理性，但在当时的局势下，公众对后者的热情显然超过了前者。

这一时期对职业教育的推崇常常使美国人将目光聚集到德国，尤其一战前，美国人对德国的推崇和仰慕之情溢于言表。战前的德国一直是欧洲最强大的国家之一，美国人普遍认为德国强大的职业教育体系是其能够屹立于强国之林的法宝，若能向德国学习，美国的工业化水平肯定能迅速提升。1897 年，全美制造商协会主席西奥多·萨奇（Theodore C. Search）在对外公开演讲中谈到美国与其他国家的工业教育状况："德国逐渐强大的工业力量源于其优秀的技工学校体系，英国以德国为榜样正在飞快地前进，而美国最好也这样做。"① 他建议美国公众应该将关注点逐渐转移到商业与技术学校中。一战前夕，对德国模式的推崇达到高潮，同时对美国中等教育的批判也达到高潮，二者结合，使整个社会都处于不断的肯定与否定之中。然而，一战爆发之后，全美对德国的态度急剧转变，多数人认为由德国引发的战争是对欧洲民主的亵渎，德国国内的教育必然也是专制的、强权的、不民主的教育，因而坚决反对德国分轨的职业教育模式，转而走向一种更加"美国化"的综合中学模式，即将与职业、工业、商业相关的知识作为

① Lawrence A. Cremin, *The Transformation of the School : Progressivism in American Education (1876-1957)* (New York: Alfred A. Knopf, Inc. & Random House, Inc. 1961), p. 38.

必修课程纳入普通公立中学内部，与传统中学课程并行不悖，而这种模式最终将成为美国公立中学的基本范式。

与职业教育一同对美国传统中学造成冲击的还有社会对培养拥有“公共道德”“公益精神”的公民的诉求。随着全国性市场的形成和城市化的推进，移民的涌入到 20 世纪初期达到高潮。1860—1900 年，近 1400 万移民进入美国，1900—1915 年新增移民 1450 多万。[①] 到一战时期移民浪潮逐渐平静下来的时候，移民及其子女几乎占据了美国人口总数的四分之一。[②] 与 20 世纪前因经济原因来到美国的西欧、北欧移民多具有一定的文化知识和职业技能且在文化与历史方面与美国本土差异不大相比，19 世纪末 20 世纪初期来自意大利、波兰、俄国、匈牙利、斯洛伐克、捷克等东欧、南欧国家的移民多基于政治和宗教原因而来，他们在文化知识水平与技能素质上比“老移民”要低很多，甚至很多人连英语都不会说。他们白天多在纽约、波士顿、芝加哥、匹兹堡、圣路易斯等工业化城市从事铁路建设和建筑高楼等底层职业，到了晚上便蜗居在同胞聚居地。他们在那里常常形成自己封闭的居住圈，寻找身处异国他乡的归宿感。

20 世纪初期，在美国下城（downtown）[③] 的街区，随处可见各种肤色的“新美国人”步履匆匆，各种语言不绝于耳。这使美国公众变得焦虑，不久之前他们还生活得轻松自在，而现在城市化与移民浪潮

---

① 阿瑟·林克、威廉·卡顿：《一九〇〇年以来的美国史》，刘绪贻等译，中国社会科学出版社，1983，第 11 页。

② John L. Rury, *Education and Social Change: Contours in the History of American Schooling (3rd edition)* (New York: Routledge 270 Madison Ave, 2009), p. 140.

③ 下城，美国老牌的工商业大都市或市中心。在经历了最初的繁盛后，这些工商业繁华地带逐渐被上层人士抛弃，他们选择在远离市中心的郊区居住，从郊区开车到市中心工作，然后再回到郊区的家里。取而代之的是一些中下层人继续积聚在这里生活、工作。关于下城的具体内容，可参见福格尔森《下城：1880—1950 年间的兴衰》，上海人民出版社，2010。

带来的各种人群穿梭往来于他们的生活轨道，破坏了他们的清幽，拉低了他们的生活质量，还将分享他们的薪资。“要是不设法驯服城市，它将导致整个民族的崩溃”，正如罗伯特·韦布（Robert H. Wiebe）所言，到了该“寻求新秩序”的时候了。① 多数人建议为这些初来乍到者提供一定的识字、文化、礼仪道德方面的教育，使他们看起来不那么无知，当然更重要的是要“驯服”他们，将他们融入美国的社会和文化中，成为真正的美国公民。那么，关于美国政治、历史、公民文化的教育就必不可少，关于文明礼仪、社会伦理、秩序规则的教育也不可或缺。然而，这一任务究竟该由谁来承担？答案自然是公共教育（包括公立初等学校和公立中学）。公立中学自建立起便宣称平等地对待来自不同背景、阶层、宗教和种族的学生，它们天然地具备公共教化职能和民主身份象征。在外来移民还不足以制造恐慌的时代，公立学校往往更注重公共智识的培养。此时，当社会需要公共教育机构来承担教化移民的功能时，公立学校自然责无旁贷，并且公立中学作为大部分移民子弟进入社会前的最后一站，其教化功能显得尤为重要。这对公立中学的确是不小的挑战，因为这样中学就将同时承担大学预备教育、职业教育、通识教育和公民教化的职能。这时，《十人委员会报告》宣称的 4 年心智训练足以应对所有未来选择的观念显然已不再奏效。接下来，全美教育协会将继续委任委员会来调查中学的现状，重新审视中学的功能，对中学与大学的关系问题重新做出考量。

① See Robert H. Wiebe, *The Search for Order*, *1877-1920* (New York: Hill and Wang, 1966), p. 77.

二、中学应独立于大学：九人委员会对公立中学职能的重新定位

在陷入多种需求困境无法自拔时，对公立中学而言，最好的办法就是审视自我。从理性来看，中学不能因为夹在初等学校和大学之间就仅仅作为一种过渡机构而存在，公共教育的每一个阶段都应该有一个特定的目标和功能，所以公立中学必须保有自己的相对独立性，有自己的定位和功能，这种功能和定位应该源于中学的特质和内发的价值意义，而不是作为其他外在机构的附属或附庸。19 世纪末 20 世纪初，那些来自大学的专家们就是在以一种狭隘的视角定义中等教育，认为中等教育就是下续初等教育、上衔高等教育，而这种观念也正在招致公众对大学最严厉的批判。

哈佛大学的一位教师尼尔森（W. A. Neilson）于 1908 年在其著文中表达了大学没有权利控制中学的看法，认为中学之所以存在是为那些不上大学的青少年服务，而非那些要进入大学的人。① 纽约英语教师协会（New York City Associations of English）公开反对大学控制中学的英语课程。芝加哥师范学院的威廉·欧文（William B. Owen）曾在《学校评论》中 3 次声讨大学应该对中学放松控制，每一次的语气都比前一次更迫切。在 1908 年 4 月的文章中，欧文用的是“混乱”② 一词来描述中学课程被不同的大学入学要求控制的局面。1909 年，他用了“危机”③ 一词。到 1909 年 12 月，他再次用极富煽动性的言辞号召中

① W. A. Neilson, “What the College Has a Right to Expect of the High Schools in English,” *The School Review* 16, No. 2(Feb. 1908): 73-77.

② William B. Owen, “Editorial Notes,” *The School Review* 16, No. 2(Apr. 1908): 266.

③ William B. Owen, “Editorial Notes,” *The School Review* 17, No. 4(Apr. 1909): 273.

学逃脱大学的“奴役”，实现自治。[①] 同年及之后两年全美教育协会开会期间，各种控诉不绝于耳，一致要求中学摆脱控制，教授实用知识以满足学生的多样化需求。另外，各种学术刊物、出版物也批判大学阻碍了公立中学为大多数学生服务，要求解放公立中学。此起彼伏的声讨使全美教育协会面临巨大的压力，决定再次对该问题进行调查，但这次需要一种对中等教育进行重新审视的勇气，而且这项工作最好由中学自己来做。

1910 年，全美教育协会中等教育部看中了正在致力于敦促大学接受手工训练学校的学分作为入学要求的克劳伦斯·金斯利（Clarence D. Kingsley），让他组织成立九人委员会，专门致力于调查和研究中学应该在与大学衔接过程中发挥什么功能，以及中学应该如何作为的问题。这次委员会的构成与之前的十人委员会和入学要求委员会大有不同，来自中学一方的代表占据多数。[②] 而委员会之所以选择金斯利，正是由于他在此之前一直致力于呼吁大学放松对中学的控制，同时要求大学更多地接纳手工训练课程和职业课程作为大学的入学科目。

1897 年，金斯利从康奈尔大学同时拿到文科学士学位和数学、科学荣誉学士学位后选择留校任教，担任数学教员，同时从事一些调查研究工作。1902 年，金斯利转到哥伦比亚大学教师学院攻读文科硕士学位，两年后顺利毕业。之后的 8 年，金斯利一直在布鲁克林区的一所手工训练学校担任数学教师，同时负责学校的教学日程安排。也正是在这个岗位上，金斯利对美国中等教育的现状及大学对中学的指导和“控制”感同身受。很快，金斯利便加入纽约市中学教师联合会（New York City High School Teachers Association）下属的中学与大学衔接

---

① William B. Owen, “Editorial Notes,” *The School Review* 17, No. 10 (Dec. 1909): 718-719.

② 在九人中委员会中，2 人来自大学一方（1 位是教育学教授，1 位是大学教工主任），1 人是教育委员会官员，其余 6 人均来自中学（4 位中学校长和 1 位教师、1 位督学）。

委员会（Committee on the Articulation of High School and College）[①]，专门致力于呼吁大学和学院放松对中学课程的制约和影响。由于工作得力且极具耐心、恒心，以及对学术事业的热情，[②] 金斯利很快就荣升为该委员会的主席，随后便组织委员会草拟了一份《关于中学独立于大学的声明》（“Declaration of Independence of the High School from the College”）。在这份声明中，委员会承认大学有权利要求中学在基础课程方面为大学做好准备，但同时坚持认为中学应该享有使学生为未来生活做准备的自由。这份声明在 1910 年 5 月 7 日发布之后很快便被传到全国教师手中。1910 年 7 月，纽约市中学教师联合会批准下属衔接委员会将该声明印发给全美的 115 所大学和学院、各州的公共学校督学、城市公共学校督学及中学校长，征求各方对中学与大学关系的意见。到 11 月，委员会将收到的回复与声明一起印成小册子在全美公开发行。[③] 曾在西雅图、洛杉矶、伯克利等多个城市担任督学并最终进入美国教育总署的多弗兰克·贝克（Frank Forest Bunker）认为，纽约市中学教师联合会的声明为之后九人委员会的工作奠定了坚实的基础：

> 纽约市中学教师联合会下属的中学与大学衔接委员会于 1910 年 11 月发布的小册子值得格外关注……它为著名的《九人委员会报告》提供了工作思路。该委员会对许多大学的入学要求进行了仔细的调查研究，并且起草声明指出让所有中学生进入大学是不

① 在这里，金斯利加入的纽约市中学教师联合会下属的中学与大学衔接委员会与他 1910 年担任主席的全美教育协会下属的中学与大学衔接委员会虽然同名，但并不是同一个机构，特此说明。

② Walter H. Drost, “Clarence Kingsley: The New York Years,” *History of Education Quarterly* 6, No. 3 (Autumn 1966): 18.

③ High School Teachers Association of New York City, *Articulation of High School and College: The Reorganization of Secondary Education* (New York: High School Teachers Association, 1910), p. 4.

可能的。委员会提出了两条建议来缓解当前的局面：第一，大学入学应以四年制中学课程的完成为基础……如果能够通过竞争性的考试进入大学，那么我们相信将会在中学里出现能产生最好结果所需要的独立性、广度及判断力。中学的提升将更好地为大学提供更多生源。第二，为了尽快使中学从当前的局面中解脱，就需要减少所谓的“必修的”科目，同时将所有标准化的科目改为选修。①

在纽约市中学教师联合会工作的同时，克劳伦斯·金斯利还加入了全美教育协会手工训练部下属的七人委员会，负责敦促大学接受将手工训练学校的学分作为大学入学条件。1911 年，七人委员会提交报告，强调大学接受实用性科目作为入学要求的紧迫性。② 报告中与大学入学要求相关的许多建议与两年后金斯利为马萨诸塞州教育署所做的大学入学要求的调查研究有许多相似之处，这在很大程度上表明金斯利在后续的工作中一直秉承着最初对中学摆脱大学控制的那份信念。

1910 年，当全美教育协会中等教育部委派金斯利担任九人委员会主席时，很大程度上就是考虑到金斯利之前在中学与大学衔接工作中所坚持的从中学自身出发的立场。1911 年，在九人委员会提交的报

---

① Frank Forest Bunker, *Reorganization of the Public School System* (Washington, D. C.: United States Bureau of Educational Bulletin Number 8, 1916), p. 72.

② See “Department of Manual Training and Art Education. Secretary's Minutes” (National Education Association, Journal of Proceedings and Addresses of the Forty-eighth Annual Meeting, held at Boston, Massachusetts, July 2-8, 1910), p. 596; “Report of the Committee on College-Entrance Requirement” (National Education Association, Journal of Proceedings and Addresses of the Forty-ninth Annual Meeting, held at San Francisco, California, July 8-14, 1911), pp. 729-739.

告[1]中，金斯利对美国中学做了全面的剖析，环环相扣地将中学的功能定位及其相应的课程设计，以及为什么如此设计的原因做了充分的说明。也正是从这份报告起，美国公立中学的现代化范式基本定型。

在《九人委员会报告》的第一部分“关于中等学校及其教育作用的基本考量”（“Preliminary Considerations on the Field and Function of Education in the High School”）中，委员会坚定地指出，中学仅仅通过大学预备课程是无法满足现代社会的多样化需求的，除了大学预备教育，中学还应该在推进民主社会的进步、培养民主社会的公民方面有所作为。另外，中学应该满足美国工业发展对教育提出的要求，在工人的能力、素质、纪律方面做出努力。对学生个人而言，中学更应该在学生的生涯选择中发挥测试与过渡作用。体现在课程设置原则上，中学应该减少必修课程的数量，使每位学生可以自由选择适合其个性与需求的课程，同时应该注意保持通识教育课程与职业教育课程之间的平衡，不使任何一方占据主导地位。[2] 由此，中学至少应具备三种职能：其一，为大学做准备。其二，为工业社会提供适当的职业或工业教育。其三，为民主社会培养公民。因此，中学就要同时提供 3 种类型的课程：大学预备课程、职业课程、通识课程。那么，这 3 种课程具体该如何设计呢？

在报告的第二部分“精心策划的中学课程的一种有效界定”（“A Working Definition of a Well-Planned High-School Course”）中，委员

---

① See “Report of the Committee of Nine on the Articulation of High School and College” (National Education Association, Journal of Proceedings and Addresses of the Forty-ninth Annual Meeting, held at San Francisco, California, July 8-14, 1911), pp. 559-567.

② National Education Association, “Report of the Committee of Nine on the Articulation of High School and College” (National Education Association, Journal of Proceedings and Addresses of the Forty-ninth Annual Meeting, held at San Francisco, California, July 8-14, 1911), pp. 560-561.

会认为既满足大学的入学要求又满足社会特殊需求和个人发展的课程体系是有可能实现的。这需要从一开始就将中学的课程分为必修和选修，并且必须为两种课程定量。首先，委员会建议将之前由大学入学要求委员会提出的 16 个单元改为 15 个单元，1 个单元代表 1 门学科 1 年的学习时间，总计约有一个季度的学习时间。这一建议建立在每学年 36—40 周、每周 4—5 学时、每学时 40—60 分钟，并且 2 个小时的手工训练或实验相当于 1 个小时的教室学习的假设之上。其次，每所中学的课程都应至少包括 3 个单元的英语、1 个单元的社会科学（包括历史）、1 个单元的自然科学，但关于具体这些课程怎样设置才能满足学生的需求，各个学校可以根据自身的情况自由安排。再次，每所中学的课程应该包括 3 个单元的 2 门主修课目、2 个单元的 1 门辅修科目，并且其中 1 门主修课目应该是英语。这主要是为了那些要进入大学的学生，让他们在中学提前学习一些预备课程，以保证与大学课程的连续性。另外，在数学与外语方面，中学不能设置超过 2 个单元的数学和 1 个单元的外语（除英语外）。这对那些要在此基础上学习工程课程、其他高级外语课程的同学来说已经足够了，不需要再把珍贵的时间花费在这里。最后，在 15 个单元中，应该有不少于 11 个单元用于英语、外语、数学、社会科学、自然科学或背诵学习和家庭学习，其他 4 个单元应该留给手工技艺（mechanic arts）、家政、商业及其他学生感兴趣的课程。①

从以上对中等学校课程的设计中，可以看出九人委员会解决中学课程混乱、标准不一的途径是要求各学校的课程必须包括英语、外语、数学、社会科学、自然科学，并且将这些课程教给全体学生。在这里，

---

① National Education Association,"Report of the Committee of Nine on the Articulation of High School and College"(National Education Association,Journal of Proceedings and Addresses of the Forty-ninth Annual Meeting, held at San Francisco, California, July 8-14, 1911), pp. 559-567.

古典语言已经不再作为必修科目出现，而是将其放在专门的大学预备性单元或 4 个自选单元中。另外，委员会为大学预备教育设置了高阶课程，以同大学保持连续性。与此同时，为了满足学生的职业或其他个性需求，给予学生充分的选择权，委员会要求各学校不得为选修课程设限。这种强制之外保留自主性的设计原则，在一定程度上对社会所要求的技工、家政、商业教育做出了回应，同时又没有放弃计划进入大学的那一部分人的要求。

在报告的第三部分“采取这一界定作为大学入学标准的原因”（“Reasons for the Adoption of This Definition as the Basis of College Admission”）中，委员会对为何如此设计课程做了具体阐释。首先，许多学生刚开始进入学校并不是为了上大学，因而并没有选择大学预备课程而是选择了一些他们感兴趣的课程，等到他们在中学期间有了想继续上大学的想法时恐怕为时已晚，因为他们之前所选的课程根本与大学预备课程无关，对进入大学是无用的，因而中学需要提供一些对进入大学和社会都有用的基础学科及一些选修学科，随时对有潜力者开放。其次，在试图平衡“为进入大学做预备”和“为生活做准备”之间的关系时，传统的中学课程做得并不尽如人意，既给学生造成了压力，也使非学术课程经常被忽视，而这份课程计划克服了这些问题。再次，传统的大学预备课程过于固定和死板，并没有为那些打算进入大学的学生提供多少帮助，而这种灵活的课程计划可以在很大程度上改进中学为大学预备教育服务的功能。另外，由于每所大学都有不同的入学要求且彼此之间差异巨大，以至于中学一直将精力放在满足不同大学的入学要求上，自由度虽高，但筋疲力尽且收获甚微。只有给中学足够的自主权去定位自身并制订合理计划，才能使其满足日益上涨的入学人数并继续保持空前的高增长，促进民主社会的发展。[①] 最后，委员会在结语中重申了因传统古典课程已无法满足日益复杂的社会需求而不应该继续左右中学课程的观点，建议中学减少古典课程，适当增加能够适合现代社会、满足更多公众需求的课程，因为在其他课程中可能也会找到激发潜在智力的力量：

> 我们认为，坚持将数学和外语作为教育核心的观点是基于二者对智力训练的重要作用的信念之上的。但是，我们知道伟大的人物在某些方面也是有所欠缺的，但他们能够从其他方面找到智力训练的力量，只是其他方面的训练潜能还没有被认可。[②]

委员会试图扭转长久以来认为只有古典课程才具有心智训练功能的观念，证明现代科目同样可以达成智力训练的目的。报告以委员会中唯一的一位大学教育学教授——芝加哥大学贾德的附录作为结语："无论如何，我都准备在报告上签字表示同意……"[③] 贾德希望这份报告的精神能够被中学及大学工作者，尤其是决策者所领悟，并且将报告中的建议付诸实施。

我们从报告中可以感受到九人委员会的谨慎态度，它对中学该如

---

① National Education Association, "Report of the Committee of Nine on the Articulation of High School and College" (National Education Association, Journal of Proceedings and Addresses of the Forty-ninth Annual Meeting, held at San Francisco, California, July 8-14, 1911), pp. 564-565.

② National Education Association, "Report of the Committee of Nine on the Articulation of High School and College" (National Education Association, Journal of Proceedings and Addresses of the Forty-ninth Annual Meeting, held at San Francisco, California, July 8-14, 1911), p. 566.

③ National Education Association, "Report of the Committee of Nine on the Articulation of High School and College" (National Education Association, Journal of Proceedings and Addresses of the Forty-ninth Annual Meeting, held at San Francisco, California, July 8-14, 1911), p. 567.

何定位自身、定位之后的课程设计及为何这样设计课程做了周密的安排。一方面，委员会担心专注于大学预备课程的学术定位会使中学生变得高傲、冷漠，难以与职业社会进行交流与沟通；另一方面，委员会担心过于强调不同职业兴趣的发展会使中学最终沦为造就职业工人的机器。委员会试图在大学预备教育、通识教育和职业教育之间做出调和，在修订大学入学要求的基础上强调中学的社会功能。无论怎样，委员会的工作都反映了一种越来越明显的趋势，即为大学教育做准备不应成为中学的唯一目的，中学需要更广泛的教育目的和更加自主的权利，这需要通过课程的重组来实现，而必修课程的调整在某种程度上又暗示了对心智训练的一丝坚守。

《九人委员会报告》一经发布便引发热烈反响，来自中学、大学及社会各界的声音不绝于耳。来自新罕布什尔州教育委员会的巴特菲尔德（E. W. Butterfield）在当年的全美教育协会上说：“越看你们委员会的报告，我就越兴奋。我认为你们做了一个很好的计划，肯定会被认可的。”印第安纳州的一位教授说道：“长久以来，没有什么读物比这份报告更让我满意了，它如此完整地体现了教育者对这一重要问题的成熟的想法。”另一位来自地方中学的校长也说道：“我们中学的教师在周六的会议上一致称赞你们的报告……我们印第安纳州会努力在中学与大学中将这份报告付诸实践。”① 截至 1913 年，《九人委员会报告》共印发了三千多份，在各类学校被竞相传阅与讨论。

在此之后，九人委员会的工作重点便转移到具体的课程重组上。委员会成立了 12 个学科小组委员会，即英语、数学、古典语言、现代语言、社会学科、自然科学、手工技艺、家政学、农业、商业、音乐、教育学和心理学，赋予中学教师、校长、督学在设计教学计划和重组

① Clarence D. Kingsley,“The Report of the Committee on the Articulation of High School and College”(National Education Association,Journal of Proceedings and Addresses of the Fiftieth Annual Meeting,held at Chicago,Illinois,July 6-12,1912),p. 670.

学校课程及选择教学方法等方面的自主权。克劳伦斯·金斯利建议各个学科委员会先进行调研，反思本学科能在哪些方面对社会及现实需求有所贡献。将这 12 个学科委员会所涉及的学科与之前十人委员会所任命的 9 个学科委员会进行对比，我们发现手工技艺、家政学、农业、商业、音乐、教育学和心理学首次作为正式的科目进入中学课程，这也再次表明九人委员会与之前十人委员会分道扬镳的决心。

截至 1913 年，12 个学科小组委员会中的 10 个（除了数学、教育学和心理学）已经得到全美教育协会的官方任命。在处理中学与大学关系的战役中，中学一方首次主动出击探索自己的功能定位和课程设计，明确了为大学做准备不应该成为自己的唯一功能和目标，中学应该更关注多数学生的需求和社会的现实需要，这种定位为后续中等教育的全面转型和定位奠定了基础。在此之后，对全美公立中学的重新定位将全面开始，而这将从根本上改变自内战之后美国中等教育的地位和功能，以及更为重要的是将改变中学与大学关系的基本走向。在此之后，与大学衔接的问题已经不构成美国公立中学的最重要的职能。而对于如何与大学更好地进行衔接，九人委员会之后成立的中等教育改造委员会事实上表现了极大的反弹性，要求大学一方要适应中学的要求，而非让中学去适应大学，并且以中等教育改造委员会为代表的中学一方向大学提出了比以往更加苛刻的衔接要求。

三、公立中学的“实用主义”转向：中等教育改造委员会的课程重组建议

继十人委员会、大学入学要求委员会之后，九人委员会作为全美教育协会任命的最后一个解决中学与大学衔接问题的委员会，已经将中学与大学的衔接问题引向另一个方向。与前两个委员会站在大学一方看待衔接问题、旨在为中学制订课程计划不同，站在中学立场上去

看待衔接问题的九人委员会在调查研究后对中学的功能和定位重新做了界定。委员会明确指出，为大学服务不可能继续左右中学，中学必须在满足社会需求和学生个人需求方面有所作为。[①] 在此之前，中学一方总是被大学牵引着去适应大学的各种要求，中学要求大学接纳其现代实用科目作为大学入学要求的努力很少成功过。然而，自此之后，中学开始在与大学的衔接过程中变得主动，甚至是强势，中学将重新对衔接的标准进行定义。

1911 年，对美国中学的重新审视和课程设计原则已经被提出，九人委员会已经完成了其对中学与大学衔接问题所承担的责任。之后，委员会认为不能再受为大学做准备的传统思维的影响，而要将工作重点转移到对全美中学进行一场更加深刻、广泛的设计和重组上，对整个中等教育结构进行审视，将一种中等教育对一个人到底意味着什么、中学的功能到底是什么的观念确定下来。委员会建议全美教育协会成立中等教育改造委员会，承担重构全美中等教育的职责。该建议得到全美教育协会的支持，1913 年中等教育改造委员会成立。显然，如何与大学衔接已经不是中等教育改造委员会的主要任务了，在中等教育改造委员会 1913 年的主旨报告中，主席克劳伦斯·金斯利提出了中等教育改造委员会的总任务：其一，为中等教育确定正当的目标、有效的方法和多样化的内容，使各学科能够最大限度地服务于学生需求。其二，使缺乏经验的教师在一开始就能确立正确的教育观念。其三，将中学的需求置于所有教师培训机构之前。其四，对于能够满足学生

---

① 约瑟夫·沃特拉斯：《20 世纪美国教育中的哲学冲突》，王璞、於荣译，安徽教育出版社，2011，第 79 页。

切实需求的课程，要（尽量使其）得到大学入学要求的认可。[①] 由此可以看到，与大学衔接已经成为委员会的最后一项任务，并且中高衔接的任务已经从如何具体为大学做准备转换成让大学接纳那些能满足学生现实需求的课程作为大学入学要求，而如何让中学更好地满足学生的多样化需求已经成为中学的首要目标。中等教育改造委员会下属的各学科委员会报告可以更加清晰地证明这一点。

委员会下属的英语学科委员会在报告中明确指出，中学英语课程的目标在于“既适应学校生活，又能为年轻人的家庭生活、社会生活和进入工业社会做准备，为高等教育和职业生活做准备……加强读、写、说等方面的学习，而将传统教育中过于重视的修辞学等理论性学习放在次要位置”[②]。社会学科委员会要求“社会学科的教师要摆脱旧式教学，仔细对比与反思新的教学纲要与之前从古代史开始继而到中世纪历史进行教学的不同之处，积极地从‘新’开始”。社会学科委员会提出的课程设计方案强调近现代史的重要性要大于古代史，因为“那种只关注国王与勇士而忽视普通大众的历史是‘死的历史’……多数人的福祉大于少数人的福祉……”[③]

自然科学小组委员会主席威廉·奥尔（William Orr）指出，之前

① Commission on the Reorganization of Secondary Education, *Preliminary Statements by Chairmen of Committees of the Commission of the National Education Association on the Reorganization of Secondary Education* (Washington, D. C.: Government Printing Office, 1913), p. 8.

② Commission on the Reorganization of Secondary Education, *Preliminary Statements by Chairmen of Committees of the Commission of the National Education Association on the Reorganization of Secondary Education* (Washington, D. C.: Government Printing Office, 1913), pp. 10-11.

③ Commission on the Reorganization of Secondary Education, *Preliminary Statements by Chairmen of Committees of the Commission of the National Education Association on the Reorganization of Secondary Education* (Washington, D. C.: Government Printing Office, 1913), pp. 16-18.

为大学做准备的自然科学课程过于强调专业的定量方法及学科本身的高深原理，而忽视了现实的生活经验与实际应用，以及学生的需求与兴趣，造成了自然科学只是少数天才学生的选择，而大多数学生望而却步的局面。基于此，委员会建议降低自然科学的学术性，降低准入门槛，在中学引入多样化、趣味性的练习活动和实验，[①] 加深与现实生活的联系，达成某种“学术的下移”。手工技艺委员会报告强调要强化手工技艺课程的学术性地位，因为在学校中总会出现科目之间地位不平等的现象，因某些科目不是大学预备课程而受到歧视，而手工技艺有利于提升学生的理智能力，应该被作为大学入学条件的一部分并受到重视。[②] 家政技艺委员会更是认为从思想内容与训练价值的角度来看，家政技艺与拉丁语、希腊语、数学一样重要。[③]

从以上学科委员会的观点中不难发现，中学试图摆脱传统为大学做准备的定位，通过调整课程内容、改变教学方式、转变教学理念等方式更多地与社会增强联系。甚至连长久以来一直作为固定的大学预备科目的拉丁语，也被学科委员会赋予新的价值和意义。古典语言委员会主席威廉·福斯特（William Eugene Foster）在学科报告中先以自问的形式对古典语言学科进行自我反思：“拉丁语目前在公立中学中处

① Commission on the Reorganization of Secondary Education, *Preliminary Statements by Chairmen of Committees of the Commission of the National Education Association on the Reorganization of Secondary Education* (Washington, D. C.: Government Printing Office, 1913), pp. 29-32.

② Commission on the Reorganization of Secondary Education, *Preliminary Statements by Chairmen of Committees of the Commission of the National Education Association on the Reorganization of Secondary Education* (Washington, D. C.: Government Printing Office, 1913), p. 58.

③ Commission on the Reorganization of Secondary Education, *Preliminary Statements by Chairmen of Committees of the Commission of the National Education Association on the Reorganization of Secondary Education* (Washington, D. C.: Government Printing Office, 1913), p. 62.

于什么地位？拉丁语已经失去领地了吗，还是仅仅衰落但还有重振的可能性？如果失去了领地，那么是什么原因造成的呢？是否有可行的解决办法呢？是否还应该鼓励大部分学生进入中学学习拉丁语呢？”①福斯特给出了他经过长期追踪调查之后得出的结论——学习拉丁语的学生能够在学习和生活中有更优异的表现。福斯特认为拉丁语并没有失势，而是需要面对新的社会环境，摆脱传统束缚，树立新的教育目标，“我们坚信，拉丁语不仅是传播大众文化最有效的教育工具之一，也是最实用的中学课程之一”②。在此过程中，古典语言教师既不能妄自菲薄，也不能自鸣得意，而应该清晰地认识并合理地定位自身，“通过增加新词汇，以及准确、清晰地掌握旧词汇的新用法来丰富英文词汇；提升鉴赏词汇、短语、从句关系的能力；教会学生准确、清晰地说和写；培养使用工业化、实用词汇的习惯；使学生能够对自己与他人的口语与写作演讲进行评价和修订；为英语及其他现代语言的学习奠定良好的基础；能够读一些拉丁语名著；通过对古老文明的了解来拓宽对现实生活的认知”③。同时，福斯特建议古典语言的学习要与英语、德语、法语等现代语言加强联系，在对比与竞争中进步。在整个报告中，福斯特一直强调“适应学生的需求”“为了生活”等观点，将

---

① Commission on the Reorganization of Secondary Education, *Preliminary Statements by Chairmen of Committees of the Commission of the National Education Association on the Reorganization of Secondary Education* (Washington, D. C.: Government Printing Office, 1913), p. 32.

② Commission on the Reorganization of Secondary Education, *Preliminary Statements by Chairmen of Committees of the Commission of the National Education Association on the Reorganization of Secondary Education* (Washington, D. C.: Government Printing Office, 1913), p. 32.

③ Commission on the Reorganization of Secondary Education, *Preliminary Statements by Chairmen of Committees of the Commission of the National Education Association on the Reorganization of Secondary Education* (Washington, D. C.: Government Printing Office, 1913), p. 35.

古典语言的现代实用功用阐述得淋漓尽致。

更加重要的是，福斯特在报告中明确否定了教授拉丁语是为了心智训练，转而告诫教师们要“使拉丁语更适应学生的需求，而非让学生适应拉丁语教学”①。这就从根本上颠覆了古典语言作为大学预备科目的定位及初衷，之前大学一直强调的古典语言的心智训练功能也在报告中被否定，古典语言成为与现代语言、社会科学，甚至家政学、手工技艺等一样的通识性科目，只为“实用”，只为“生活”。无论这是福斯特的真实想法，还是一种睿智的修辞，我们都有理由相信，此时的心智训练已经被一种更加现实的实用主义打败，代之以一种对职业和实用的崇拜，而中学对现实和实用的热情将在另一份更加统领性的报告中得到升华。关于中学与大学的关系问题，也将在那份报告中做出确定性总结。

四、制约关系的形成：《中等教育基本原则》对衔接标准的重新界定

在前一阶段，我们看到中学试图让大学接纳一些满足学生实用需求的科目，其中甚至包括手工技艺和家政课程。1913 年之后，中等教

---

① Commission on the Reorganization of Secondary Education, *Preliminary Statements by Chairmen of Committees of the Commission of the National Education Association on the Reorganization of Secondary Education* (Washington, D. C.: Government Printing Office, 1913), p. 39.

育改造委员会下属学科委员会继续对具体学科[①]进行设计，为更多科目进入大学入学要求做准备，当然更重要的是满足学生的多样化实用需求。与此同时，委员会致力于起草一份“最有益于指导中等教育的基本原则”的报告——《中等教育基本原则》（“Cardinal Principles of Secondary Education”，简称《基本原则》）[②]。与以往发布的所有报告不同，《基本原则》旨在为美国中等教育的重新改组提供原则性建议与纲领性指导。事实上，该报告对有关中等教育的所有方面都进行了设计，从指导原则到具体目标，从学制体系到学校标准，从课程设计到组织管理，以及我们一直关注的中学与大学关系问题都在报告的讨论范围内。报告对中学与大学衔接问题的颠覆性阐释将改变 20 世纪之后美国教育体系的整个格局。在报告的一开始，委员会就对美国中学进行改造的必要性进行了论证：

> 中等教育取决于它所服务社会的需要、受教育者的特性和可以利用的教育理论与实践知识。这些因素绝不是静止不变的，社会总处于发展中，中学人口的特性在变化，教育理论和实践所依赖的科学也在不断地提供新的信息。然而，中等教育像其他现存的社会机构一样保守，抵触改变。当需要出现时，如果不能进行

---

① 1913—1918 年中等教育改造委员会共发布了 7 份学科报告：“Teaching of Community Civics ”(1915,No. 23)；“The Social Studies in Secondary Education”(1916,No. 28)；“Reorganization of English in Secondary Education”(1917,No. 2)；“Music in Secondary Schools”(1917,No. 49)；“Physical Education in Secondary Schools”(1917,No. 50)；“Moral Values in Secondary Education”(1917,No. 51)；“Vocational Guidance in Secondary Schools”(1918,No. 19).

② See Bureau of Education,*Cardinal Principles of Secondary Education-A Report of the Commission on the Reorganization of Secondary Education ,Appointed by the National Education Association ,United States Bureau of Education Bulletin ,1918, No. 35*(Washington, D. C. :Government Printing Office,1918).

调整，就有必要不时地开展全面的改造。目前，显著的迹象表明，中等教育在全国范围内的改造已刻不容缓。①

社会的深刻变化影响着个人的活动，作为一个公民，个人必须在更大程度上以更直接的方式处理社区生活、州和联邦政府及国际关系的问题；作为一名工人，个人必须适应日益复杂的经济秩序；作为一个相对独立的个体，人们拥有了更多闲暇。这三种身份要求人们拥有一定的智力和效率，而这种智力和效率显然赋予中学更大的责任。加上 20 世纪初期入学人数的增长和辍学率的升高②，使中学无法回避其内部存在问题这一事实。而在教育理论方面，对学生能力和资质的个体差异的认知、对学科“普遍价值”观念的修正，以及学科价值和教学方法的优劣必须依据生活中对知识的应用而非学科自身逻辑加以检验的观念的形成，使中学必须进行全面的改革。

从中学改革的必要性分析中，我们可以清晰地看到，中学的功能定位已不再取决于大学对生源的需求，而更多关注于当下社会的深刻变化、人的社会身份、教育理论和观念的变化及中学自身存在的问题。

既然中学必须进行全面改革，那么改革的目标是什么？委员会从个人与社会的关系出发，认为中学应在促成个体的社会化（包括培养

---

① Bureau of Education, *Cardinal Principles of Secondary Education-A Report of the Commission on the Reorganization of Secondary Education, Appointed by the National Education Association, United States Bureau of Education Bulletin, 1918, No. 35* (Washington, D. C.: Government Printing Office, 1918), p. 7.

② 报告中提到的联邦统计显示，中学生人数从 1889—1890 年总人口中每 210 人中有 1 名中学生增加到 1899—1900 年每 121 人中有 1 名中学生，到 1909—1910 年每 89 人中有 1 名中学生，到 1914—1915 年总人口中每 73 人中就有 1 名中学生。在小学一年级的学生中，只有约三分之一的人能够进入四年制中学，仅有约九分之一的学生能从中学毕业。在进入小学第七学年的学生中，只有二分之一到三分之二的学生进入四年制中学的第一年。在进入四年制中学的学生中，大约三分之一的学生在第二学年开学前辍学，大约二分之一的学生在第三学年开学前辍学，只有不到三分之一的学生能够毕业。

家庭中可敬的成员、职场中称职的工作者和公民社会中勇敢的公民）和保持个体的相对独立性方面（指个人有效地利用闲暇）承担责任。加上身体的健康和道德品格的养成这两个基本要素，美国中等教育应至少达成 7 种目标，即健康、掌握基本的技能、称职的家庭成员、职业、公民资格、有效地利用闲暇、道德品格。这 7 种目标似乎与之前的所有关于中学的界定都不同。在这里，个体的社会化和社会的个体化原则成为中等教育改造委员会考量中学的出发点和归宿。在此之上是委员会对民主的重新界定："民主既不允许社会对个人的剥削，也不允许个人无视社会利益。更确切地说，民主的目的就是要建立这样一种社会，即每个成员都可以主要通过为其同胞和整个社会的福祉而设计的活动来发展自己的个性。"① 民主原则之下的教育则是发展每个人的知识、兴趣、理想、习惯和能力。借此，个人将会找寻到自己的定位，并且利用这种定位使自己和社会迈向更崇高的目标。通过民主与教育、个体与社会、社会与学校之间的联系，中等教育改造委员会将中学放在社会化的逻辑中进行重构。这从根本上改变了以往对中学的所有定位，之前服务于大学的预备教育的界定在《基本原则》中已经被学校的社会化和个体的社会化逻辑稀释得异常微弱。并且，在报告对中学目标的 7 种界定中也未出现任何与大学预备教育相关的字眼，那么报告是如何解决民主社会中的中学为大学提供预备教育的职能问题的呢？

民主社会对中学的重新定义要求摒弃和扭转两种固有观念：其一，认为高等教育应限于少数人的观念。因为"民主社会要求为日益增多的人口扩大自由教育和职业教育"，因而就像中学应当接纳所有能够从中等教育中获益的小学毕业生一样，大学也应该接纳所有能够从高等

---

① Bureau of Education, *Cardinal Principles of Secondary Education-A Report of the Commission on the Reorganization of Secondary Education*, *Appointed by the National Education Association*, *United States Bureau of Education Bulletin*, *1918*, *No. 35* (Washington, D. C.: Government Printing Office, 1918), p. 9.

教育中受益的中学毕业生，只要他有“继续接受教育的倾向”即可。其二，认为某种特定类型的、在性质上理应完全是非职业性的教育才是唯一的为自由的或职业的高等教育做准备的教育的观念必须得到扭转。在民主社会中，为学生继续学习做准备的所有类型的教育都应该得到公正对待，无论其是自由的还是职业的，只要能够为学生个人和社会带来益处即可。[①] 换句话说，即使是职业导向的学生，只要有接受更高一级教育的目标和准备，大学就应该接纳他。而且，不仅非职业性的中学能为大学提供预备教育，那些职业性的技工学校、商业学校、机械学校都有提供大学预备教育并被大学接纳的权利。相应地，大学入学要求也应该逐渐转移到与公民教育、职业教育相关的科目上来。

由此，长久以来大学对中学的“制约”就消失了，中学是否为大学做准备完全取决于是否有学生打算上大学，而不再取决于大学的要求和规定。大学坚持高深学问的入学要求将不再奏效，它无法再对中学应该提供哪些课程或培养哪些品性“指手画脚”，中学课程的设置及学生的品性培养以后将由中学所处的社会环境和学生的具体需求来决定。另外，提供大学预备教育的机构不再只限于特定的非职业性中学，任何有继续接受高等教育意愿的学生都应该受到重视。这样，在中学与大学的关系中，大学将从“牵引者”的身份走向“被牵引者”的身份，大学被要求接纳任何有所准备的学生进入高等教育机构，而无论其是职业倾向的还是学术倾向的。这种定位几乎颠覆了之前对于衔接问题的所有认知，甚至远远超出了九人委员会对中学如何更好地与大学衔接的建议和设计。在一种对于民主化、社会化、职业化几近崇拜的立场上，中学的功能也将被重新定义。

---

① Bureau of Education, *Cardinal Principles of Secondary Education-A Report of the Commission on the Reorganization of Secondary Education, Appointed by the National Education Association, United States Bureau of Education Bulletin, 1918, No. 35* (Washington, D. C.: Government Printing Office, 1918), p. 20.

委员会认为，中等教育在过去只满足了少数群体的需要，而现在美国民主的进步需要中等教育为各领域的专门化做好充分准备。中学只有通过关注不同群体的天赋、能力和抱负所反映的不同需要，才能确保每个学生竭尽所能。① 因而，中学应具有一种专门化的功能（the specializing function），设置范围广泛的学科（a wide range of subjects）和分化的课程（differentiated curriculums），满足学生的多样化兴趣，而分化的基础是职业化，诸如农业、商业、文秘、工业、美术和家政课程都应得到关注。除此之外，中学应具有一种统一化功能（unifying function），培养美国民主所必需的合作、凝聚力和团结精神，以及共同的思想、感受和行动方式。因此，社会学科、母语、母语文学就必不可少，体育游戏、社会活动、学校管理也要纳入考虑。当然，这两种功能之间是可以相互补充的。随着社会专门化程度的不断加深，对统一化的需求也更加强烈。同样，如果中学的课业很少分化，对学生兴趣和需求的多样性也很少关注，那么完整意义上的社会统一（social unification）也将失去价值。委员会认为合理的中学应该同时拥有固定课程（constants）②、可变课程（curriculum variables）③ 和自由选修课程（free electives）④。固定课程为统一化功能服务，可变课程为专门化功能服务，自由选修课程则同时为这两种功能服务。同时，委员会要

---

① Bureau of Education, *Cardinal Principles of Secondary Education-A Report of the Commission on the Reorganization of Secondary Education, Appointed by the National Education Association, United States Bureau of Education Bulletin, 1918, No. 35* (Washington, D. C.: Government Printing Office, 1918), p. 16.

② 固定课程主要促成健康、掌握基本技能、称职的家庭成员、公民和道德品格等目标的达成。针对的是所有学生，为统一化作用而设置。

③ 可变课程主要由职业需求来决定，为了在特定的专业化领域更进一步学习。这种课程针对的是某一类（有特殊需求的）学生，主要达成专门化作用。

④ 自由选修课程主要达成“有效地利用闲暇”这一目的。这些课程通常是非职业性的，个人根据自身兴趣及需求来选择。其既指向专门化，又指向统一化，有时还同时指向这两种功能。

求中学第一学年的课业应对那些不再继续读书的学生具有“明确的价值”，应安排一些更加简单和直接实用的课程，当这些能够被很好地领会时，再延续细化以后的课程。到那时，整个课程将会更好地适应那些继续求学或辍学者的需要。① 这样，在专门化和统一化的职能定位下，《基本原则》事实上并没有为中学的大学预备职能留下余地。

基于以上，“在一个统一的机构中涵盖所有课程的综合中学，应该成为美国中学的标准类型”②，这意味着之前主要为大学做准备的中学将同时承担职业教育、通识教育，以及委员会并未提及的大学预备教育功能。

既没有在对中等教育主要目标的界定中提及为大学做准备，也没有在对中学的功能定位中提及大学预备功能，并且在中学与大学衔接问题中对大学教育和招生传统的摒弃，表明在一个开始以“实用”“即时有效”“效率”作为评判标准的时代，大学所坚守的“古典”“精深”和“心智训练观”已经丧失对中学的控制力，而中学开始在衔接关系上对大学有所要求和制约。

至此，在社会化、民主化的逻辑中，中学获得了自我定位的权利，对“现代实用”也进行了重新界定和建构。那些之前为大学所不齿的职业知识和技能登上了美国教育体系的“大雅之堂”。中学不仅完成了对自身的建构，还从根本上影响了大学在衔接关系中的地位，大学将不得不向那些借由“民主”之名进入教育体系的“新知识”“新观念”

---

① Bureau of Education, *Cardinal Principles of Secondary Education-A Report of the Commission on the Reorganization of Secondary Education, Appointed by the National Education Association, United States Bureau of Education Bulletin, 1918, No. 35* (Washington, D. C.: Government Printing Office, 1918), pp. 23, 17.

② Bureau of Education, *Cardinal Principles of Secondary Education-A Report of the Commission on the Reorganization of Secondary Education, Appointed by the National Education Association, United States Bureau of Education Bulletin, 1918, No. 35* (Washington, D. C.: Government Printing Office, 1918), p. 24.

妥协。虽然中学与大学的衔接机制依旧存在，但机制内部的权力关系已经发生改变。在公立中学从主要为大学服务的职能定位中“逃逸”之后，大学试图从公立中学中拣选优质生源的希望几乎被彻底摧毁。正如明尼苏达大学教授尼尔斯·鲍斯（Neilson L. Bossing）所言，1918年之后，那个古老的关于“美国中学如何能够与大学衔接”的问题已经转化为“大学如何能够与美国的中学衔接”，而这一转向事实上预示着美国中、高等教育内部结构的根本转型，① 更意味着之前对中学与大学关系的所有探讨都发生了转向，一种在衔接关系之上的制约关系建立起来。那么，大学会坦然接受这种受到制约的新型关系吗？它将何去何从？这将是另一部关于美国大学的分野与私立中学的“复辟”的故事。而这已不在本书的讨论范围内，留待以后再续。至此，关于美国公立中学与大学关系变迁的故事暂告一段落。

---

① Nelson L. Bossing, "The Problem of Articulation between Secondary and Higher Education," *The High School Journal* 24, No. 4(Apr. 1941): 157-164.

结　　语

本书对1870—1918年美国公立中学与大学关系的变迁问题进行了历史梳理。在结语部分，有必要跳出之前的叙事框架，对整个过程进行审视与思考。首先，对美国公立中学和大学在二者关系变迁中的冲突矛盾进行集中探讨；其次，对影响公立中学与大学关系变迁的核心维度进行分析，进而揭示中学与大学关系的本质；最后，对公立中学与大学关系的未来走向做出交代。

一

1870—1918年，美国公立中学与大学的关系经历了从松散关联到衔接，再到调整和巩固，最终到相互制约的过程。在这个过程中，公立中学和大学作为教育系统内的两个主体，存在着明显的矛盾和冲突。随着关系的确立、维系和转换，冲突也在不断地转换、升级和激化，最终集中爆发，引发美国教育体系的变革。

最初，公立中学与大学之间仅是一种松散的关联。公立中学主要以满足学生的实用需求为主，即使一些公立中学开设了古典科目，具备了某种大学预备职能，但开设古典科目的主要目的在于与文实学校竞争。在实践中，公立中学的重心依旧放在了实用科目上，满足中产阶级对实用知识的诉求，而为大学培养的生源极少。在公立中学中常常渗透着一种“中学之后，教育即终结”的氛围，学生毕业后多直接进入职业领域，而不是继续上大学。而且，由于双方之间并不存在制度上和思想上的衔接准备，公立中学与大学争抢生源的现象时有发生。一些公立中学更名为“学院”，试图与大学齐名，而一些大学则开设“预科部”，与公立中学竞争。此时，公立中学与大学之间不仅没有建立明确的关系，甚至连相互之间的界限都很模糊。这事实上暗示着公立中学与大学之间的冲突已经以某种潜在的方式存在着，随后将成为引发二者关系变迁的导火索。

之后，随着1874年密歇根州卡拉马祖案判决的生效，公立中学作为大学预备机构的衔接职能才逐渐确立下来，少数地区率先建立了公立中学与大学之间的衔接关系，但在多数地区，公立中学的实用倾向和大学的古典传统之间依旧有着不可调和的矛盾，二者之间的冲突随着之后公立中学的迅猛发展而逐渐凸显。当公立中学在工业化、城市化和移民浪潮的推动下迅速发展起来，大学一方看到了公立中学在培养生源方面的潜力，开始讨论公立中学作为大学预备机构的可能性时，却发现公立中学并不能提供符合大学入学要求的优质生源，而且专注于“为实用生活做准备”的公立中学在提供大学所要求的古典课程方面常常显得力不从心。此时，公立中学和大学都意识到了冲突的存在并感到焦虑、紧张，甚至是敌对，二者的冲突变得明朗化。

在此之后，公立中学和大学开始对彼此之间的关系进行重新审视。大学一方率先采取行动，占据主导地位。因为随着国家市场的形成、国家经济与贸易的发展，美国大学想要从地方性学院转型为全国性大学。为了获得全国性影响力，大学一方面需要在全国招纳生源，另一方面需要提升自己作为教育体系“领导者”的地位，这些都必须以公立中学的配合为前提。因而，大学在处理与公立中学的冲突关系时率先表现出迁就和协作的意图，通过现代课程的纳入、平行学位和选修计划的推广、认证计划的实施等，为公立中学提供了更便宜的预备方式；而公立中学在大学的迁就和协作之下却逐渐“失去自我”，在很大程度上“抛弃”了为大部分不打算进入大学的学生提供实用课程的初衷，转而关注极少数上大学的学生，最终沦为“大学的附庸”。至此，美国公立中学与大学之间的关系已经从最初的松散关联，经由卡拉马祖案之后建立的衔接进而得到巩固和深化。

但是，大学一方的持续强化并没有能够将公立中学与大学的紧密关系长久地维系下来。当大学继续对公立中学施加影响，试图在“公立中学到底应该为大学做准备还是为实用生活做准备”的问题上以一种心智训练理论对两种本质上完全不同的目标进行调和时，表明大学为了维系自己的古典传统，让公立中学更好地为其服务，不惜以牺牲公立中学的实用目标为代价。至此，公立中学与大学之间的冲突便升级和激化。

19 世纪末 20 世纪初，社会转型期的政治、经济和社会环境对公立中学提出了新的、更高的要求。公众认为公立中学作为公共教育机构应更多地承担同化移民、培养公民、教授职业知识和技能的职责，而这些职能与大学预备职能存在着本质上的不同。大学却试图让中学接受一种“为大学做准备就是为生活做准备”的观念，正是在这一点上，公立中学与大学的冲突集中爆发。以十人委员会、大学入学要求委员会、大学入学考试委员会等为代表的大学一方率先出击，通过全国性调查来统一大学入学要求和考试标准，让公立中学继续更好地为大学服务。而中学一方经过自我反思之后，开始对大学做出回击，通过九人委员会、中等教育改造委员会表达了“为大学做准备绝不等于为生活做准备”“为大学做准备不应该成为公立中学的唯一职能”的信念。至此，对公立中学与大学的关系问题的探讨便转化成对公立中学的职能问题的探讨。

最后，1918 年《中等教育的基本原则》发布，对二者的关系做了最终的解释。《基本原则》支持公立中学应该依据社会需求和学生需求来定位自身，而非作为任何机构的“附属品”，进而建议“在一个统一的机构中涵盖所有课程的综合中学应该成为美国中学的标准类型”①。这就意味着之前主要为大学做准备的公立中学将同时承担职业教育、通识教育，以及委员会并未提及的大学预备教育职能。对于中学该如何与大学衔接的关系问题，《基本原则》认为，大学应该接纳任何能够从大学教育中受益的学生，而无论他之前接受的预备教育是古典的还是职业的。另外，大学应该同时承认公立中学、职业学校、手工训练学校作为大学预备机构的职能，摒弃之前的那种认为只有某种特定类型的、在性质上理应完全是非职业性的教育机构才是唯一能为高等教育做准备的教育机构的观念。② 以此为标志，美国公立中学与大学的关系再次发生转换，从之前的巩固和深化走向了相互影响和制约。随后美国越来越多的公立中学开始走向综合化的事实表明，美国社会已经认可了《基本原则》对公立中学与大学关系的重新界定，公立中学应该继续承担衔接职能和大学预备教育，但这些已经不再是公立中学的主要或唯一职能。至此，教育系统内部成员的身份、职能得以明确，公立中学与大学之间的冲突也得到暂时缓解，一种制约和平衡关系使教育系统归于平静。

二

从公立中学与大学之间冲突的发展和解决过程中，我们可以看到

---

① Bureau of Education, *Cardinal Principles of Secondary Education-A Report of the Commission on the Reorganization of Secondary Education, Appointed by the National Education Association, United States Bureau of Education Bulletin, 1918, No. 35* (Washington, D. C.: Government Printing Office, 1918), p. 24.

② Bureau of Education, *Cardinal Principles of Secondary Education-A Report of the Commission on the Reorganization of Secondary Education, Appointed by the National Education Association, United States Bureau of Education Bulletin, 1918, No. 35* (Washington, D. C.: Government Printing Office, 1918), p. 20.

冲突背后其实存在着一些影响公立中学与大学关系的核心要素和维度，对这些维度的把握将有利于对二者关系进行更深刻地剖析和审视，进而揭示关系问题的本质。在本书中，影响公立中学与大学关系的几个重要维度是大学入学要求（或中学课程）、中学与大学的衔接路径及公立中学的身份、职能。

在第一个维度上，大学入学要求（或中学课程）作为美国公立中学与大学发生关系的最直观载体，在很大程度上揭示了学校教育中知识结构的变迁。最初大学的入学要求只涉及拉丁语、希腊语两门古典语言，之后一个多世纪只增加了数学一门。而从 19 世纪 70 年代到 20 世纪初，现代语言（主要是法语和德语）、英语文学与写作、自然科学（包括描述性自然科学和实验科学）等更多关乎现实需求和实用生活的科目相继被纳入进来，表明美国大学逐渐开始从关注古典学科心智训练功能的传统转向现代实用，这不仅是大学内部知识结构的更新，更是对美国长久以来坚守的学术传统的扬弃。另外，大学入学要求的不断变化也揭示了社会对大学的认知发生了变化。在古典学术传统还占据统治地位的年代，美国大学在更大程度上是独立于地方并服务于地方社会的。“独立”指的是大学可以不受地方当局的限制拥有探索精深学问的自主权利，“服务”指的是大学培养的毕业生可以进入地方或成为神职牧师或从事其他专业性职业为地方服务。除此之外，公众不会再对大学提出额外的要求，当然即使有额外要求，大学也几乎不予理会。但到 19 世纪末 20 世纪初，为了从地方性学院转型为全国性大学，美国大学不仅要满足地方需求，还需要对整个社会的现实需求做出回应。此时，一种关于大学要走出“象牙塔”以更多地对社会需求进行回应的观念发展起来，大学开始成为“全美国的大学”，而非“新英格兰的大学”或“中西部的大学”。从上面这种层面来看，中学与大学的关系问题就不仅仅是大学入学要求或课程的变化那么简单了，课程变化的背后是知识结构的变迁，而知识结构变迁的背后是一种社会转型期的公众对大学职能的认知和公众教育观念的变迁。

在第二个维度上，中学与大学衔接方式的探索事实上直接影响了关系问题的转换和走向。通过平行学位计划、选修计划、认证计划、入学考试等，美国大学确实为公立中学提供了更便宜的预备方式。这在事实上昭示了美国大学对公立中学的依赖性逐渐增大，因而不断对中学提出的降低古典科目要求、增加现代实用科目、降低入学难度、统一入学要求等做出回应，以让中学更好地为它服务。在这个过程中，大学也自然而然地获得了某种“权威或专家身份”，在公立中学与大学关系的演进中继续对中学进行主导，实现某种“专业控制”。总体来看，通过这些方式，公立中学与大学之间的紧密衔接关系已经明确建构起来，从一开始的松散关联和大学对入学要求的严格限定到大学给予中学一定的自由选择和权力留白，紧密衔接的关系反而确立下来，中学开始更主动地为大学服务。与此同时，紧密衔接关系确立的背后实际上暗合着第三个维度——公立中学身份、职能的转换，而恰恰是在这最后一个维度上，公立中学与大学之间出现分歧，最终导致公立中学的“反叛”。

在公立中学与大学关系巩固和深化的过程中，大学一方提出了一种“为大学做准备就是为生活做准备”的观点，并且用一种心智训练的理论为这种观点提供正当性。这种心智训练的逻辑基本是这样的：中等教育主要解决的是心智发展的问题，学生的心智是可以通过相关课程的学习得到训练的，而通过对课程的明智选择，学生无论最终进入大学还是进入工作领域，都能驾轻就熟地适应，而这种明智的课程最好从十人委员会所建议的 4 种课程计划中进行选择。这样，大学就可以继续对中学的职能和课程进行引导，大学将继续“控制”中学。

到 19 世纪末 20 世纪初，相比于为大学做准备，公立中学已经在手工训练、工业教育、移民同化、公民教育等方面被赋予更加重要的职责。当公立中学开始自我审视和反思时，事实上“为大学做准备就是为生活做准备”的观点就已经开始失去正当性。九人委员会对“为大学做准备不应该成为公立中学的唯一职能”的认定，以及对中学至少应该承担的3种职能——为大学做准备、为工业社会提供适当的职业或工业教育、为民主社会培养公民的分析，表明大学一直以来在二者关系中的主导性地位已经丧失。

待1918年《基本原则》发布，中等教育改造委员会在对美国中等教育进行改组和重构时，既没有在中学的职能定位中提到大学预备功能，也没有在中等教育的“七大目标”中提到为大学做准备的目标，可见为大学做准备已经不再作为中等教育衡量自身价值和意义的标准，而当报告中真正关涉中学与大学衔接的问题时，中等教育改造委员会却以极具颠覆性的观点改变了长久以来对中学与大学关系的认知。委员会要求社会摒弃两种观念，其一是认为高等教育仅限于少数人的观念，其二是认为只有特定类型的、在性质上是非职业性的中学才能为大学做准备的观念。摒弃第一种观念就意味着大学应该敞开大门，接纳任何能够从大学中受益的学生，而无论他是职业倾向的，还是自由教育倾向的。摒弃第二种观念则意味着除了传统的大学预备机构之外，职业学校、手工训练学校、商业贸易学校等都可以为大学做准备，只要这些学校的学生有接受高等教育的意愿即可。这样，大学一直以来对中学的“控制”就消失了，中学是否为大学做准备完全取决于学生的意愿，而不再取决于大学对中学的要求和规定。相应地，大学也不应再对中学开设哪些课程“耳提面命”，它只需依据自己的入学标准接纳中学送进去的无论是在自由教育还是在职业教育上有所准备的学生。至此，衔接关系之外的一种制约关系建立起来，中学具备了某种相对独立性，与大学一起作为教育体系内的两个平等主体出现。

通过以上分析，关于公立中学与大学关系的几个关键问题事实上已经提了出来。公立中学与大学依托什么发生关系？影响二者关系变化的主要因素是什么？谁在发挥主要作用？进而，关系问题的本质是什么？是大学对中学的硬性规定和要求使中学完全服务于大学，还是双方互有主动性和制约性？对这些问题的回答构成了本书的核心内容，在此进行最后的总结回应：公立中学与大学主要依托大学入学要求，也就是课程来衔接，但课程仅是一种载体，载体的背后其实是知识的话语权和一种对学校职能的界定。这种知识的话语权和学校职能的界定最开始由大学一方来主导，之后引发中学的“反叛”，表明在中学与大学关系的建立和维系过程中，中学与大学是互有主动性和制约性的。进而表明，中学与大学关系的本质其实是教育体系内部不同教育机构之间关系的变革与重构，关涉的是教育体系内部的权力关系问题，权力的制约和平衡才是教育体系内部保持稳定的关键。在权力的制约和平衡过程中，教育系统内部不同教育机构之间的关系是在变得越来越密切和深刻的，是在走向正规化、制度化的，这与传统教育体系内部的松散和涣散是有着本质区别的。

三

《基本原则》出台之后，中学和大学各自依循报告中的建议开展具体的实践即可。事实上，对《基本原则》的赞叹之声多来自中学，而非大学。1919 年，弗吉尼亚州的督学杜克（S. P. Duke）对《基本原则》赞赏有加：“那些致力于为中等教育找到新方向的人将会在这份报告中发现指导性的原则，这些原则既不是激进理论家反传统的奇思妙想，也不是过了年纪的实践者因循守旧的教条……负责中等教育的任何教育者无论如何都无法忽视中等教育改造委员会的这份经过仔细考究的、出色的报告。”① 1920 年，俄亥俄州的一位中学教师称这份报告

① S. P. Duke, “Cardinal Principles of Secondary Education,” *Educational Administration and Supervision* IV, (Apr. 1919): 207, 209.

对中学原则做了"极好的阐释"。1921年，芝加哥师范学院的欧文甚至向中等教育部致辞说："中等教育改造委员会在中学招生方面走在前列。它坚持认为中学应该为所有适龄学生提供合适的指导，使其能够从中学比小学获益更多。这一理念将那种认为抽象的标准比学生的真实需求更重要的观点彻底抛弃了。"①

对大学来说，1918年报告的出台意味着之前致力于让公立中学为大学做准备的努力在某种程度上付诸东流，公立中学已经转向综合化，而非主要为大学服务。之后，一些大学，主要是哈佛、耶鲁、普林斯顿等传统精英大学便公开抛弃公立中学，重新转向了私立中学，尤其是私立寄宿制中学。事实上，在更早一些时候，当大学发现迅速崛起的公立中学中充斥着混乱、犯罪、道德败坏的基因，并且公立中学的学生"无法顺畅地阅读、正确地拼写、清晰地写作、恰切地描述自己国家的地理位置，无法做一些接受过良好教育的儿童能够轻易做成的事情"② 时，它们就已经开始寻求新的出路。

正文中提到，1872年因为普林斯顿大学招生人数下降而受到严重警告的麦考什校长，在1873年的全美教育协会上提出要建立一套由公共税款来维系的公立中学体系，为大学培养生源。事实上，在此次公开演讲之后不久，麦考什就争取到了约翰·格林（John C. Green）家族的捐赠，建立了劳伦斯维尔学校，专门为普林斯顿大学提供生源。

在普林斯顿大学之后，1891年德怀特校长也开始为耶鲁大学寻找新的、稳定的、优质的生源校。在听闻康涅狄格州索尔斯伯利地区

---

① William B, Owen, "Report of the Commission on Reorganization of Secondary Education" (National Education Association, Addresses and Proceedings of the Fifty-ninth Annual Meeting, held at Des Moines, Iowa, July 3-8, 1921), p. 163.

② See Richard Grant White, "The Public-School Failure," *North American Review* 131, No. 289 (Dec. 1880): 537-550; Michael B. Katz, "The Emergence of Bureaucracy in Urban Education: The Boston Case, 1850-1884: Part Ⅰ," *History of Education Quarterly* 8, No. 2 (Summer 1968): 155-188.

（Salisbury）富甲一方的军需用品生产商本杰明·霍奇科斯（Benjamin Hotchkiss）的遗孀玛利亚正在四处打听，想为过世的丈夫留下纪念善物时，德怀特校长即刻赶到莱克维尔（Lakeville），凭借着巧舌如簧的道德感召，成功说服玛利亚为耶鲁大学的预备学校买单。学校以捐赠者霍奇科斯的名字命名。1896 年，学校的 30 名学生中的 28 名都在为进入纽黑文的耶鲁大学做准备。①

除了以上两所私立预备学校和之前已经存在的埃克赛特文实学校、安多弗文实学校、圣保罗学校、圣马克学校之外，19 世纪末 20 世纪初的精英大学积极支持并参与建立的一批私立寄宿学校还有格罗顿学校（Groton School，1884）、塔夫特学校（the Taft School，1890）、乔特学校（the Choate School，1896）、圣乔治学校（St. George's School，1896）、米德尔赛克斯学校（the Middlesex School，1901）、迪尔菲尔德学校（Deerfield School，1903）及肯特学校（the Kent School，1906）等。这些学校专注于为精英大学培养优质生源，并且总能够从大学那里得到一些最新的动向和资讯。据统计，1909 年，普林斯顿大学 78%的学生来自私立中学，耶鲁大学一年级新生中私立中学毕业生的占比为 65%，哈佛大学的占比为 47%，而密歇根大学的占比只有 9%，威斯康星大学的占比只有 8%。②

1893 年，在《十人委员会报告》作为最后一份试图延长古典学科寿命的自由教育宣言出台并遭遇“腹背受敌之难”后，这些精英大学更积极地参与到私立预备学校的建设和维系中。到 1918 年《基本原则》出台后，这些大学更加“公然地抛弃”公立中学，转向私立中学。到 20 世纪 20 年代，虽然宣称公立中学和私立中学的学生在进入大学时机

---

① James McLachlan, *American Boarding Schools : A Historical Study* (New York: Charles Scribner's Sons, 1970), pp. 196-197.

② James McLachlan, *American Boarding Schools : A Historical Study* (New York: Charles Scribner's Sons, 1970), p. 206.

会均等，但事实上这些精英大学逐渐将品格考查作为大学入学的一项重要指标，将来自公立中学的那些“背景复杂、基因败坏、道德沦丧”的生源以某种隐蔽的方式排除在大学的大门之外。① 关于大学入学的机会均等和公平性问题继而成为20世纪20年代以后美国高等教育领域的重要议题之一。限于与本书的相关性，这里暂不详细讨论。以上所述意在说明，美国精英大学并未因为《基本原则》的出台就此失去优质生源，在试图依靠公立中学提供生源的计划失败之后，精英大学事实上重新转向更注重学术水平和品格养成的私立中学，继续坚守对低一级教育机构的高标准、严要求。而那些缺乏生源的一般性州立大学、赠地学院、师范学校及其他一些职业或技术学院则继续主要从公立中学招生。在这种层面上，美国高等教育内部其实出现了分野。

综上，美国公立中学与大学关系的变迁事实上对公立中学的影响更大。从19世纪70年代到1918年《基本原则》的发布，公立中学的课程、职能、身份定位不断明确，最终综合中学模式的确立表明公立中学已经具备现代美国中学的特质，开始同时提供公民教育、职业教育和大学预备教育，这是公立中学区别于以往所有中等教育机构的最大不同。更加重要的是公立中学最终在这场与大学的周旋和博弈中获

① See Daniel Golden, *The Price of Admission* (New York: Three Rivers Press, 2007); Dan A. Oren, *Joining the Club* (New Haven and London: Yale University Press, 1985); Marcia Graham Synnott, *The Half-Opened Door* (Westport, Connecticut: Greenwood Press, 1979); Harold S. Wechsler, *The Qualified Student* (New York: John Wiley & Sons, 1977); Ross Gregory Gouthat, *Privilege: Harvard and the Education of the Ruling Class* (New York: Hyperion, 2005); Peter Willis Cookson, *Private Secondary Boarding School and Public Suburban High School Graduation: An Analysis of College Attendance Plans* (New York University, 1981); David Karen, *Who Gets into Harvard? Selection and Exclusion at an Elite College* (Harvard University, 1985); 参见杰罗姆·卡拉贝尔《被选中的：哈佛、耶鲁和普林斯顿的入学标准秘史》，谢爱磊等译，中国人民大学出版社，2014；罗斯格·雷戈里·多赛特《特权：哈佛与统治阶层的教育》，珍栎译，生活·读书·新知三联书店，2014；西莫斯·可汗《特权：圣保罗中学精英教育的幕后》，蔡寒韫译，华东师范大学出版社，2016。

得了相对独立性。自此之后，中学可以自主地决定自己的目标、课程、定位，而无须再仰赖大学对它的界定。至此，美国中等教育机构的建制基本完成，综合中学作为美国公立中学的基本范式在全美推广开来，至今依旧是美国中等教育的主要类型。

与此同时，综合中学作为美国中等学校基本范式的确立，标志着一种“学生指向的、以生活为中心的、社会化导向的”① 中等教育作为培养大众化社会公民和工人的合理方式开始生根发芽，并且中学自认为这种方式是“进步主义的”②。这在很大程度上暗合了美国教育的整体转向，传统的古典精英教育开始向大众化教育转型，美国一直以来引以为傲的宗教性和古典传统在某种程度上被“抛弃”了，成了“腐朽的”“古老的”“传统的”“僵化的”代名词。自此，古典、博雅、绅士传统转而成为小众的、偏离主流价值观的信仰，而公民道德、秩序与纪律、工业知识、商业知识、职业知识和技能则成为公共教育的主流。之后，随着社会需求的不断变化，公立中学逐渐成为各种诉求和利益的角斗场。

---

① Edgar B. Wesley, *NEA : The First Hundred Years : The Building of the Teaching Profession*(New York: Harper & Brothers, 1957), p. 76.

② Lawrence A. Cremin, “The Revolution in American Secondary Education, 1893-1918,” *Teachers College Record* 56, No. 6(Mar. 1955): 295-308.

参考文献

一、中文文献

（一）著作

［1］鲍尔斯，金蒂斯．经济生活与教育改革［M］．王佩雄，等译．上海：上海教育出版社，1990.

［2］巴伯．科学与社会秩序［M］．顾昕，郏斌祥，赵雷进，等译．北京：生活·读书·新知三联书店，1992.

［3］巴纳德．组织与管理［M］．曾琳，赵菁，译．北京：中国人民大学出版社，2009.

［4］布鲁贝克．高等教育哲学［M］．王承绪，郑继伟，张雄平，等译．杭州：浙江教育出版社，2001.

［5］布尔斯廷．美国人：从殖民到民主的历程［M］．时殷弘，谢廷光，邱凯淇，等译．上海：上海译文出版社，2014.

［6］陈洪捷．观念、知识和高等教育［M］．合肥：时代出版传媒股份有限公司，安徽教育出版社，2012.

［7］多塞特．特权：哈佛与统治阶层的教育［M］．珍栎，译．北京：生活·读书·新知三联书店，2014.

［8］杜威．学校与社会·明日之学校［M］．赵祥麟，任钟印，吴志宏，译．北京：人民教育出版社，2005.

［9］顾明远. 教育大辞典（增订合编本）［M］. 上海：上海教育出版社，1997.

［10］何顺果. 美国历史十五讲［M］. 北京：北京大学出版社，2007.

［11］霍夫斯达特. 改革时代——美国的新崛起［M］. 俞敏洪，包凡一，译. 石家庄：河北人民出版社，1989.

［12］福格尔森. 下城：1880—1950 年间的兴衰［M］. 周尚意，志丞，吴莉萍，译. 上海：上海人民出版社，2010.

［13］克尔. 高等教育不能回避历史——21 世纪的问题［M］. 王承绪，译. 杭州：浙江教育出版社，2001.

［14］科班. 中世纪大学：发展与组织［M］. 周常明，王晓宇，译. 济南：山东教育出版社，2013.

［15］詹姆斯·科南特. 科南特教育论著选［M］. 陈友松，主译. 北京：人民教育出版社，1988.

［16］可汗. 特权：圣保罗中学精英教育的幕后［M］. 蔡寒韫，译. 上海华东师范大学出版社，2016.

［17］林克，卡顿. 一九〇〇年以来的美国史（上）［M］. 刘绪贻，王锦瑭，李世洞，等译. 北京：中国社会科学出版社，1983.

［18］罗宾斯. 组织行为学［M］. 孙健敏，李原，等译. 北京：中国人民大学出版社，1997.

［19］罗宾斯. 组织行为学精要［M］. 郑晓明，译. 北京：机械工业出版社，2000.

［20］卡拉贝尔. 被选中的：哈佛、耶鲁和普林斯顿的入学标准秘史［M］. 谢爱磊，周晟，柳琳，等译. 北京：中国人民大学出版社，2014.

［21］凯勒 M，凯勒 P. 哈佛走向现代：美国大学的崛起［M］. 史静寰，钟周，赵琳，译. 北京：清华大学出版社，2007.

[22] 卡拉汉. 教育与效率崇拜——公立学校管理的社会影响因素研究 [M]. 马焕灵，译. 北京：教育科学出版社，2011.

[23] 拉希. 精英的反叛 [M]. 李丹莉，刘爽，译. 北京：中信出版社，2010.

[24] 李工真. 现代大学之路 [M]. 北京：商务印书馆，2013.

[25] 刘祖云等. 组织社会学 [M]. 北京：中国审计出版社，中国社会出版社，2002.

[26] 米尔斯. 白领：美国的中产阶级 [M]. 周晓虹，译. 南京：南京大学出版社，2006.

[27] 欧文斯. 教育组织行为学 [M]. 上海：华东师范大学出版社，2001.

[28] 派纳. 理解课程：历史与当代课程话语研究导论 [M]. 张华，译. 北京：教育科学出版社，2003.

[29] 丘达柯夫. 美国城市社会的演变（第7版） [M]. 熊茜超，郭旻天，译. 上海：上海社会科学院出版社，2016.

[30] 塞林. 美国高等教育史 [M]. 孙益，林伟，刘冬青，译. 北京：北京大学出版社，2014.

[31] 斯普林. 美国学校：教育传统与变革 [M]. 史静寰，姚运标，张宏，等译. 北京：人民教育出版社，2010.

[32] 斯沃茨. 文化与权力：布尔迪厄的社会学 [M]. 陶东风，译. 上海：上海译文出版社，2006.

[33] 坦纳 D，坦纳 L. 学校课程史 [M]. 崔允漷，等译. 北京：教育科学出版社，2006.

[34] 唐滢. 美国高校招生考试制度研究 [M]. 武汉：华中师范大学出版社，2007.

[35] 滕大春. 美国教育史（第二版） [M]. 北京：人民教育出版社，2001.

［36］韦伯．经济与社会（第一卷）［M］．阎克文，译．上海：上海人民出版社，2010．

［37］韦伯．经济与社会（第二卷）上册［M］．阎克文，译．上海：上海人民出版社，2010．

［38］维赛．美国现代大学的崛起［M］．栾鸾，译．北京：北京大学出版社，2015．

［39］沃特拉斯．20世纪美国教育中的哲学冲突［M］．王璞，於荣，译．合肥：安徽教育出版社，2011．

［40］里德-西蒙斯．欧洲大学史　第一卷　中世纪大学［M］．张斌贤，程玉红，和震，等译．保定：河北大学出版社，2008．

［41］周玲．大学组织冲突研究——角色、权力与文化的视角［M］．北京：中国社会科学出版社，2007．

（二）期刊、学位论文

［1］陈艳．美国SAT考试历史变迁研究［D］．南京：南京师范大学，2011．

［2］陈新忠．高等教育分流对社会分层流动的影响研究［D］．武汉：华中师范大学，2010．

［3］范婕．《十人委员会报告》：美国公立中学统一课程的努力［D］．北京：北京师范大学，2016．

［4］郭志明．从美国"高考"看高中与大学的衔接［J］．外国中小学教育，2015（8）：11-16．

［5］李娟，谢君婷．美国大学招生制度改革的历史变迁——中等教育与高等教育衔接的视角［J］．外国教育研究，2015（7）：30-44．

［6］吕晓炜．美国大学先行计划（AP计划）研究［D］．石家庄：河北大学，2007．

［7］孙杨．移植、冲突与融合：从英国中等教育传统到美国中学起源［D］．北京：北京师范大学，2006．

[8] 杨捷. 中学与大学关系的重构——美国“八年研究”初探[D]. 上海：华东师范大学，2006.

[9] 王海东，张咏梅. 美国大学入学考试（SAT）的发展历程及其对我国高考改革之启示 [J]. 湖北招生考试，2007（8）：60-63.

[10] 王伟宜. 美国大学招生录取二十年变迁研究 [J]. 比较教育研究，2010（3）：84-88.

[11] 吴婵. 专门化与统一化：美国综合中学计划的形成研究（1908—1922）[D]. 北京：北京师范大学，2014.

[12] 吴敏. 美国进阶先修课程项目研究 [D]. 上海：华东师范大学，2008.

[13] 张必春. 高等教育扩招与阶层间的封闭性研究 [D]. 武汉：华中师范大学，2009.

[14] 张奂奂. 美国高中—大学课程衔接中的双学分课程探析[D]. 北京：首都师范大学，2011.

[15] 郑灵臆. 美国 ACT 研究 [D]. 南昌：南昌大学，2012.

[16] 周世厚. 美国中等教育与高等教育衔接的多维解析 [J]. 外国教育研究，2015（7）：14-29.

二、英文文献

（一）著作

[1] ANGELL J B. The reminiscences of James Burrill Angell[M]. New York：Longmans，Green，and Co. ，1912.

[2] ALTENBAUGH R J. Historical dictionary of American education [M]. Westport，Conn：Greenwood Press，1999.

[3] ANDREW R. Famous lines：a Columbia dictionary of familiar quotations[M]. New York：Columbia University Press，1965.

[4] ARMSTRONG D G, SAVAGE T V. Secondary education[M]. New York: Macmillan Publishing Co., Inc., 1983.

[5] ANGUS D L, MIREL J E. The failed promise of the American high school, 1890-1995[M]. New York: Teachers College Press, 1999.

[6] AYERS W, QUINN T, STOVALL D. Handbook of social justice in education[M]. New York: Routledge 270 Madison, 2009.

[7] BERNARD B. Education in the forming of American society: needs and opportunities for study[M]. Chapel Hill: University of North Carolina Press, for the Institute of Early American History and Culture, 1960.

[8] BAIRD L L. The elite schools: a profile of prestigious independent schools[M]. Lexington, Ma.: Lexington Books, 1977.

[9] BALTZELL E D. Philadelphia gentlemen: the making of a national upper class[M]. New York: The Free Press, 1958;

[10] BALTZELL E D. Puritan Boston and quaker Philadelphia: two protestant ethnics and the spirit of class authority and leadership[M]. New York: The Free Press, 1979.

[11] BALTZELL E D. The protestant establishment: aristocracy & caste in America[M]. New York: Random House, 1964.

[12] BARNARD C I. The functions of the executive[M]. Cambridge, MA.: Harvard University Press, 1938.

[13] BARNARD C I. Dilemmas of leadership in the democratic process[M]. Princeton, NJ: Princeton University, 1939.

[14] BARNARD C I. Organization and management: selected papers [M]. Cambridge, MA: Harvard University Press, 1948.

[15] BLEDSTEIN B J. The culture of professionalism: the middle class and the development of higher education in America[M]. New York:

Norton,1976.

[16] BOYD D. Elites and their education:the educational and social background of eight elite groups[M]. New York:Humanities Press,1973.

[17] BRIDENBAUGH C. The colonial craftsman[M]. New York:Dover Publications,Inc. ,1950.

[18] BRINSLEY J. A consolation for our grammar schools[M]. New York:Scholars' Facsimiles & Reprints,1943.

[19] BROOME E C. A historical and critical discussion of college admission requirements[M]. New York:Columbia University,1902.

[20] BROWN E E. The making of our middle schools[M]. New York,London and Bombay:Longmans,Green,and Co. ,1902.

[21] BRUBACHER J S. A history of the problems of education [M]. New York:McGraw-Hill Company,1947.

[22] BRUBACHER J S,RUDY W. Higher education in transition:a history of American colleges and universities[M]. New Brunswick:Transaction Publishers,1997.

[23] Bureau of the Census and Social Service Research Council. Historical statistics of the United States,1789-1945:a supplement to the statistical abstract of the United States[M]. Washington,D. C. :U. S. Department of Commerce,1949.

[24] BUNKER F F. Reorganization of the public school system [M]. Washington,D. C. :United States Bureau of Educational Bulletin Number 8,1916.

[25] BUTLER M N. Across the busy years:recollections and reflections [M]. Vol. I. New York:Charles Scribners Sons,1939-1940.

[26] BUTTS R F. Public education in the United States:from revolution to reform[M]. New York:Holt,Rinehart and Winston,1978.

[27] BUTTON H W, PROVENZO E F, Jr. History of education and culture in America[M]. New Jersey: Prentice-Hall, Inc. , Englewood Cliffs, 1983.

[28] BUTTS R F, CREMIN L A. A history of education in American culture[M]. New York: Henry Holt and Company, 1964.

[29] CAPPON L J. The Adams-Jefferson letters[M]. Chapel Hill, N. C. : University of North Carolina Press, 1959.

[30] CHEYNEY E P. History of university of Own Sylvania, 1740-1940[M]. Philadelphia: University of Pennsylvania, 1940.

[31] COLEMAN J S, HOFFER T. Public and private high schools [M]. New York: Basic Books, 1987.

[32] COLEMAN J S, HOFFER T, KILGORE S. High school achievement: public, catholic, and private schools compared [M]. New York: Basic Books, 1982.

[33] COOKSON P W, PERSELI C H. Preparing for power: Americas elite boarding schools[M]. New York: Basic Books, 1985.

[34] COHEN A M. The shaping of American higher education: emergence and growth of the contemporary system[M]. San Francisco: Jossey-Bass Publishers, 1998.

[35] CORSON D. Education for work: background to policy and curriculum[M]. New Zealand: The Dunmore Press, 1988.

[36] COUNTS G S. The selective character of American secondary education[M]. Chicago: University of Chicago Press, 1922.

[37] CREMIN L A. Horace Mann on the education of free men [M]. New York: Teachers College of Columbia University, 1959.

[38] CREMIN L A. The transformation of the school: progressivism in American education(1876-1957) [M]. New York: Alfred A. Knopf, Inc.

& Random House, Inc. 1961.

[39] CREMIN L A. The wonderful world of Ellwood Patterson Cubberley: an essay on the historiography of American education[M]. New York: Bureau of Publications, Teachers College, Columbia University, 1965.

[40] CROSBIE L M. The Phillips Exeter Academy: a history[M]. Norwood, MA: Plimpton, 1923.

[41] CROSBIE L M. Casualties of privilege: essays on prep schools' hidden culture[M]. Washington, D. C.: Avocus, 1991.

[42] CROSBIE L M. Healthy choices, healthy schools: the residential curriculum[M]. Washington, D. C.: Avocus, 1992.

[43] CUBBERLEY E P. Changing conceptions of education[M]. Boston, New York and Chicago: Houghton Mifflin Company, 1909.

[44] CUBBERLEY E P. Readings in the history of education[M]. Boston: Houghton Mifflin Company, 1920.

[45] CUBBERLEY E P. Public education in the United States: a study and interpretation of American educational history[M]. New York: Houghton Mifflin Co., 1934.

[46] CUBBERLEY E P. An introduction of the study of education [M]. Boston, New York and Chicago: Houghton Mifflin Company, 1925.

[47] CURTI M, CARSTENSEN V. The University of Wisconsin: a history, 1848-1925[M]. Vol. 1. Madison: University of Wisconsin Press, 1949.

[48] DANIEL C. The educating of Americans: a documentary history [M]. Boston: Houghton Mifflin, 1969.

[49] DEAN A D. Industrial education considered in its relation to the high school problem[M]. New York: C. W. Bardeen Publisher, 1910.

[50] DEVUNS N E. Public values, private schools[M]. New York: Falmer, 1989.

[51] DEWEY J S. The compiled laws of the state of Michigan: compiled and arranged under an act of the legislature[M]. Lansing, Mich. : W. S. George & Co. , State Printers and Binders, 1872.

[52] DEWEY J. The school and society[M]. Chicago: The University of Chicago press, 1900.

[53] DOMHOFF W G. Who rules America? [M]. Englewood Cliffs, N. J. : Prentice-Hall, 1967.

[54] DOUGLASS P. Six upon the world: toward an American culture for an industrial age[M]. Boston: Little, Brown, 1954.

[55] DOUTHAT R G. Privilege: Harvard and the education of the ruling class[M]. New York: Hyperion, 2005.

[56] ESWARDS N, RICHEY H G. The school in the American social order[M]. Boston: Houghton Mifflin Company, 1963.

[57] ELIOT C W. Changes needed in American secondary education [M]. New York: General Education Board, 1916.

[58] ELIOT C W. Education for efficiency, and the new definition of the cultivated man[M]. Boston: Houghton Mifflin Company, 1909.

[59] ELIOT C W. Educational reform: essays and addresses[M]. New York: The Century co Collection cdl: 200. University, Columbia University, 1903.

[60] EPSTEIN C F. Women in law[M]. New York: Anchor Press/ Doubleday, 1983.

[61] FARRELL B. Elite families: class and power in nineteenth-century Boston[M]. Albany: State University of New York Press, 1993.

[62] FITHIAN P V. Journal and letters of Philip Vickers Fithian: a

plantation tutor of the Old Dominion, 1773-1774[M]. Williamsburg, Va. :Colonial Williamsburg, Inc. ,1943.

[63] FLATHMANN J H, Jr. The general education function of the curriculum for democracy citizenship[M]. New Brunswick: The State University of New Jersey, 1987.

[64] FONER E. Reconstruction: America's unfinished revolution, 1863-1877[M]. New York: Harper & Row, 1988.

[65] FORMISANO R P. The transformation of political culture: Massachusetts parties, 1790-1840s[M]. New York: Oxford University Press, 1983.

[66] FRENCH W M. American secondary school[M]. New York: The Odyssey Press, 1957.

[67] FUESS C M. An old New England school: a history of Phillips Academy Andover[M]. New York: Houghton Mifflin Company, 1917.

[68] FUESS C M. The college board: its first fifty years[M]. New York: Columbia University Press, 1950.

[69] GARRATY J A. The American nation since 1865: a history of the Unites States[M]. New York: Harper and Row, 1966.

[70] GEIGER R L. Curriculum, accreditation, and coming of age of higher education: perspectives on the history of higher education[M]. New Jersey: Transaction Publishers, 2008.

[71] GEIGER R L. To advance knowledge: the growth of American research universities, 1900-1940[M]. New York: Oxford University Press, 1986.

[72] GOLDEN D. The price of admission: how America's ruling class buys its way into elite college and who gets left outside the gates[M]. New York: Crown Publishers, 2006.

[73] GRACE G. Education and the city: theory, history and contemporary practice[M]. London:Routledge &Kegan Paul,1984.

[74] GREEMWOOD A. An introduction to the unitarian and universalist traditions[M]. Cambridge:Cambridge University Press,2011.

[75] GRIZZELL E D. Origin and development of the high school in New England before 1865[M]. New York:Macmillan Company,1923.

[76] HALL P D. The organization of American culture,1700-1900: private institutions,elites,and the origins of American nationality[M]. New York:New York University Press,1984.

[77] HALL G S. Adolescence[M]. New York: D. Appleton and company,1904.

[78] HARDEN E L. A study to determine the nature and relative importance of information used in Michigan college agreement high schools in recommending students planning to attend college[M]. Detroit: Wayne University,1952.

[79] HASKELL T L. The emergence of professional social science [M]. Urbana:University of Illinois Press,1977.

[80] HAVEMANN E, WEST P S. Why they went to college? [M]. New York:McGraw-Hill,1952.

[81] HAWKINS H. Between Harvard and America:the educational leadership of Charles W. Eliot[M]. New York:Oxford University Press, 1972.

[82] HENDERSON J L. Admission to college by certificate[M]. New York:Teachers College,1912.

[83] HENRY M E. School cultures:universes of meaning in private schools[M]. Norwood,New Jersey:Ablex,1993.

[84] HERBST J. The once and future school: three hundred and

fifty years of American secondary education[M]. New York:Routledge, 1996.

[85] HILLESHEIM J W, MERRILL G D. Theory and practice in the history of American education:a book of readings[M]. Washington, D. C. :University Press of America, Inc. 1980.

[86] HOFTSTADTER R, METAGER W. The development of Academic freedom in the United States [M]. New York: Columbia University Press, 1955.

[87] HOLLINSHEAD B S. Who should go to college[M]. New York: Columbia University Press, 1952.

[88] INGLIS A J. The rise of the high school in Massachusetts[M]. New York: Teachers College, 1911.

[89] PAULINE H. A tercentenary history of the Boston public Latin Grammar School[M]. Cambridge: Harvard University Press, 1935.

[90] JOHANEK M C. A faithful mirror: reflections on the college board and education in America[M]. New York: College Entrance Examination Board. 2001.

[91] JONES E L, SMITH M R. Student personnel work as deeper teaching[M]. New York: Harper and Brothers, 1954.

[92] KAESTLE C F. Pillars of the republic[M]. New York: Hill and Wang, 1983.

[93] KANDEL I L. History of secondary education: a study in the development of liberal education[M]. Boston: Houghton Mifflin Company, 1930.

[94] KANE P R. Independent schools, independent thinkers[M]. San Francisco: Jossey-Bass, 1992.

[95] KARABEL J. The Chosen: the hidden history of admission and

exclusion at Harvard, Yale and Princeton[M]. Boston: Houghton Mifflin Company, 2005.

[96] KATZ M B. Class, bureaucracy, and schools: the illusion of educational change in America[M]. New York: Praeger, 1971.

[97] KATZ M B. The irony of early school reform: educational innovation in mid-nineteenth century Massachusetts[M]. Cambridge, Mass: Harvard University Press, 1968.

[98] KINGSLEY C D. College entrance requirements[M]. Washington, D. C.: Government Printing Office, 1913.

[99] KINGSTON P W, LEWIS L S. The high-status track: studies of elite schools and stratification[M]. New York: State University of New York Press, 1990.

[100] KLIEBARD H M. Changing course: American curriculum reform in the 20th Century[M]. New York: Teachers College Press, 2002.

[101] KLIEBARD H M. The struggle for the American curriculum, 1893-1958[M]. New York and London: Routledge Falmer, 2004.

[102] KNIGHT E W, HALL C L. Readings in American educational history[M]. New York: Appleton-Century-Crofts, 1951.

[103] KRAUS M. The Atlantic civilization: eighteenth century origins [M]. Ithaca, N. Y.: Cornell University Press for American Historical Association, 1949.

[104] KRAUSHAAR O F. American non-public schools: patterns of diversity[M]. Baltimore: Johns Hoskins University Press, 1972.

[105] KRUG E A. The shaping of the American high school, 1880-1920[M]. Madison, WI: University of Wisconsin Press, 1969.

[106] KRUG E A. The shaping of the American high school, 1920-

1941[M]. Madison, WI: University of Wisconsin Press, 1972.

[107] LABAREE D F. The making of American high school: the credentials market and the central high school of Philadelphia[M]. New Haven: Yale University Press, 1988.

[108] LABAREE L W. The papers of Benjamin Franklin[M]. New Haven: Yale University Press, 1961.

[109] LASCH C. The revolt of the elite: and the betrayal of democracy [M]. New York: W. W. Norton & Company, 1995.

[110] LEAKE A H. Industrial education: its problems, methods, and dangers[M]. Boston: Houghton Mifflin Company, 1913.

[111] LEE E B. Memoirs of Rev. Joseph Buckminster, D. D. , and of his son, Rev. Joseph Stevens Buckminster[M]. Boston: Wm. Crosby and H. P. Nichols, 1848.

[112] LEMANN N. The big test: The secret history of the American meritocracy[M]. New York: Farrar, Straus and Giroux, 1999.

[113] LEVINE D O. The American college and the culture of aspiration, 1915-1940[M]. Ithaca and London: Cornell University Press, 1986.

[114] LEVY A. Elite education and the private school: excellence and arrogance at Phillips Exeter Academy[M]. Lewiston, NY: Mellen, 1990.

[115] LINK A S. American Epoch—A history of the United States since the 1890's[M]. New York: Alfred A. Knopf, 1958.

[116] MCAFFEE W M. Religion, race, and reconstruction: the public school in the politics of the 1870s[M]. Albany, NY: State University of New York Press, 1998.

[117] MCLACHLAN H. English education under the test acts: being the history of non-conformist academies, 1662-1800 [M]. Manchester,

UK: Manchester University Press, 1931.

[118] MCLACHLAN J. American boarding schools: a historical study[M]. New York: Charles Scribner's Sons, 1970.

[119] MEHL B. Classic education ideas from Sumeria to America[M]. Columbus, Ohio: Merrill Publishing Company, 1972.

[120] MIDDLEKAUFF R. Ancients and axioms: secondary education in eighteenth-century New England[M]. New Haven, Yale University Press, 1963.

[121] MILLS C W. The power elite[M]. New York: Oxford University Press, 1959.

[122] MILLS C W. White collar: the American middle classes[M]. New York: Oxford University Press, 1951.

[123] MILTON J. Of education: to master Samuel Hartlib[M]. London: Thomas Underhill, 1644.

[124] Minnesota Commission on Higher Education. Higher education in Minnesota[M]. Minneapolis: University of Minnesota Press, 1950.

[125] MORISON S E. The intellectual life of colonial New England [M]. 2nd ed. New York: New York University Press, 1956.

[126] NASAW D. Schooled to order: a social history of public schooling in the United States[M]. New York: Oxford University Press, 1979.

[127] National Center for Education Statistics. 120 years of American education: a statistical portrait[M]. Washington, D. C.: U. S. Educational Research and Improvement, 1993.

[128] NEAVE G R. How they fared: the impact of the comprehensive school upon the university[M]. London: Routledge &Kegan Paul, 1975.

[129] OAKES J. Keeping track: how schools structure inequality

[M]. New Haven,CT:Yale University Press,1985.

[130] OLESON A,VOSS J. The organization of knowledge in modern America,1860-1920[M]. Baltimore:The Jon Hopkins University Press,1979.

[131] OREN D A. Joining the club[M]. New Haven and London:Yale University Press,1985.

[132] PARKIN F. Marxism and class theory:a bourgeois critique [M]. New York:Columbia University,1979.

[133] PARSONS T. The structure of social action[M]. New York:McGraw-Hill,1937.

[134] PARSONS T,SHILS E. Toward a general theory of action [M]. Cambridge,Mass. :Harvard University Press,1951.

[135] PARSONS T,BALES R F,SHILS E A. Working papers in the theory of action[M]. New York:The Free Press,1953.

[136] PARSONS T. Politics and social structure[M]. New York:Free Press,1969.

[137] PARSONS T,PLATT G M. The American university[M]. Cambridge:Harvard University Press,1973.

[138] PEDERSEN O, NORTH R. The first universities:studium generale and the origins of university education in Europe[M]. Cambridge:Cambridge University Press,1997.

[139] PERRY A C. The high school as a social centre[M]. New York:Charles Scribner's Sons,1914.

[140] PERSELI C H. Education and inequality:the roots and results of stratification in America's schools[M]. New York:Free Press,1977.

[141] PESHKIN A. Permissible advantage? the moral consequences of elite schooling[M]. Mahwah,NJ:Lawrence Erlbaum,2001.

[142] POWELL A G. Lessons from privilege: the American prep school tradition[M]. Cambridge, MA: Harvard University Press, 1996.

[143] PRESCOTT P S. A world of our own[M]. New York: Coward-McCann, 1970.

[144] RAVITCH D. The revisionists revised: a critique of the radical attack on the schools[M]. New York: Basic Books, 1978.

[145] RAVITCH D. Left Back: a century of failed school reform [M]. New York: Simon & Schuster, 2000.

[146] ROBBINS S P. Organizational behavior: concepts, controversies, applications[M]. Upper Saddle, NJ: Prentice Hall Press, 1996.

[147] REESE W J. History, education, and the schools[M]. New York: Palgrave MacMillan, 2007.

[148] REESE W J, RURY J L. Rethinking the history of American education[M]. New York: Palgrave Macmillan, 2008.

[149] REESW W J. The origins of the American high school[M]. New Haven: Yale University Press, 1995.

[150] RUDOLPH F. Curriculum: a history of the American undergraduate course of study since 1636[M]. San Francisco: Jossey-Bass, 1977.

[151] RUDOLPH F. The American college and university: a history [M]. New York: Knopf, Inc. , 1962.

[152] RURY J L. Education and social change: contours in the history of American schooling[M]. 3rd ed. New York: Routledge 270 Madison Ave, 2009.

[153] SALTONSTALL W G. Lewis Perry of Exeter[M]. New York: Athenum, 1980.

[154] SCOTT W G. Chester I. Barnard and the guardians of the

management state[M]. Lawrence: University Press of Kansas, 1992.

[155] SELLERS C. The market revolution: Jacksonian America, 1815-1846[M]. New York: Oxford University Press, 1991.

[156] SHARP R, GREEN A. Education and social control: a study in progressive primary education[M]. London: Routledse & Keean Paul, 1975.

[157] SIMON B. Studies in the history of education, 1780-1870 [M]. London: Lawrence & Wishart, 1960.

[158] SIZER T R. Secondary schools at the turn of the century[M]. New Haven: Yale University Press, 1964.

[159] SIZER T R. The age of the academies[M]. New York: Teachers College of Columbia University, 1964.

[160] SMALLWOOD M L. A history of study of examinations and grading systems in early American universities[M]. Cambridge: Harvard University Press, 1935.

[161] SMITH H K. The history of the Lowell Institute[M]. New York: Lamson, Wolffe and Company, 1898.

[162] SMITH J W A. The birth of modern education: the contribution of the dissenting academies, 1660-1800 [M]. London: Independent Press Ltd. , 1954.

[163] SOROKIN P A. Social and cultural mobility[M]. New York: The Free Press, 1959.

[164] SPRING J H. Education and the rise of the corporate state [M]. Boston: Beacon Press, 1972.

[165] SPRING J H. The American school: 1642-2004 [M]. New York: McGraw-Hill Companies, 2004.

[166] STEINBERG S. The ethnic myth: race, ethnicity, and class in

America[M]. Boston:Beacon Press,1978.

[167] STEVENS M. Creating a class: college admission and the education of elites [M]. Cambridge, MA: Harvard University Press, 2009.

[168] STORR R. The beginnings of graduate education in America [M]. Chicago:University of Chicago Press,1953.

[169] STORY R. The forging of an aristocracy: Harvard and the Boston upper class,1800-1870[M]. Middletown,Conn. :Wesleyan University Press,1980.

[170] STRAYER G D,THORNDIKE E L. Educational administration: quantitative studies[M]. New York:The Macmillan Company,1913.

[171] SYNNOTT M G. The half-opened door: discrimination and admissions at Harvard,Yale,and Princeton,1900-1970[M]. Westport, CT:Geenwood Press,1979.

[172] TANNER D, TANNER L. Curriculum development: theory into practice[M]. New York:Macmillan Publishing Co. ,Inc. 1980.

[173] TANNER D,TANNER L. History of the school curriculum [M]. New York:Macmillan Publishing Co. ,Inc. 1990.

[174] TAYLOR J W. A manual of Ohio school system: consisting of an historical view of its progress, and a republication of the school laws in force[M]. Cincinnati:H. W. Derby & Co. ,1857.

[175] The Century Committee. One hundred years of the English high school of Boston[M]. Boston: The Century Committee of the English High School Association,1924.

[176] TOOR R. Admissions confidential:an insider's account of the elite college selection process[M]. New York:St. Martin's Press,2001.

[177] TRAXLER A E,TOWNSEND A. Improving transition from

school to college: how can school and college best cooperate? [M]. New York: Harper and Brothers, 1953.

[178] TYACK D B. Turning points in American educational history [M]. Waltham: Blaisdell Publishing Company, 1967.

[179] TYACK D B, HANSOT E. Managers of virtue: public school leadership in American, 1820-1980[M]. New York: Basic Books, 1982.

[180] TYACK D B, THOMAS J, AARON B. Law and the shaping of public education, 1785-1954 [M]. Madison, WI: The University of Wisconsin Press, 1987.

[181] VANOVERBEKE M A. Climbing the ladder: the evolving relationship between secondary and higher education and the standardization of American schooling, 1870-1910[M]. Madison: University of Wisconsin-Madison, 2005.

[182] VALENTINE J. The college board and the school curriculum [M]. New York: College Entrance Examination Board, 1987.

[183] VEYSEY L R. Emergence of the American university[M]. Chicago: University of Chicago Press, 1965.

[184] WALTH T. Parish school: American catholic parochial education from colonial times to the present[M]. New York: Crossrod Publishing Company, 1996.

[185] WARNER L, LUNT P S. The social life of a modern community [M]. New Haven: Yale University Press, 1941.

[186] WECHSLER H. The qualified student: a history of selective college admission in America[M]. New York: John Wiley & Sons, 1977.

[187] WERTENBAKER T J. Princeton, 1746-1896[M]. Princeton, NJ: Princeton University Press, 1973.

[188] WESLEY E B. NEA: The first hundred years, the building of

the teaching profession[M]. New York：Harper，1957.

[189] WIEBE R. The search for order，1877-1920[M]. New York：Hill and Wang，1966.

[190] WILLIAMS M R. The story of Phillips Exeter[M]. NH：Phillips Exeter Academy，1957.

[191] WOLD W B. Conversations with Chester I. Barnard[M]. Ithaca：New York State School of Industrial and Labor Relations，1973.

[192] WOLF W B. The basic barnard：an introduction to Chester I. Barnard and his theories of organization and management[M]. Ithaca：New York State School of Industrial and Labor Relations，1974.

[193] WOLF W B，LINO H. Philosophy for managers：selected papers of Chester I. Barnard[M]. Tokyo，Japan：Bunshindo Publishing Company，LTD. 1986.

[194] WRAGA W G. Democracy's high school：the comprehensive high school and educational reform in the United States[M]. Lanham：University Press of America，1994.

（二）论文集、会议录、报告

[1] American Institute of Instruction. Sixty-second annual meeting of the American institute of instruction，lectures，discussions，and proceedings，Bethlehem，N. H.，July 6-9，1891[C]. Boston：American Institute of Instruction，1891.

[2] Association of College and Preparatory Schools of the Southern States. Proceedings of the eighth annual meeting[C]. Chicago：University of Chicago Press，1902.

[3] National Educational Association. Proceedings and lectures of the national teachers' association，the national association of school superintendents and the American normal school association，at their

annual meetings, August, 1866 [C]. Albany: Office of the New York Teacher, 1867.

[4] National Educational Association. The addressed and journal of proceedings of the national educational association, session of the year 1873, at Elmira, New York [C]. Peoria, Illinois: N. C. Nason, Printer, Adams Street, Corner Harrison, 1873.

[5] National Educational Association. The addressed and journal of proceedings of the national educational association, session of the year 1874, at Detroit, Michigan[C]. Worcester, Mass. : Printed by Chaarkes Hamilton, Palladiun Office, 1874.

[6] National Educational Association. The addressed and journal of proceedings of the national educational association, session of the year 1880, at Chautauqua, New York[C]. Salem, Ohio: Printing by Allan K. Tatem, 1880.

[7] National Educational Association. Journal of proceedings and addresses of the national educational association, session of the year 1886, at Topeka, Kansas[C]. Salem: Observer Book and Job Print, 1887.

[8] National Educational Association. Journal of proceedings and addresses of the national educational association, session of the year 1890, at Saint Paul, Minnesota[C]. Topeka, Kansas Publishing House: Clifford C. Baker, 1890.

[9] National Educational Association. Journal of proceedings and addresses, session of the year 1892, at Saratoga Springs, New York[C]. New York: Published by the Association, 1893.

[10] National Educational Association. Journal of proceedings and addresses, session of the year 1894, at Asbury Park, New Jersey[C]. St. Paul: Published by the Association, 1895.

[11] National Educational Association. Journal of proceedings and addresses, session of the year 1895, at Denver, Colorado[C]. St. Paul: Published by the Association, 1895.

[12] National Educational Association. Journal of proceedings and addresses of the thirty-sixth annual meeting, at Milwaukee, WIS., July 6-9, 1897[C]. Chicago: The University of Chicago Press, 1897.

[13] National Educational Association. Journal of proceedings and addresses of the thirty eighth annual meeting, at Los Angeles, California, July 11-14, 1899[C]. Chicago: The University of Chicago Press, 1899.

[14] National Educational Association. Journal of proceedings and addresses of the forty-fourth annual meeting, at Asbury Park and Ocean Grove, New Jersey, July 3-7, 1905[C]. Winona, Minn: Secretary's Office, 1905.

[15] National Educational Association. Journal of proceedings and addresses of the forty-fifth annual meeting, at Los Angeles, California, July 8-12, 1907[C]. Chicago: The University of Chicago Press, 1907.

[16] National Educational Association. Journal of proceedings and addresses of the forty-sixth annual meeting, at Cleveland, California, June 29-July 3, 1908[C]. Chicago: The University of Chicago Press, 1908.

[17] National Educational Association. Journal of proceedings and addresses of the forty-seventh annual meeting, at Denver, Colorado, July 3-9, 1909[C]. Winona, Minn: Secretary's Office, 1910.

[18] National Educational Association. Journal of proceedings and addresses of the forty-eighth annual meeting, at Boston, Massachusetts, July 2-8, 1910[C]. Winona, Minn: Secretary's Office, 1910.

[19] National Educational Association. Journal of proceedings and

addresses of the forty-ninth annual meeting, at San Francisco, California, July 8-14, 1911[C]. Winona, Minn: Secretary's Office, 1911.

[20] National Educational Association. Journal of proceedings and addresses of the fiftieth annual meeting, at Chicago, Illinois, July 6-12, 1912[C]. Ann Arbor, Mich: Secretary's Office, 1912.

[21] National Educational Association. Journal of proceedings and addresses of the fifty-second annual meeting, at St. Paul, Minnesota, July 4-11, 1914[C]. Ann Arbor, Mich: Secretary's Office, 1914.

[22] National Educational Association. Addresses and proceedings of the fifty-ninth annual meeting, at Des Moines, Iowa, July 3-8, 1921 [C]. Washington, D. C. : Secretary's Office, 1921.

[23]New England Association of College and Preparatory Schools. Addresses and proceedings of the fourth annual meeting, held at Boston, October 11-12, 1889[C]. Syracuse, NY: Reprinted from The Academy, 1889.

[24] Bureau of Education. Cardinal principles of secondary education—a report of the commission on the reorganization of secondary education, appointed by the national education association, United States bureau of education bulletin, 1918, No. 35 [R]. Washington, D. C. : Government Printing Office, 1918.

[25] Bureau of Education, Commissioner of Education. Report of the commissioner of education for the year 1872[R]. Washington, D. C. : Government Printing Office, 1873.

[26] Bureau of Education, Commissioner of Education. Report of the commissioner of education for the year 1873[R]. Washington, D. C. : Government Printing Office, 1874.

[27] Bureau of Education, Commissioner of Education. Report of

the commissioner of education for the year 1876[R]. Washington, D. C.: Government Printing Office, 1877.

[28] Bureau of Education, Commissioner of Education. Report of the commissioner of education for the year 1878[R]. Washington, D. C.: Government Printing Office, 1879.

[29] Bureau of Education, Commissioner of Education. Report of the commissioner of education for the year 1894-1895[R]. Washington, D. C.: Government Printing Office, 1896.

[30] Commission on National Aid to Vocational Education. Report of the commission on national aid to vocational education[R]. Washington, D. C.: Government Printing Office, 1914.

[31] Commission on the Reorganization of Secondary Education. Preliminary statements by chairmen of committees of the commission of the national education association on the reorganization of secondary education [R]. Washington, D. C.: Government Printing Office, 1913.

[32] Commission of College in New England on Admission Examinations. Second annual report, 1887-1888[R]. Providence: Snow & Farham, Printers, 1888.

[33] Commission of College in New England on Admission Examinations. Ninth annual report, 1894-1895[R]. Providence: Snow & Farham, Printers, 1895.

[34] Commission of College in New England on Admission Examinations. Fifteenth annual report, 1900-1901[R]. Providence: Snow & Farham, Printers, 1901.

[35] Harvard College. Annual report of the president and treasurer of Harvard College, 1871-1872[R]. Cambridge: University Press, 1873.

[36] Harvard College. Annual report of the president and treasurer of

Harvard College, 1872-1873[R]. Cambridge: University Press, 1874.

[37] Harvard College. Annual report of the president and treasurer of Harvard College, 1873-1874[R]. Cambridge: University Press, 1875.

[38] Harvard College. Annual report of the president and treasurer of Harvard College, 1874-1875[R]. Cambridge: University Press, 1876.

[39] Harvard College. Annual report of the president and treasurer of Harvard College, 1884-1885[R]. Cambridge: University Press, 1886.

[40] Harvard College. Annual report of the president and treasurer of Harvard College, 1886-1887[R]. Cambridge: University Press, 1888.

[41] Harvard College. Annual report of the president and treasurer of Harvard College, 1897-1898[R]. Cambridge: University Press, 1899.

[42]National Educational Association. Report of the committee of ten on secondary school studies with the reports of the conferences arranged by the committee[R]. New York, Cincinnati, Chicago: The American Book Company, 1894.

[43] Thirty-fourth annual report of the superintendent of public instruction of the state of Michigan with accompanying documents for the year 1870[R]. Lansing: W. S. George & CO. , State Printers and Binders, 1871.

[44] Thirty-fifth annual report of the superintendent of public instruction of the state of Michigan with accompanying documents for the year 1871[R]. Lansing: W. S. George & Co. , 1872.

[45] Thirty-seventh annual report of the superintendent of public instruction of the state of Michigan with accompanying documents for the year 1873[R]. Lansing: W. S. George & CO. , State Printers and Binders, 1874.

[46] Forth-fourth annual report of the superintendent of public

instruction of the state of Michigan with accompanying documents for the year 1880[R]. Lansing: W. S. George & CO. , State Printers and Binders, 1881.

[47] University of Chicago. The president's report, July 1898-July 1899[R]. Chicago: The University of Chicago Press, 1900.

[48] University of Chicago. The president's report, July 1892-July 1902[R] Chicago: The University of Chicago Press, 1903.

[49] University of Chicago. The first annual report of University of Chicago(1892)[R]. Chicago: Special Collections Research Center, Reference, University of Chicago Library.

[50] University of Michigan. The president's report to the board of regent for the year ending June 30, 1872[R]. Ann Arbor: Published by the University, 1872.

[51] University of Michigan. The president's report to the board of regent for the year ending June 30, 1874[R]. Ann Arbor: University of Michigan, 1874.

[52] University of Michigan. The president's report to the board of regent for the year ending June 30, 1880[R]. Ann Arbor: University of Michigan, 1880.

[53] University of Wisconsin. Annual report of the board of regents of the University of Wisconsin for the fiscal year ending September 30, 1880[R]. Madison, WI: David Atwood, State Printer, 1880.

[54] University of Wisconsin. Annual report of the board of regents of the University of Wisconsin for the fiscal year ending September 30, 1882[R]. Madison, WI: David Atwood, State Printer, 1882.

[55] University of Wisconsin. Biennial report of the board of regents of the University of Wisconsin for the two fiscal year ending

September 30, 1892 [R]. Madison, WI: Democrat Printing Company, State Printers, 1893.

[56] University of Wisconsin. Catalogue of the officers and students of the University of Wisconsin, for the academic year, 1876-1877 [Z]. Madison: Democrat Printing Company, 1876.

(三) 学位论文

[1] AMSTER J E. Meritocracy ascendant: James Bryant Conant and the cultivation of talent [D]. Cambridge, MA.: Harvard University, 1990.

[2] ANICICH A. Management theorist: Chester Barnard's theories of management [D]. Washington, D. C.: University of Maryland University College, 2009.

[3] BUCKNER J K. A historical comparative analysis of Illinois' response to two secondary school reform initiatives: 1893-1918 and 1983-2001 [D]. Chicago: Loyola University Chicago, 2003.

[4] CHRISTIANSEN D W. The impact of advanced placement participation and success on school-wide student achievement [D]. Orlando: University of Central Florida, 1999.

[5] COOKSON P W. Private secondary boarding school and public suburban high school graduation: an analysis of college attendance plans [D]. New York: New York University, 1981.

[6] ENOMA B. Meritocracy: a socio-educational policy conundrum transversing selected works of James Bryant Conant [D]. New York: The City University of New York, 2008.

[7] FELDMAN P H. Recruiting an elite: admission to Harvard College [D]. Cambridge, MA.: Harvard University, 1975.

[8] JOHNSON P E. Patterns of cooperative curriculum development in

member schools of the Michigan secondary school-college agreement[D]. Detroit:Wayne University,1952.

[9] KAREN D. Who gets into Harvard? selection and exclusion at an elite college[D]. Cambridge,MA. :Harvard University,1985.

[10] MCDONOUGH M. Who goes to where to college:social class and high school organized context effects on college choice[D]. Palo Alto:Stanford University,1992.

[11] MEHL B. The high school at the turn of the century:a study of the changes in the aims and programs of the public secondary education in the United States,1890-1900[D]. Champaign:University of Illinois at Urbana-Champaign,1954.

[12] TERZIAN S G. The emergence of comprehensive high school:Ithaca High School in Ithaca,New York,1874-1941[D]. Bloomington,IN:Indiana University,2000.

（四）期刊论文

[1] BELTING P E. The development of the free public high school in Illinois to 1860[J]. Journal of Illinois State Historical Society,1919,11(4):467-565.

[2] BISHOP J R. College entrance requirements in Greek[J]. The School Review,1896,4(6):434-437.

[3] BOSSING N L. The problem of articulation between secondary and higher education[J]. The High School Journal,1941,24(4):157-164.

[4] BROWN E E. Present tendencies in secondary education[J]. The School Review,1901,9(7):446-458.

[5] BUCKMINSTER J S. On the dangers and duties of men of letters[J]. Monthly Anthology,1809,7:145-158.

[6] BRIGGS T H. The Committee of ten[J]. Junior-Senior High School Clearing House, 1931, 6(3): 134-141.

[7] BURNS N. High school-college articulation[J]. The School Review, 1951, 59(7): 1-13.

[8] BURRELL B J, ECKELBERRY R H. The high-school question before the courts in the post-Civil-War period[J]. The School Review, 1934, 42(4): 255-265.

[9] CAPPELL C L. The status of black lawyers[J]. Work and Occupations. 1990, 17(1): 100-121.

[10] CARAMA W, DORANS N J, MORGAN R, et al. Advanced placement: access not exclusion[J]. Education Policy Analysis Archives, 2000, 8(40): 1-11.

[11] CHARLES W E, ROBINSON O D. The work of the committee of ten[J]. The School Review, 1894, 2(6): 366-372.

[12] CHASE W J, THURBER C H. Tabular statement of entrance requirements to representative colleges and universities of the United States[J]. The School Review, 1896, 4(6): 341-412.

[13] COHEN S. The history of American education, 1900-1976: the uses of the past[J]. Harvard Educational Review, 1976, 46(3): 298-330.

[14] COLLINS R. Functional and conflict theories of educational stratification[J]. American Sociological Review, 1971, 36(6): 1002-1019.

[15] COLLINS R. Some comparative principles of educational stratification[J]. Harvard Educational Review, 1977, 47(1): 1-27.

[16] CONNELL R W, DOWSETT G W, KESSLER S, et al. Class and gender dynamics in a ruling class school[J]. Interchange, 1981, 12: 102-117.

[17] COOKSON P W, Jr. Boarding schools and the moral community

[J]. Journal of Educational Thought,1982,16(2):89-97.

[18] COOKSON P W,PERSELI C H. English and American residential secondary schools: a comparative study of the reproduction of social elites[J]. Comparative Educational Review,1985,29(3):283-298.

[19] COOKSON P W,PERSELI C H. Race and class in America's elite preparatory boarding schools: African Americans as the outsider within[J]. Journal of Negro Education,1991,60(2):219-228.

[20] CREMIN L A. The revolution in American secondary education, 1893-1918[J]. Teacher's College Record,1955,56(6):295-308.

[21] DROST W H. Clarence Kingsley: the New York years[J]. History of Education Quarterly,1966,6(3):18-34.

[22] EDWIN G D. Ten year's influence of the report of the committee of ten[J]. The School Review,1906,14(4):254-269.

[23] EMANUEL W H. College entrance requirements ten years after the Eight-Year Study[J]. The School Review,1953,61(9):521-526.

[24] FAIRBANKS A. Classical education in the secondary schools[J]. The School Review,1897,5(6):350-359.

[25] FOSTER E,JACK R. Quality of education and student earnings [J]. Higher Education,1979,8:21-37.

[26] GATES M. Admission to college by certificates—Amherst College[J]. Educational Review,1893,5:189-191.

[27] GEHANI R R. Chester Barnard's 'Executive' and the knowledge-based firm[J]. Management Decision,2002,40(10):980-991.

[28] GOODMAN P. Ethics and enterprise: the values of a Boston elite,1800-1860[J]. American Quarterly,1966,18(3):437-451.

[29] GREENE G H. Freshman orientation courses in small colleges [J]. Personnel and Guidance Journal,1954,32:480-482.

[30] GRIFFIN L J, ALEXANDER K L. Schooling and socioeconomic attainments: high school and college influences[J]. American Journal of Sociology, 1978, 84: 319-347.

[31] GSRMO C D. Report of the committee of ten from the point of view of educational theory[J]. Educational Review, 1894, 7: 280-285.

[32] HAMMACK F M, COOKSON P W, Jr. College attended by graduates of elite secondary schools[J]. The Educational Forum, 1980, 44(4): 483-490.

[33] HANUS P H. University inspection of secondary schools and the schools examination board of Harvard University[J]. The School Review, 1894, 2(5): 257-267.

[34] HAWKINS H D. Three universities presidents testify[J]. American Quarterly, 1959, 11(2): 99-119.

[35] HILL F A. How far the high school is a just charge upon the public treasury[J]. The School Review, 1898, 6(10): 746-781.

[36] HOLME J J. Buying homes, buying schools: school choice and the social construction of school equality[J]. Harvard Educational Review, 2002, 72(2): 177-206.

[37] HINSDALE B. A. Discussion of entrance requirements in History [J]. The School Review, 1896, 4(6): 438-442.

[38] HULING R G. The report on secondary school studies[J]. The School Review, 1894, 2(5): 268-280.

[39] JURGEN H. The American people's college: the lost promise of democracy in education[J]. American Journal of Education, 1992, 100 (2): 275-297.

[40] KANE P R. Independent schools in American education[J]. Teachers College Record, 1991, 92: 396-407.

[41] KARABEL J. Status group struggle, organizational interests, and the limits of institutional autonomy: the transformation of Harvard, Yale, and Princeton, 1918-1940[J]. Theory and Science, 1984, 13(1): 1-40.

[42] KATZ M B. From voluntarism to bureaucracy in American education[J]. Sociology of Education, 1971, 44(3): 297-332.

[43] KATZ M B. The emergence of bureaucracy in urban education: the Boston case, 1850-1884: Part I[J]. History of Education Quarterly, 1968, 8(2): 155-188.

[44] KELSEY F W. Entrance requirements in Latin[J]. The School Review, 1896, 4(6): 443-451.

[45] KELSEY F W. Courses in Latin and Greek for secondary schools [J]. The School Review, 1897, 5(6): 360-366.

[46] KERCHHOFF A. The status attainment process: socialization or allocation? [J]. Social Forces, 1976, 55(2): 368-381.

[47] LEVINE S B. The rise of American boarding schools and the development of national upper class[J]. Social Problems, 1980, 28(1): 63-94.

[48] LEWIS L S, WANNER R A. Private schooling and the status attainment process[J]. Sociology of Education, 1979, 52(2): 99-112.

[49] LOVE L L. Secondary education[J]. Review of Educational Research, 1936, 6(2): 199-202.

[50] MACKENZIE J C. Report of the committee of ten[J]. The School Review, 1894, 2(3): 146-155.

[51] MACLEAN G E. The admission of students to college by certificate[J]. Science, 1905, 22(554): 167-175.

[52] MAHONEY J T. The relevance of Chester I. Barnard's teaching to contemporary management education: communication the aesthetics of

management[J]. International Journal of Organization Theory and Behavior, 2002,5(1):159-172.

[53] MCCONAAUGHY J L. Dartmouth College and the secondary schools[J]. School and Society,1915,2(51):890-891.

[54] MEHL B. The Conant report and the committee of ten:a historical appraisal[J]. Educational Research Bulletin,1960,39(2):29-38,56.

[55] MOORE C H. The examination system of admission to college [J]. The School Review,1896,4(5):309-318.

[56] MURDOCK K B. The teaching of Latin and Greek at the Boston Latin School in 1712[J]. Publications of the Colonial Society of Massachusetts,1927,27:21-29.

[57] NEILSON W A. What the college has a right to expect of the high schools in English[J]. The School Review,1908,16(2):73-77.

[58] NEVINS A P. The Kalamazoo Case[J]. Michigan History, 1960,44:91-100.

[59] NIGHTINGALE A F. The committee on college entrance requirements: report of the chairman[J]. The School Review, 1897, 5 (6):321-331.

[60] NIGHTINGALE A F. Modern foreign language requirements[J]. The School Review,1896,4(6):424-433.

[61] NIGHTINGALE A F. Report of the chairman[J]. The School Review,1896,4(6):415-423.

[62] OWEN W B. Editorial notes[J]. The School Review,1908,16 (4):265-266.

[63] OWEN W B. Editorial notes[J]. The School Review,1909,17 (4):272-273.

[64] OWEN W B. Editorial notes[J]. The School Review,1909,17

(10):717-720.

[65] PERSELI C H, COOKSON P W. Chartering and bartering: elite education and social reproduction[J]. Social Problems, 1985, 33(2): 114-129.

[66] PERSELI C H, COOKSON P W. Microcomputers and elite boarding schools: educational innovation and social reproduction[J]. Sociology of Education, 1987, 60(2): 123-134.

[67] ROTHSCHILD E. Four decades of the advanced placement program[J]. The History Teacher, 1999, 32(2): 175-206.

[68] RUSSELL J E. The education value of examinations for admission to college[J]. The School Review, 1903, 11(1): 42-54.

[69] RUSSELL J E. College entrance requirements in English[J]. The School Review, 1897, 5(6): 332-342.

[70] SCHURMAN J G. The outlook for the curriculum[J]. The School Review, 1893, 1(2): 67-73.

[71] SCHWAB J C. The Yale College curriculum, 1701-1901[J]. Educational Review, 1901, 22: 1-17.

[72] SHIPTON C K. Secondary education in the puritan colonies [J]. New England Quarterly, 1934, 7(4): 646-661.

[73] SMILEY W H. Secondary education[J]. The School Review, 1896, 4(7): 523-528.

[74] STENT A. The prep school boom[J]. Change, 1976, 8(7): 16-18.

[75] STUDEBAKER J W. The ideal high school for American youth [J]. The Clearing House, 1893, 13(4): 215.

[76] SWEEZY P M. Power elite or ruling class? [J]. Monthly Review, 1956, 8(5): 138-149.

[77] TEAFORD J. The transformation of Massachusetts education, 1670-1780[J]. History of Education Quarterly,1970,10(3):287-307.

[78] VEYSEY L R. Toward a new direction in educational history: prospect and retrospect[J]. History of Education Quarterly,1969,9(3): 343-359.

[79] VICKERS T. The high school and its enemies[J]. The School Review,1893,1(2):83-96.

[80] VINCENT T. College origins and patterns of status attainment: schooling among professional and business managerial occupations[J]. Sociology of Work and Occupations,1980,7(4):457-486.

[81] VINCENT T. Higher education and occupational attainment in segmented labor markets: recent evidence from the United States[J]. Higher Education,1981,10(5):499-516.

[82] WATERHOUSE F. Methods of determining the qualifications of candidates for admission to college[J]. School and College,1892,1:533-534.

[83] WHITE R C. Estimating future demand for admission to college [J]. Educational Record,1953,34:17-24.

[84] WOLFLE D L. Intellectual resources[J]. Scientific American, 1951,185(3):42-46.

[85] ZWEIGENHAFT R L. The application of cultural and social capital:a study of the 25th year reunion entries of prep school and public school graduates of Yale College[J]. Higher Education,1992,23(2):311-320.

后　　记

距离博士论文答辩已经过去三年，得知此次有机会出版，我便再一次投入到沉浸式阅读中，审视自己的论文。其实已经读过无数遍，但每次再读都还能挑出些毛病，并且常常在读完全文之后发出遗憾之感。此次主要是将近几年对研究主题的新的思考添加进来，同时对一些文献和数据进行更新。尽管已经尽力去修改和完善，但在论证逻辑和文字方面难免有疏漏之处，恳请读者批评指正。

博士论文的写作确实是一个不断跟自己较劲并最终与自己和解的过程。或许是对自己学术能力的预判不够准确，一开始便信心满满地认为可以用三年时间写出一部生动且深刻的社会文化史，通过对中高衔接问题的考察见微知著地揭示美国教育体系的封闭性与开放性问题，进而揭示教育问题背后的机会均等、阶层流动及社会分层问题，但最终因在试图获取学生的学籍信息、身份背景、家庭出身及教育经历的过程中遇到困难，研究初衷难以成型。

在无法获取充分的论据支持时，论文写作其实步履维艰。在反复斟酌之后，决定变换论证方式，通过对私立中学和公立中学内部的课程、教学、设施、建筑，以及二者在与大学衔接过程中的角色和身份差异的考察，回应最初的研究问题，但最终这一想法还是以“流产”告终。此时，论文写作遇到了前所未有的困难，写作热情也随之衰减。

经过一段时间的思虑与反复，最终决定做出舍弃，仅对公立中学与大学的衔接问题进行探讨，主要关注公立中学在与大学进行衔接的过程中的身份地位、功能、目标、课程等的变化。当时主要考虑的是，公立中学与大学的衔接经历了前后的显著变化，在这一过程中无论是公立中学自身还是大学，都经历了重新审视和定位的过程，更能体现美国教育体制变革的最核心部分，同时也能部分回应最初的研究假设。当然，这一决定便意味着必须放弃之前对美国私立中学所做的所有研究工作，同时放弃已经掌握的大量一手文献和生动的案例，进而意味着放弃研究阶层流动和社会分层的想法。

可能“有舍才有得”，在此之后，论文写作似乎找到了方向，进展顺利了很多。但我在写作过程中依然发现，美国教育的多样性是远非一篇博士论文能够阐释清楚的，即使仅关注公立中学，它在美国也是形式不一、形态迥异的，不同州之间、同一州的不同地区之间、城市和郊区之间各有不同，有时甚至差异很大，并且在公立中学与大学的衔接过程中，一直有一些超出衔接问题之外，但又与衔接紧密相关的问题出现，当时自以为可以将其放在衔接问题之下进行讨论，便没有做过多思考。直到预答辩时，老师们提出了各种意见和建议，我才意识到之前在写作过程中可能将衔接问题做了泛化或扩大化处理，其实我讨论的是 19 世纪后半叶到 20 世纪初期美国公立中学与大学关系的发展与演变，当然衔接问题依旧是核心，但显然衔接问题已不足以涵盖整篇论文。在各位老师的悉心指导和建议下，论文最终呈现今日的面貌。需要时刻警醒的是，本书最终虽然在公立中学与大学的关系变迁中拎出了美国公立中学的目标、职能和定位的发展轨迹，呈现了美国大学从地方性学院向全国性大学的转型过程，并且在拎出了这些共性的趋势或特质的同时尽量展现了地区性、差异性，但美国教育的多元性和异质性远远超出了本书所能兼顾的范围。

之所以花大篇幅回忆论文的“难产”过程，一方面在于省思，另一方面在于表达谢忱。在这个过程中，一些人值得被一再提及。郭法奇老师，作为我的硕士和博士导师，六年中对我的影响是巨大的。这种影响不仅体现在学术和科研工作中，更体现在各种生活细节中。郭老师从来不会直接告诉我“你应该做什么，你必须做什么”，也从不轻易用他的阅历和经验“束缚”我们，他给予我们充分的自由选择权、表达权和试错机会，并且在我们陷入困境时给予善意的提醒和建议。凡看到与我论文相关的文献史料，老师总会第一时间分享给我，有时甚至提出问题质疑我的研究，激发我更深刻、严谨的思考与论证，也正是这种教育和相处模式，培养了我在学术研究和生活中的主见，凡事注意逻辑缜密、考虑周全。在博士论文的写作过程中，郭老师给予我的关心亦是无微不至的。知道写论文辛苦，怕给我压力，因而老师从不主动打探和追问，给我留足空间。在修改过的十几个论文版本中，都留下了老师红色的审阅意见和修改建议，这便是师恩难忘。高山仰止，景行行止，虽不能至，心向往之。

陈露茜老师在我的论文一度停滞不前时，给予了我极大的帮助。从最初开题时的阶层分析建议到中途的公立中学转向，再到最终核心概念的操作性定义，陈老师总是试图在我已有的研究基础上提出更好的分析和完善建议，尽量不让我们颠覆已有研究，徒增我们的工作量和心理压力。她的每一条建议都是建设性的，与她的几次聊天都有醍醐灌顶之效。我深知最终呈现的论文与陈老师的建议和期待之间还有很大的距离，常常会觉得对不起陈老师的热忱和鼓励，有时也在想，如果当时遵照陈老师的建议，我的论文肯定会有更好的分析和呈现方式，但已至此，无意义。陈老师广博的知识储备、广阔的学术视野、批判性的思维方式，以及对学术和生活一贯保有的热情将一直是我学习的榜样。

王晨老师自由地游走于深刻的思考和精致的生活之间，几乎对所有问题有着极其敏锐和深刻的认知，对于他，我极其崇拜。感谢王老师对我们在学术和生活中的指导和帮助，虽然博士阶段比之前硕士阶段的接触少了许多，但对老师的崇敬之意从未因此而减少。未来，我将持续怀念听王老师讲课的日子，简直是一种思想上的“饕餮盛宴”。李子江老师在我的开题和预答辩会上对我的论文提出了建设性意见，让我受益匪浅。在完成论文修改后，我给李老师发邮件，征求老师进一步的修改建议，老师耐心审阅后做出了极其详尽的反馈，感恩于心。孙益老师在我的选题、预答辩、外审过程中也给予了指导和帮助，非常感谢。

张斌贤老师六年间对我的学术和生活的影响非常深远，他为人宽和，每次寥寥数语的关心和问候都让我感到温暖。每次给老师发邮件或信息，总能很快得到反馈和回应并给予最有效的建议和指导。有幸跟着老师发表文章、参与课题、参加会议、游学，时常被老师的治学态度和为人所吸引。老师嘴上从不说什么，却总在背后默默地为我们尽心尽力，此次博士论文有幸出版就是证明。每每在遇到困难时，老师总让人感到心安。遇到老师，三生有幸。

感谢答辩委员会主席贺国庆教授，答辩委员王保星教授、李立国教授对我的论文的指导和建议。感谢吴式颖先生在论文写作过程中对我的关心和问候，感谢陕西师范大学教育学部的各位师友对我工作的支持和帮助。

同门江丹、晓丹、荆然师妹的陪伴让我在论文的瓶颈期有了港湾，这种陪伴是亲人般的，尤为珍贵。感谢者鹤师兄、郑坚师兄、国材师弟，在我每每需要帮助时都毫无保留地给予支持，他们是我最坚强的后盾，更是我生活和工作的榜样。感谢孙碧师兄在学业、工作和生活中给予我的各种帮助和指导，每次与师兄交流都受益匪浅。感谢高玲，她曾帮我扫描文献，为我借药，替我注册，一起学习、一起生活、一起毕业的日子总是美妙和喜悦的，愿未完待续。感谢高洋最长久的陪伴，她的明媚、她的喜悦、她的偏执和隐忍是我欣赏的，也是最不放心的，未来请多爱护自己。感谢秦发盈长久以来亦师亦友的关照和呵护，愿未来的学业和工作一切顺遂。感谢杜光强师兄访学期间帮我扫描文献，师兄乐于分享、善于交际的品质让人倍感亲善。感谢慧敏，感谢凯一，远在异国却时刻不忘互相鼓励和扶持。感谢郑菲遐，时常探望请餐，助我缓解压力。感谢雅静师妹，她是太阳，照亮四方。感谢佳丽和晓菲师妹，温暖如玉，给人力量。感谢曙光、祝贺、春平师姐时常的问候与宽慰。感谢刘敏、杨帆、金梦、王珊、周梦圆、李昂、李梅、文迪、曹雅洁、夏青、杨希、杨学芬等师弟师妹们的支持和帮助。感谢河北大学出版社编辑的细心与敬业，才得以使论文呈现今日之面貌。

最后，我所有的理智和情感都源于家庭的温润滋养。读博士的三年也是父亲生病的三年，他隐忍刚强的意志常令我无语凝噎。母亲更是坚毅，告诉我什么是陪伴和守护。大姐一边照顾父母，一边看护孩子，使我得以继续学业。三妹年纪虽小却理智果敢，让人放心。任龙更是一直长久地默默陪护和扶持我。是家人让我无所畏惧，感谢，感恩。

吴　婵

2021 年 9 月 16 日